북한산 둘레길

enjoy walking!

북한산둘레길

저자 | 강석균
발행인 | 이호철
디자인 | 윤재영, 한은희
책임편집 | 김도연
표지디자인 | 조수영

초판 발행 | 2011년 4월 25일

발행처 | 북웨이
등록 | 2005년 8월 1일 제2-4206호
주소 | 서울시 마포구 동교동 198-20 한사빌딩 407호
전화 | 02. 2278. 6195
팩스 | 02. 2268. 9167
이메일 | master@bookway.kr
홈페이지 | www.bookway.kr
트위터 | @_bookway

가격 15,000원

ISBN 978-89-94291-10-9 14590
ISBN 978-89-94291-09-3(세트)

※ 잘못 만들어진 책은 바꾸어 드립니다.

enjoy walking!

먹고 쉬고 걸으며
여유를 만나다.

강석균 저

북한산 둘레길

북한산 둘레길, 오름길 13개 코스 완벽 해설
코스별 자세한 지도와 소모 칼로리량 표시

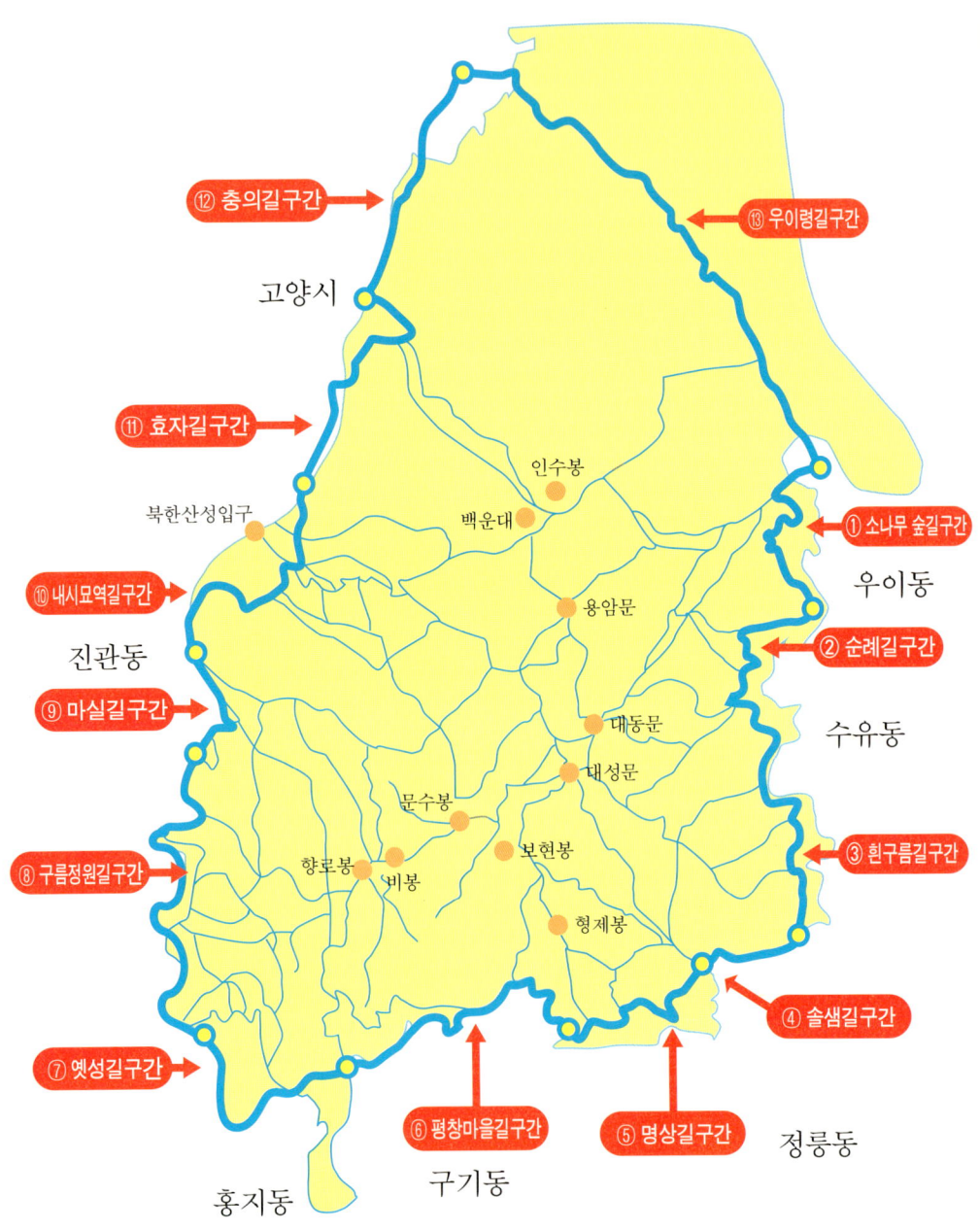

북한산 오름길 전체지도

prologue

옛 삼각산을 걷는다.

'가노라 삼각산(三角山)아/다시 보자 한강수(漢江水)야./고국 산천(古國山川)을 떠나고쟈 하랴마는/시절(時節)이 하 수상하니 올동말동 하여라.' 병자호란 때 예조판서로 있던 김상헌이 청나라와 끝까지 싸우기를 주장하다가 척화신(斥和臣)으로 몰려 청나라 심양으로 끌려갈 때 읊었던 시조이다. 여기서 나오는 삼각산은 북한산의 옛 이름이다. 한양의 북쪽에 위치해 한양을 굳건히 지켜주던 삼각산은 한양의 상징이 되는 산이었다. 그 옛날 삼각산을 지나 북쪽으로 끌려갔던 충의가인(忠義佳人) 김상헌을 떠올리며 옛 삼각산을 걸어보면 어떨까.

급할 것 없다, 둘레길로 둘러가자!

이제는 전 세계인들이 알아듣는다는 '빨리빨리!' 시내를 나가보면 모두 무슨 일이 그리 급한지 발걸음이 매우 빠르다. 한낮에는 일을 하느라 빨리 걷는다고 이해하고 넘어간다지만, 이른 아침이나 초저녁에 운동하러 공원이나 강변을 나온 사람들조차 급히 걷기 바쁘다. 커다란 선캡에 자외선 차단 마스크를 쓰고 땀복을 입고 팔을 휘휘 저으며 가는 폼이 파워워킹을 하는 것인지. 운동량을 높이기 위해 파워워킹을 하는 것이라면 모르지만, 그렇지 않다면 느긋하게 걷기를 즐겨보자.

서울과 가까운 곳에 천혜의 걷기 코스가 있다.

걷기를 할 때 동네 공원이나 강변 고수부지를 걷는 것도 좋지만, 서울 어느 곳에서나 가깝게 접근할 수 있는 북한산 둘레길을 찾아보면 어떨까? 북한산 둘레길은 2010년 8월 31일 13개 코스로 개장되었다. 1코스인 소나무 숲길에서 구름전망대가 있는 3코스 흰구름길, 스카이워크가 있는 8코스 구름정원길, 수십 년만에 개통된 13코스 우이령길까지, 각 코스의 길이와 높낮이가 다양하고 길을 걸으며 보는 풍경이 다채로워 심심할 새가 없다. 북한산 둘레길은 봄여름가을겨울, 언제가도 계절에 따른 색다른 풍경을 볼 수 있는 것도 중요한 장점 중의 하나이다. 꽃피는 봄에는 길가에서 벚꽃, 목련, 매화꽃이 핀 것을 볼 수 있고 여름에는 푸른 녹음으로 우거진 숲의 진수를 만끽할 수 있으며 가을에는 노랗게 물드는 단풍의 향연이 펼쳐지고 눈 내리는 겨울이면 소복이 쌓인 눈길 위를 앞서 간 사람의 발자국을 길잡이 삼아 걸어볼 수도 있다.

==걷기에 자신이 붙으면 북한산을 오르시라.==
"산은 산이요, 물은 물이로다"라고 하셨던 성철 큰스님의 말씀처럼, "북한산 둘레길은 둘레길이요, 북한산은 북한산이다."라고 할 수 있다. 북한산 둘레길을 걸으며 내내 보았던 북한산을 올라보면 둘레길을 걷는 것과는 또 다른 느낌을 줄 것이다. 한발, 한발 내딛는 발걸음이 조금 힘겨울지라도 북한산 봉우리에 올라서면 가슴이 탁 트이고 상쾌한 기분이 든다. 이런 기분은 아무래도 둘레길을 걸을 때에는 느끼지 못하는 감정이다. 북한산에는 높고 낮은 여러 봉우리가 있어 자신의 체력에 맞게 오를 수 있고 어느 봉우리나 반나절이면 충분히 오르내릴 수 있다. 끝으로 많은 사람들이 북한산 둘레길을 걸으며 행복한 시간을 보냈으면 좋겠고, 이 책을 기획·편집해주신 북웨이 출판사에 깊은 감사를 드립니다.

목 차

북한산 둘레길

- 01 소나무 숲길 —————— *14*
- 01-1 연산군 묘길 ————— *26*
- 02 순례길 ———————— *38*
- 03 흰구름길 ——————— *52*
- 04 솔샘길 ———————— *62*
- 05 명상길 ———————— *74*
- 05-1 북악하늘길 ————— *84*
- 06 평창마을길 —————— *96*
- 07 옛성길 ———————— *106*
- 07-1 서울성곽길 ————— *118*
- 08 구름정원길 —————— *136*
- 09 마실길 ———————— *148*
- 10 내시묘역길 —————— *158*
- 11 효자길 ———————— *168*
- 12 충의길 ———————— *178*
- 13 우의령길 ——————— *188*

북한산 오름길

01 백운대 코스 ──────── *198*
02 소귀천 코스 ──────── *214*
03 대동문 코스(진달래능선) *228*
04 보국문 코스 ──────── *238*
05 사모바위 코스 ─────── *248*
06 비봉 코스 ────────── *258*
07 북한산성 ─────────── *268*
08 대남문 ───────────── *280*
09 신선대 ───────────── *302*
10 우이암 ───────────── *316*
11 오봉 ─────────────── *326*
12 사패산 ───────────── *336*
13 포대능선 ─────────── *346*

이책을 보는 방법

코스 개요 : 대략적인 코스 소개와 교통편 그리고 난이도를 알려줍니다.

Walking & Trekking Spot

코스별로 중요한 장소와 볼거리가 있는 장소를 사진과 함께 자세하게 설명하고 있습니다.

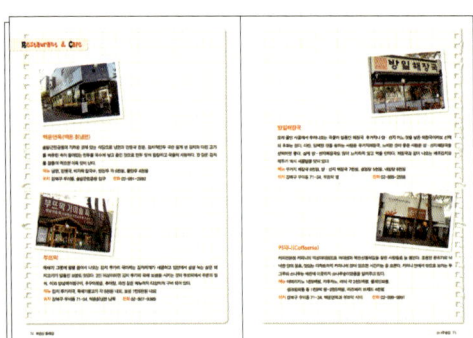

Restaurant & Cafe

둘레길 주변 먹거리 장소에 대해 소개하고 있습니다.

둘레길 코스맵으로 전체적인 지도를 넣어 위치를 파악하기 쉽게 하였습니다.

둘레길 근처의 관광 명소를 플러스로 넣어 둘레길 트레킹 후 볼만한 근처 장소를 소개하고 있습니다.

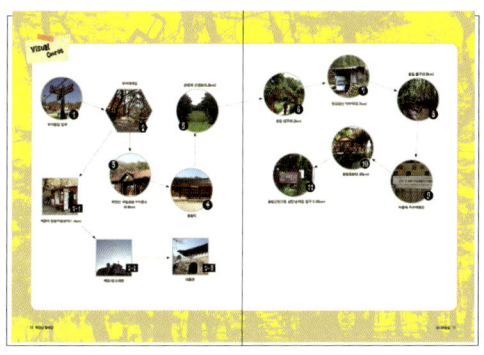

○ – 메인 코스
□ – 플러스 코스
⬡ – 갈림길

코스별로 순서에 따라 나오는 장소를 사진으로 표시하여 자신의 위치를 쉽게 파악할 수 있습니다.

enjoy walking!

먹고 쉬고 걸으며
여유를 만나다.

북한산 둘레길

북한산 둘레길은 2010년 8월 31일 13개 코스로 개장되었다. 1코스인 소나무 숲길에서 구름전망대가 있는 3코스 흰구름길, 스카이워크가 있는 8코스 구름 정원길, 수십 년만에 개통된 13코스 우이령길까지, 각 코스의 길이와 높낮이 가 다양하고 길을 걸으며 보는 풍경이 다채로워 심심할 새가 없다. 북한산 둘 레길은 봄여름가을겨울, 언제가도 계절에 따른 색다른 풍경을 볼 수 있다.

01 소나무 숲길

Traffic

1. **우이령길 입구** 지하철 4호선 수유역 3번 출구 ⋯➛ 120, 153번 버스 종점(우이동 도선사 입구) 하차. 우이동 먹거리 마을(우이령길) 방향 도보 5분. 그 외 101, 130, 1144, 1166, 8153, 109, 144, 151번 버스 우이동 도선사 입구 하차.

2. **솔밭근린공원 상단** 지하철 4호선 수유역 3번 출구 ⋯➛ 120, 153번 버스 덕성여대 입구 하차, 길 건너 도보 5분 그 외 1144, 1166, 8153, 109, 144, 151번 버스 이용, 덕성여대 입구 하차

우이령입구에서 시작하는 소나무 숲길은 우이계곡길과 숲길, 솔밭길이 있는 코스로 남녀노소 누구나 걸을 수 있는 쉬운 길이다. 맑고 시원한 물이 흐르는 우이계곡을 보며 걷는 길은 한여름이라면 당장 계곡물에 발을 담그고 싶어지고, 천도교 수련원 내 봉황각에서는 손병희 선생이 선도하던 3.1운동의 기운이 느껴지는 듯하다. 봉황각 옆 손병희 선생의 묘역을 지나면 나지막한 숲길이 이어지고 만고강산 약수터를 지나니 100년생 1천여 그루의 소나무가 있는 솔밭근린공원이 멀지않다. 솔내음 맡으며 발걸음도 가볍게 걸어보자.

Course
2.9km, 1시간 30분

- 우이령길 입구
- 우이계곡길
- 북한산 국립공원 우이분소(0.6km)
- 봉황각
- 손병희 선생묘(0.2km)
- 숲길 입구(0.2km)
- 만고강산 약수터(0.7km)
- 숲길 출구(0.5km)
- 박을복 자수 박물관
- 솔밭공원(0.35km)
- 솔밭근린고원 상단(순례길 입구 0.35km)

Walking & Trekking Spot

우이계곡 (牛耳溪谷)

북한산 동쪽의 우이계곡은 북한산 서쪽의 송추계곡과 함께 북한산을 대표하는 계곡이다. 북한산 높은 곳에서 발원한 맑고 시원한 물줄기는 소귀천계곡과 도선사계곡으로 나눠 흐르다가 옛 고향산천이 있던 할렐루야기도원 부근에서 합쳐져 우이계곡을 이룬다. 여름이면 동네 개구쟁이들의 물놀이장이 되는 우이계곡은 평소에는 계곡보호를 위해 입장을 금하고 있다. 우리가 흔히 아는 우이동유원지는 우이동 먹거리마을 안 우이령쪽 인수천계곡이다.

봉황각(鳳凰閣)

봉황각은 북한산 국립공원 우이분소 옆에 있는 천도교 수련원 안에 있는 한옥으로 일제시대 천도교 제3대 교주인 의암 손병희 선생이 천도교 교역자를 양성하던 곳이다. 3.1운동을 주도한 33인의 민족대표 중 15인이 이곳 출신이어서 봉황각을 3.1운동의 발상지라 부르기도 한다. 봉황각은 1912년 세워졌고 현재 서울시 유형문화재 제2호로 지정되어 있다. 봉황각 뒤로 보이는 백운대와 만경대, 인수봉의 모습이 아름답다.

손병희(孫秉熙) 선생묘

손병희 선생은 한말 독립운동가, 천도교 제3대 교주로 호는 의암(義菴)이다. 동학운동과 민족개혁운동을 하던 손병희는 1906년 동학의 명칭을 천도교로 바꾸고 제3대 교주가 되었으며 출판사인 보성사를 설립하고 보성과 동덕 등의 학교를 인수하는 등 교육사업에도 힘을 쏟았다. 1919년 3.1운동을 주도한 민족대표 33인의 대표를 맡았다가 일경에 체포되어 옥고를 치렀다. 손병희 선생의 묘는 그가 후학을 가르치던 봉황각 인근에 있다.

박을복 자수 박물관

2002년 5월 개관한 박을복 자수 박물관은 박을복 선생의 자수 작품을 전시하는 박물관이다. 박물관에는 전통자수 작품과 함께 박을복 선생이 전통자수에 현대회화의 흐름을 결합시킨 현대자수 작품 등이 전시되고 있다. 자수 작품 외에 섬유나 종이 예술작품 등이 기획전으로 열리기도 한다.

위치 강북구 우이동 86-4, 솔밭공원에서 코리아빌리지 방향 **개관시간** 11:00~16:00(월~금) **요금** 성인 6천원, 학생 4천원 **홈페이지** www.embromuseum.com

솔밭근린공원

북한산을 다닐 때마다 보았던 소나무가 있던 공터이자 시민들의 휴식처로 100년생 1천여 그루의 소나무가 푸름을 빛내는 곳이다. 1990년 사유지였던 이곳이 아파트부지로 선정되자, 주민들과 지방자치단체가 앞장서 보존운동을 벌였고 1997년 서울시와 강북구에서 부지를 매입해, 2004년 솔밭근린공원으로 개장했다. 솔밭 사이로 광장과 산책로, 운동시설, 정자 등이 잘 갖추어져 시민들이 즐겨 찾고 있다. 솔밭근린공원 앞에는 덕성여대가 자리잡고 있다.

Restaurant & Cafe

백운면옥(백운 칡냉면)

솔밭근린공원과 가까운 곳에 있는 식당으로 냉면과 만둣국 전문. 김치떡만두 국은 잘게 썬 김치와 다진 고기를 버무린 속이 들어있는 만두를 육수에 넣고 끓인 것으로 만두 맛이 칼칼하고 국물이 시원하다. 갓 담은 김치를 곁들여 먹으면 더욱 맛이 난다.

메뉴 냉면, 만둣국, 바지락 칼국수, 찐만두 각 6천원, 물만두 4천원
위치 강북구 우이동, 솔밭근린공원 입구   **전화** 02-991-2992

부뜨막

뚝배기 그릇에 팔팔 끓여서 나오는 김치 투가리 국이라는 김치찌개가 새콤하고 입안에서 살살 녹는 삶은 돼지고기가 일품인 보쌈도 맛있다. 2인 이상이라면 김치 투가리 국에 보쌈을 시키는 것이 부뜨막에서 주문의 정석. 이외 양념북어찜구이, 주꾸미볶음, 추어탕, 파전 같은 메뉴까지 다양하게 구비 되어 있다.

메뉴 김치 투가리국, 뚝배기불고기 각 5천원 내외, 보쌈 1만5천원 내외
위치 강북구 우이동 71-34, 백운칡냉면 남쪽   **전화** 02-907-9389

방일해장국

오래 끓인 사골에서 우러나오는 국물이 일품인 해장국. 우거지나 양·선지 어느 것을 넣은 해장국이라도 선택의 후회는 없다. 다만, 담백한 것을 원하는 사람은 우거지해장국, 느끼한 것이 좋은 사람은 양·선지해장국을 선택하면 좋다. 실제 양·선지해장국도 많이 느끼하지 않고 먹을 만하다. 해장국과 같이 나오는 배추김치와 깍두기 역시 새콤달콤 맛이 있다.

메뉴 우거지 해장국 6천원, 양·선지 해장국 7천원, 설렁탕 5천원, 내장탕 8천원
위치 강북구 우이동 71-34, 부뜨막 옆   **전화** 02-995-2558

커피니(Coffeenie)

커피전문점 커피니의 덕성여대점으로 여대생과 북한산 둘레길을 찾은 사람들로 늘 붐빈다. 조용한 분위기와 넉넉한 양의 음료, 맛있는 디저트까지 커피니에 앉아 있으면 시간가는 줄 모른다. 커피니 안에서 밖으로 보이는 두 그루의 소나무는 예전에 이곳까지 소나무 숲이었음을 알려주고 있다.

메뉴 아메리카노 1천9백원, 카푸치노, 라떼 각 2천5백원, 플레인와플,
　　　생크림와플 등 1천9백 원~2천5백원, 라즈베리 브레드 4천원
위치 강북구 우이동 71-34, 백운면옥과 부뜨막 사이   **전화** 02-999-9991

Course Map

① 우이령길 입구
② 우이계곡길
　북한산 국립공원 우이분소
③
④ 봉황각
⑤ 손병희 선생묘
⑥ 숲길 입구
⑦ 만고강산 약수터
⑧ 숲길 출구
⑨ 박을복 자수 박물관
⑩ 솔밭공원
⑪ 솔밭근린공원 상단

 Information

북한산 둘레길 탐방안내센터	02-900-8585
우이 탐방지원센터	02-998-8365
총거리	2.9km
총소요시간	1시간 30분
총소요칼로리	234kcal
난이도	초급

옹기박물관

옹기(甕器)란 질그릇과 오지그릇을 일컫는 말로 쉽게 말하면 항아리라고 할 수 있다. 한국 사람들은 예부터 진흙으로 만든 옹기를 찬거리나 곡식, 음료 등을 보관하는 용기로 사용해왔다. 근년에 이르러 플라스틱 용기의 보급으로 점차 옹기의 사용이 줄어들고 있으나 공기를 순환시키는 옹기의 특징이 부각되며 새롭게 조명되고 있다. 옹기를 만드는 옹기장은 중요무형문화재 제 96호로 지정되어 있기도 하다. 옹기박물관에는 전통옹기부터 현대의 옹기까지 다양한 옹기를 전시하고 있고 옹기 외에 민속생활용품도 전시하고 있다. 매일 오후 12시와 3시에는 옹기에 관한 영상물을 상영한다.

시간 10:00~18:00(3월~10월, 11월~2월 17:00까지), 매주 월요일 휴관 **요금** 성인 3천원, 학생 2천원
위치 서울시 도봉구 쌍문동 497-15, 서라벌중학교 버스정류자에서 우이천 방향, 다리 건너 오른쪽으로 도보 5분
교통 지하철 4호선 수유역 3번 출구-120, 153 버스, 서라벌중학교 하차. 옹기민속박물관 길로 100m 진입
전화 02-900-0900, 900-0399 **홈페이지** http://www.onggimuseum.org

Visual Course

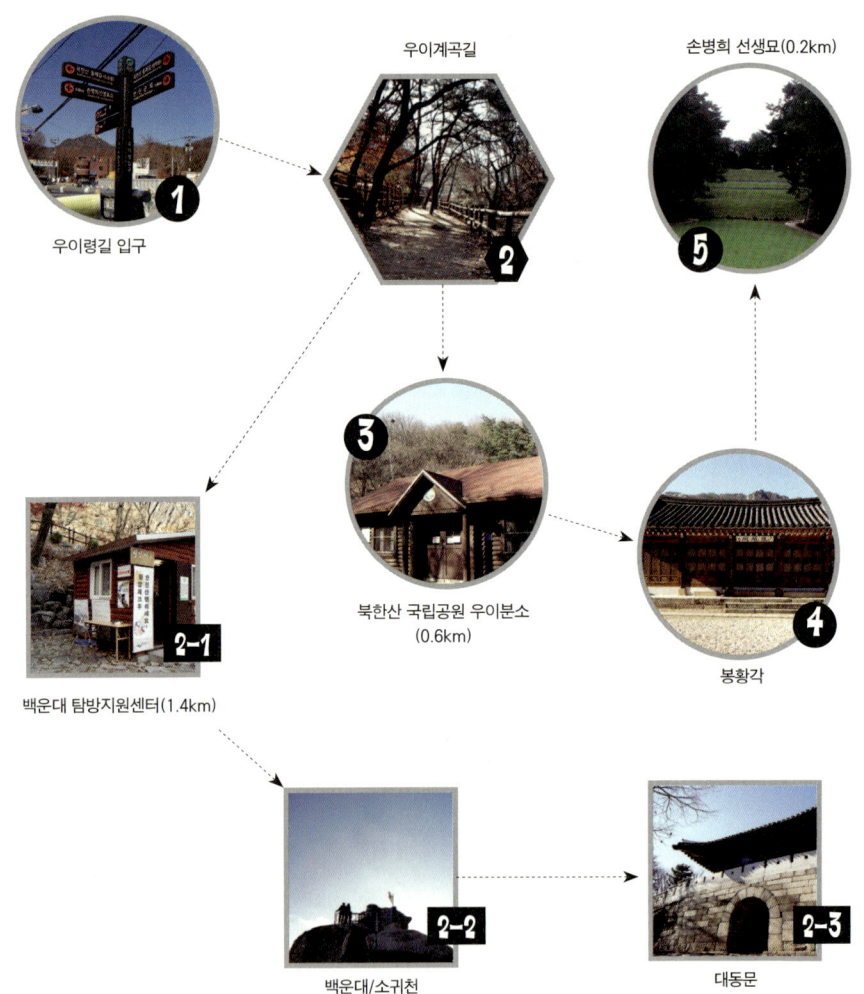

1. 우이령길 입구
2. 우이계곡길
3. 북한산 국립공원 우이분소 (0.6km)
4. 봉황각
5. 손병희 선생묘(0.2km)

2-1. 백운대 탐방지원센터(1.4km)
2-2. 백운대/소귀천
2-3. 대동문

숲길 출구(0.5km)

⑦ 만고강산 약수터(0.7km)

⑥ 숲길 입구(0.2km)

⑧

⑩ 솔밭공원(0.35km)

⑪ 솔밭근린공원 상단(순례길 입구 0.35km)

⑨ 박을복 자수 박물관

소나무 숲길 25

01-1 연산군 묘길

Traffic

1. **우이령길 입구** 지하철 4호선 수유역 3번 출구 … 120, 153번 버스 종점(우이동 도선사 입구) 하차. 우이동 먹거리마을(우이령길) 방향 도보 5분. 그 외 101, 130, 1144, 1166, 8153, 109, 144, 151번 버스 우이동 도선사 입구 하차

2. **연산군 묘&정의공주 묘 앞** ① 1·4호선 창동역 1번 출구 … 1161, 1144번 버스 연산군 묘&정의공주 묘 앞 하차. ② 지하철 4호선 쌍문역 2번 출구 … 130번 버스

우이천변 길과 숲길로 이루어진 길로 숲길의 끝에 연산군 묘와 정의공주의 묘가 있어 숲길과 역사유적길이 같이 있는 코스다. 도봉산 방향 둘레길은 공식적으로 개장된 것은 아니어서 연산군 묘길이란 이름은 저자가 임의로 붙인 것이다. 하지만 북한산둘레길이 개장되기 전부터 이곳 주민들의 산책로로 이용되어 지나는데 어려움이 없다. 우이령길 입구에서 01소나무 숲길과 직각으로 내려가 횡단보도를 건너면 강북구 견인차 보관소가 나오고 당구장 건물 앞에서 왼쪽으로 돌아 우이천변 길로 향한다. 길은 우이동에서 방학동으로 넘어가는 고개로 향하고 숲길 입구로 접어들면 조용한 숲이 나온다. 숲길의 끝에 북한산둘레길의 끝이란 표지판이 나오고, 길을 더 재촉하니 원당샘과 방학동 은행나무가 보인다. 그 앞이 연산군 묘로 연산군과 후손이 잠들어 있고 연산군 묘에서 골목을 지나 도로를 건너면 정의공주 묘가 있다.

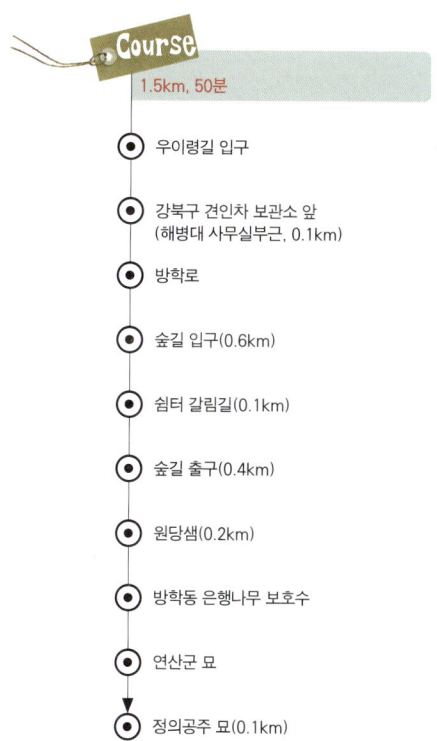

Course

1.5km, 50분

- 우이령길 입구
- 강북구 견인차 보관소 앞 (해병대 사무실부근, 0.1km)
- 방학로
- 숲길 입구(0.6km)
- 쉼터 갈림길(0.1km)
- 숲길 출구(0.4km)
- 원당샘(0.2km)
- 방학동 은행나무 보호수
- 연산군 묘
- 정의공주 묘(0.1km)

Walking & Trekking Spot

우이천(牛耳川)

서울시에 속한 하천의 하나로 우이계곡과 우이동유원지 계곡의 물이 복개된 강북구 견인차 보관소 자리에서 합쳐져 흐른다. 이후 우이천은 덕성여대, 광운대학교 앞, 지하철 석계역을 지나 중랑천과 합류되고 중랑천은 한강으로 흘러든다. 도시를 흐르는 우이천 곳곳이 복개되었으나 많은 지점에서 맑게 흐르는 우이천의 모습을 볼 수 있다.

원당샘(元堂泉)

원당마을에 600년 전 파평 윤씨 일가가 정착하며 사용된 우물로 연중 풍부한 수량과 맑은 물을 자랑하고 있다. 원당샘이란 이름은 원당마을 이름을 본떠 지은 것이고 세간에는 피앙우물로 불리기도 했다. 세월이 흘러 마을에 상수도가 보급되자 사용빈도가 줄어 황폐해진 것을 1979년 한차례 정비하고 2008년 현재의 모습으로 복원하였다.

방학동 은행나무 보호수

원당샘 바로 옆에 있는 은행나무로 수령이 무려 800~1,000년에 이른다고 전해진다. 서울시 지정보호수 제1호로 높이 24m, 둘레 9.6m에 달하는 아름드리나무. 방학동 은행나무는 나라의 변고가 있을 때 나무에 탈이 난다고 하는데, 그 때문인지 박정희 대통령 서거 1년 전, 방학동 은행나무에 불이 나 소방차가 출동하였다고 한다.

연산군 묘 (燕山君墓)

조선왕조 제10대 임금이었던 연산군과 그의 부인 거창군부인 신씨의 묘로 묘를 바라보았을 때 왼쪽이 연산군의 묘, 오른쪽이 신씨의 묘이다. 연산군은 성종의 장남으로 19세에 왕위에 올랐으나 이복동생인 중종의 반정으로 왕위를 빼앗기고 강화도로 유배되

어 병사한다. 훗날 폐비된 신씨의 청에 따라 현 위치인 양주군 해주면 원당리(도봉구 방학동)로 이묘됐다. 무덤을 둘러싼 담장을 곡장, 묘 앞 석등을 장명등, 묘 앞 반석을 혼유석, 묘 사이 석대를 향로석이라 한다. 연산군 묘는 서울시 사적 제362호이다.

정의공주 묘(貞懿公主墓)

세종의 딸인 정의공주와 남편인 양효공 안맹담의 묘. 안맹담은 함길도 관찰출척사 함흥 부윤 안망지의 아들로 1428년 세종 10년 정의공주와 혼인하여 죽성군에 책봉되었다. 묘 앞에 있는 비석은 정의공주와 안맹담의 신도비로 정인지가 비문을 짓고 안맹담의 넷째 아들 안빈세가 글씨를 썼다고 한다. 정의공주 묘는 서울유형문화재 제50호이다.

Restaurant & Cafe

원주추어탕

정의공주 묘 건너편에 있는 추어탕 집으로 추어탕과 추어튀김 등의 메뉴를 제공하고 있다. 미꾸라지를 갈아 우거지를 넣고 진하게 끓인 국물은 쌀쌀한 날 둘레길을 걸은 뒤 차가워진 몸을 데우는데 좋다. 술안주로는 바삭한 추어튀김이 적당하다.

메뉴 추어탕, 추어튀김 각 8천원 내외
위치 도봉구 방학동, 정의공주 묘 건너편   **전화** 02-954-5540

천수한방 삼계탕

새로 지어진 2층 건물에 황색등으로 장식한 삼계탕집. 한방삼계탕, 녹두삼계탕, 옻삼계탕, 전복삼계탕 등 다양한 삼계탕 메뉴를 가지고 있다. 영계를 이용한 삼계탕은 식감이 부드럽고 인삼과 한방 자료를 넣은 육수는 절로 보신이 되는 듯하다. 삼계탕에 앞서 나오는 인삼주는 식욕을 자극하는 애피타이저의 역할을 훌륭히 해낸다.

메뉴 칼국수, 닭곰탕 각 6천원, 한방삼계탕 1만1천원, 오리훈제 소 1만5천원
위치 도봉구 방학동, 정의공주 묘 건너편   **전화** 02-3494-5885

육번가

육(肉)·번(燔)·가(家)라는 상호처럼 돼지갈비와 생삼겹살을 전문으로 하는 식당. 저렴한 가격에 양이 푸짐하고 고기 맛 역시 뛰어나다. 최근에는 매운 불족발 개시로 더욱 다양한 메뉴를 즐길 수 있게 되었다. 한 끼 식사와 가벼운 술자리로 하기 좋은 곳이다.

메뉴 돼지갈비, 생삼겹살 1인분 각 8천원, 냉면 4천원, 돈불고기정식 6천원
위치 도봉구 방학동, 천수한방 삼계탕 뒤   전화 02-3491-3332

북청생고기

육번가가 근년에 생긴 체인점 형태의 생고기 전문점이라면 비닐하우스 외관의 북청생고기는 30년 전통의 생고기 전문점이다. 옛날식 드럼통 위에서 구워진 생고기는 절로 군침을 돌게 하고 직접 담근 묵은지는 돼지고기의 느낌을 가시게 한다.

메뉴 돼지목살, 삼겹살, 고추장삼겹살 각 8천원, 두루치기 5천원, 돼지껍데기 4천원
위치 정의공주 묘 건너편, 버스정류장 근처

Course Map

- ① 우이령길 입구
- ② 강북구 견인차 보관소 앞
- ③ 방학로
- ④ 숲길 입구
- ⑤ 쉼터 갈림길
- ⑥ 숲길 출구
- ⑦ 원당샘
- ⑧ 방학동 은행나무 보호수
- ⑨ 연산군 묘
- ⑩ 정의공주 묘

Information

북한산둘레길 탐방안내센터	02-900-8585
총거리	1.5km
총소요시간	50분
총소요칼로리	130kcal
난이도	초급

W&T Plus

소원 바위, 최남선 선생 고택터

우이령길 입구를 출발한 둘레길은 횡단보도를 건너 강북구 견인차보관소 앞을 지나게 된다. 강북구 견인차보관소 부근에는 금천옥이라는 설렁탕집이 있고 그 아래 소원(素園)이라 적힌 바위가 보인다. 이곳은 소원이라 불리던, 1928년 건립된 최남선 선생의 고택이 있던 자리이다. 최남선선생은 독립 운동가이자 문학가, 역사가, 언론인으로 3·1독립선언서를 기초하고 우리나라 최초의 잡지인 『소년』, 시조집 『백만번뇌』, 『시조유취』 등을 발간하고 신체시 「해에게서 소년에게」를 발표했다.

Visual Course

① 우이령길 입구

② 강북구견인차보관소 앞(해병대 사무실부근, 0.1km)

③ 방학로

④ 숲길 입구(0.6km)

⑤ 쉼터 갈림길(0.1km)

5-1 쉼터(0.03km)

숲길 출구(0.4km)

원당샘(0.2km)

방학동 은행나무 보호수

연산군 묘

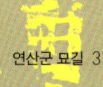
정의공주 묘(0.1km)

02 순례길

Traffic

1. **솔밭근린공원 상단** 지하철 4호선 수유역 3번 출구 ⋯➤ 120, 153번 버스 덕성여대 입구 하차, 길 건너 도보 5분 그 외 1144, 1166, 8153, 109, 144, 151번 버스 덕성여대 입구 하차
2. **이준 열사묘 입구** 수유역 1번 출구 ⋯➤ 강북01번 마을버스 아카데미하우스나 통일교육원 하차. 104, 1119번 버스 종점 하차, 통일교육원 방향 도보 10분.

전체가 나지막한 숲길로 이루어진 길. 독립운동을 했던 분들의 묘가 산재하여 있는 코스로 일부 문화예술인의 묘도 있다. 순례길이라는 이름은 독립운동가 묘역 순례길의 준말이라고 해도 과언이 아닐 정도로 4.19묘지를 중심으로 많은 독립운동가의 묘를 찾아 볼 수 있다. 울창한 숲길을 걸으며 조국과 민족에 대해 다시 한 번 생각해 볼 수 있는 소중한 코스이다.

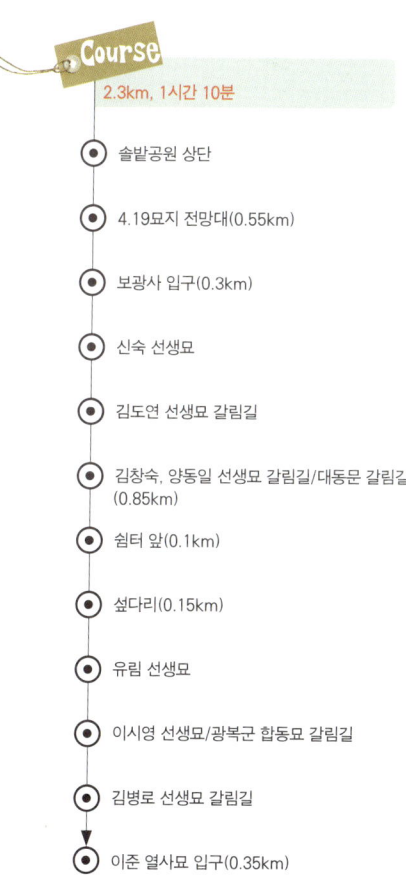

Course

2.3km, 1시간 10분

- 솔밭공원 상단
- 4.19묘지 전망대(0.55km)
- 보광사 입구(0.3km)
- 신숙 선생묘
- 김도연 선생묘 갈림길
- 김창숙, 양동일 선생묘 갈림길/대동문 갈림길(0.85km)
- 쉼터 앞(0.1km)
- 섶다리(0.15km)
- 유림 선생묘
- 이시영 선생묘/광복군 합동묘 갈림길
- 김병로 선생묘 갈림길
- 이준 열사묘 입구(0.35km)

Walking & Trekking Spot

4.19묘지 전망대

솔밭근린공원 상단, 02)순례길 입구에서 산비탈을 오르면 보이는 전망대. 동남쪽으로 트여 있는 공간으로 나있는 전망대에 서면 아래로 국립 4.19민주 묘지, 멀리 수유동 일대가 한눈에 들어온다. 잠시 쉬며 민주화를 위해 목숨 바친 선열들을 생각하고 산비탈을 오르며 흘렸던 땀을 닦기에 좋은 곳이다.

국립 4.19민주 묘지

1960년 4.19혁명으로 희생된 199위의 민주인사를 안장하고 있는 묘지. 4.19혁명은 광복 이후 정권을 잡은 이승만 대통령과 자유당정권의 영구집권에 대항해 일어난 학생과 시민들의 반부정, 반정부 투쟁이었다. 북한산 자락에 자리 잡은 국립 4.19민주 묘지는 4.19 기념탑, 묘지, 기념관 등으로 이루어져 있고, 평소에는 묘지 내에 나무그늘과 연못, 벤치 등이 있어 근처 주민들의 조용한 휴식처가 되기도 한다. 4.19묘지 주변(순례길)에는 헤이그 밀사인 이준 열사와 초대 부통령인 이시영 선생, 17위의 광복군 합동묘

까지 독립운동가 16위의 묘가 산재되어 있다.

보광사(普光寺)

지장도량으로 알려진 사찰로 걷다가 잠시 들르게 되면 쉬어가도 좋을 듯. 지장도량의 지장보살은 석가모니 열반 후 미래불인 미륵불이 오기 전, 무불시대 6도의 중생을 교화하고 구제한다는 보살이다. 보광사에서는 지장보살이 모셔진 대웅전과 관음보살이 모셔진 관음전 등을 둘러볼 수 있다.

신숙(申肅) 선생묘

신숙 선생은 독립운동가로 호는 강재(剛齋)다. 1903년 천도교에 입교, 1905년 국민신보 기자를 하며 김남수 등과 문창학교 설립하는 등 교육운동을 하였다. 1919년 천도교 계열 출판사인 보광사에서 독립선언서를 인쇄할 때, 이를 교정하고 배포하다가 일경에 체포되었다. 1930년에는 북만주에서 홍진, 지청천과 함께 한국독립당을 결성하기도 했다.

김도연(金度演) 선생묘

김도연 선생은 대한민국 초대 재무장관, 정치가로 호는 상산(常山). 일제하에서 일본 게이오 대학 이재학부를 졸업하였고 이후 미국 컬럼비아 대학 경제학 석사, 아메리칸 대학에서 경제학 박사 학위를 받았다. 1942년 조선어 어학회 사건에 휘말려 옥고를 치렀고 광복 후 정계에 투신했다.

서상일(徐相日) 선생묘

서상일 선생은 독립운동가 겸 정치가로 호는 동암(東菴). 보성전문학교 졸업 후 1909년 안희제, 김동삼 등과 항일 무장 투쟁 단체인 대동청년단을 조직해 독립운동을 했다. 광복 후에는 송진우, 장덕수 등과 함께 한국민주당을 창설하고 총무에 선임되었다.

섶다리

개울이나 작은 하천에 나무와 솔가지로 만든 임시 다리를 말한다. 나무로 교각을 세운 뒤 솔가지를 덮고 그 위에 흙을 뿌려 완성했다. 섶다리는 큰 비가 오거나 홍수가 나면 부서지는 단점이 있으나 쉽고 빠르게 다시 지을 수 있는 장점이 있어 예전에는 시골마을 도처에 산재했었다. 순례길의 섶다리는 계곡 옆으로 지날 수 있도록 놓여 있다.

유림(柳林) 선생묘

유림 선생은 독립운동가 겸 정치가로 호는 단주(旦洲). 1910년 한일합병으로 나라를 잃자 손가락을 잘라 충군애국(忠君愛國)이라는 혈서를 쓰고 독립운동에 투신했다. 1915년 안동에서 부흥회, 1917년 대구에서 자강회 등을 조직해 활동했고 1919년에는 3.1만세운동을 한 뒤, 만주로 건너갔다. 만주에서 김동삼, 이상룡 등과 서로군정서를 조직하고 국내특파원으로 활동했다.

이시영(李始榮) 선생묘

이시영 선생은 독립운동가 겸 초대 부통령으로 호는 성재(省齋). 1885년 사마시(司馬試), 1891년 증광문과(增廣文科) 병과(丙科)에 급제하여 부승지, 우승지, 1905년 외부교섭국장, 1906년 평남 관찰사, 1908년 한성재판소장 등 한말 요직을 두루 역임하였다. 1910년 한일합병 뒤에는 만주로 건너가 신흥 강습소를 설립, 독립군 양성에 힘썼고 1929년 한국독립당에도 참여하였다. 광복 후에는 초대 부통령에 선출되었다.

광복군 합동군묘

대한민국 임시정부의 광복군으로 중국 각지에서 일본군과 싸우다가 전사한 김성율, 김순근, 김운백 등 18위를 모신 합동묘. 1967년 광복군 동지회에서 광복군 합동묘를 조성하였고 1985년 국가보훈처에서 단장하였다.

김병로(金炳魯) 선생묘

김병로 선생은 독립운동가 겸 정치가, 법조인으로 호는 가인(街人). 1905년 을사보호조약 후 용추사에서 최익현의 열변을 듣고 사람들을 모아 순창읍 일인보좌청을 습

격하였고 창흥학교를 설립해 신학문을 가르쳤다. 1913년 메이지 대학을 졸업하고 경성법전 조교수와 보성전문 강사를 거쳐 1919년 변호사로 개업하였다. 이후 광주학생운동, 6.10만세운동 등의 무료변론을 맡았고, 광복 후에는 초대 대법원장을 역임했다.

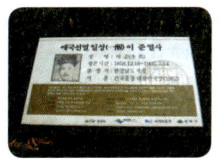

이준(李儁) 열사묘

이준 열사는 한말의 항일애국지사로 호는 일성(一醒). 29세 때 초시 급제, 1894년 함흥 순릉참봉에 임명되었으나 사직하고, 상경해 법관 양성소를 졸업한 뒤 1896년 한성재판소 검사보에 임명되었다. 1898년 와세다 대학 졸업 후 독립협회 일을 하였고 1899년 독립협회가 해산하자 공진회, 헌정연구회 등을 조직해 활동하였다. 1907년 고종의 밀명을 받아 이상설, 이위종과 함께 헤이그에서 열린 제2회 만국평화회의에 참가하려 했으나 무산되자 순국하였다. 이준 열사의 묘는 다른 애국선열의 묘와 달리 묘 앞에 홍살문, 묘로 가는 길에 자유평화수호상 등이 있고 묘역에는 이준 열사의 모습이 새겨진 조각이 있는 등 규모가 크다.

Restaurant & Cafe

청수가든
섶다리 위 계곡에 자리한 산장형 식당으로 옻닭과 토종닭백숙, 닭볶음탕 등 산중의 식당에서 맛볼 수 있는 메뉴를 제공하고 있다. 여느 산중의 식당처럼 시원한 개울가 자리에 앉으면 한여름의 무더위도 날려 보낼 수 있을 것 같다. 여러 닭요리와 더불어 둘레길을 걸은 뒤 마시는 막걸리나 동동주 한 잔은 하루의 피로를 없애주는 듯하다.

메뉴 옻닭, 토종닭백숙, 오리백숙, 닭볶음탕 등 각 4만원 내외
위치 강북구 수유동, 섶다리와 이시영선생묘 사이 계곡   **전화** 02-903-0785

갤러리카페 루(roo)
순례길을 마치고 도로로 나오면 산 쪽으로 아카데미하우스가 보이고 아래쪽으로는 통일교육원이다. 통일교육원 바로 아래에 2층으로 된 카페가 갤러리카페 루. 피아노가 놓인 내부는 붉은 소파에 고풍스러운 컵과 컵받침이 인상적이다. 주말에는 재즈피아노 연주가 열린다고.

메뉴 커피, 식사, 와인, 맥주
위치 강북구 수유6동 535-144, 아카데미하우스 아래   **전화** 02-992-1779

미즐(Mizzle) 카페 엠
갤러리카페 루가 붉고 파랗고 고풍스런 분위기라면 미즐 카페 엠은 흰색의 벽에 원목 테이블과 의자, 베이지색 쿠션까지 드라이한 분위기라고 할 수 있다. 인테리어 소품이 놓인 서랍장과 테이블을 보면 잘 꾸며진 소품 사무실에 온 느낌까지 든다. 평일 오후에도 은근히 사람이 많고, 커피나 세트 메뉴 등을 시키면 아메리카노가 리필된다.
메뉴 커피, 케이크, 샌드위치 세트 1만2천원, 토스트 세트 9천원, 베이글 세트 8천5백원
위치 강북구 수유6동 535-11, 갤러리카페 루 옆   전화 02-999-5055

김대완 라이브, 거리의 시인
20여 년간 통기타 라이브 공연을 해왔다는 김대완의 라이브 공연을 볼 수 있는 곳. 라이브 공연을 하다 보니 낮보다는 밤에 찾는 것이 더 좋을 듯하다. 메뉴는 간단한 커피부터 알코올이 함유된 칵테일, 맥주, 위스키까지 다양하며 라이브공연의 진수를 맛볼 수 있다.
메뉴 커피, 칵테일, 맥주, 위스키
위치 강북구 수유6동, 미즐 엠 카페 옆   전화 02-900-0654

Course Map

① 솔밭공원 상단
② 4.19묘지 전망대
③ 보광사 입구
④ 신숙 선생묘
⑤ 김도연 선생묘 갈림길
⑥ 김창숙, 양동일 선생묘 갈림길 / 대동문 갈림길
⑦ 쉼터 앞
⑧ 유림 선생묘
⑨ 섶다리
⑩ 이시영 선생묘 / 광복군 합동묘 갈림길
⑪ 김병로 선생묘 갈림길
⑫ 이준 열사묘 입구

 Information

북한산 둘레길 탐방안내센터	02-900-8585
총거리	2.3km
총소요시간	1시간 10분
총소요칼로리	182kcal
난이도	초급

W&T Plus

북한산 둘레길 탐방안내센터

2010년 9월 7일 개장된 북한산 둘레길 탐방안내센터가 통일교육원 건너편에 자리 잡고 있다. 탐방 안내센터에서는 44km에 이르는 북한산 둘레길 13개 코스에 대한 자세한 안내를 보고 들을 수 있고 둘레길을 걸을 때 필요한 모자나 두건 같은 기념품도 구입할 수 있다. 탐방 안내센터 내에는 공용화장실과 음수대가 있으므로 순례길이나 흰구름길을 걸을 때 들러 쉬어가도 좋다.

위치 강북구 수유4동 산73-1, 통일교육원 건너편 **전화** 02-900-8585 **홈페이지** http://ecotour.knps.or.kr/dulegil/index.asp

북한산 둘레길 일대 애국지사 · 문화예술인 묘역

01 소나무 숲길_손병희 선생묘, 이용문 장군묘, 여운형 선생묘
02 순례길_4.19묘지, 신숙 선생묘, 김도연 선생묘, 김창숙 선생묘, 양일동 선생묘, 김창숙 선생묘, 서상일 선생묘, 유림 선생묘, 이시영 선생묘, 광복군 합동묘, 김병로 선생묘, 이준 열사묘, 신익희 선생묘, 신하균 선생묘, 안현생 선생묘, 엄상섭 선생묘
03 흰구름길_이명룡 선생묘, 조병옥 박사묘, 오상순 선생묘

Visual Course

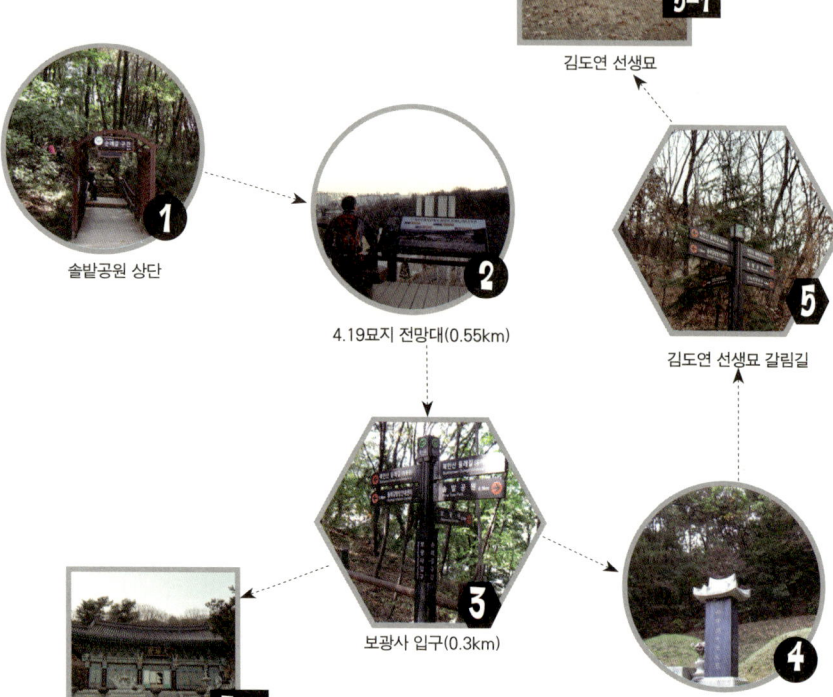

1. 솔밭공원 상단
2. 4.19묘지 전망대(0.55km)
3. 보광사 입구(0.3km)
3-1. 보광사
4. 신숙 선생묘
5. 김도연 선생묘 갈림길
5-1. 김도연 선생묘

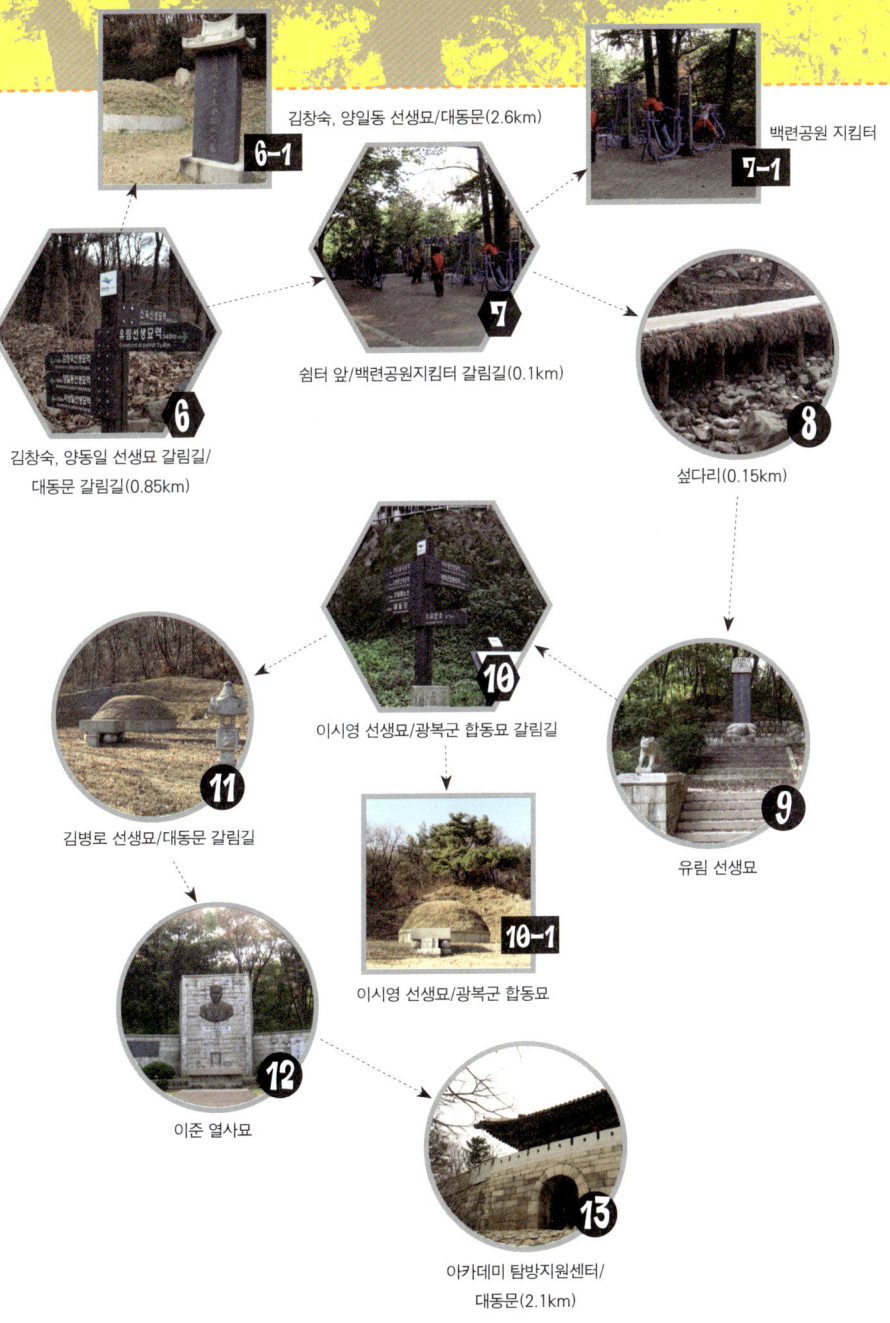

03 흰구름길

전체적으로 숲길로 이루어진 코스로 중간에 본원정사, 화계사 같은 사찰과 냉골, 빨래골 같은 계곡을 지난다. 이준 열사묘 입구를 출발해 통일교육원을 가로지르니 약수터와 게이트볼장이 있고 이내 숲길이 시작된다. 숲길 중에는 사찰이 있어 잠시 쉬어가게 되고 계곡에서는 신발을 벗고 차가운 개울물에 발을 담가본다. 3층 높이의 구름전망대에 올라서는 북한산 전경과 숲속에 감춰진 둘레길을 살펴보고 멀리 흰 구름에 가린 도봉산과 수락산, 불암산, 오패산 등도 둘러본다. 구름전망대에서는 해질 무렵 붉은 노을이 건너편 수락산과 불암산에 물드는 모습을 바라보는 것도 인상적이다.

Traffic

1. **이준 열사묘 입구** 수유역 1번 출구 ⋯ 강북 01번 마을버스, 아카데미 하우스나 통일교육원 하차. 104, 1119번 버스 종점 하차, 통일교육원 방향 도보 10분.
2. **북한산 생태숲 입구** 지하철 4호선 길음역 3번 출구 ⋯ 1014, 1114번 버스 종점 하차. 북한산 생태숲 앞(미양 배드민턴장 앞)까지는 도보 5분

Course
4.1km, 2시간

- 이준 열사묘 입구
- 숲길 입구(약수터, 게이트볼장 0.4km)
- 숲길 출구(한전강북지점 앞 0.6km)
- 본원정사 갈림길(숲길 입구 0.2km)
- 냉골공원 지킴터 갈림길(약수터, 쉼터 0.2km)
- 화계사 입구(0.9km)
- 칼바위능선 갈림길(0.1km)
- 전망데크
- 구름전망대(0.4km)
- 빨래골 공원 지킴터(0.4km)
- 경천사 옆(0.3km)
- 작은 구름전망대
- 북한산 생태숲 앞
  (숲길 출구, 미양배드민턴장 앞 0.5km)

Walking & Trekking Spot

본원정사(本願精舍)

조선말 도성암에서 비롯되었다는 본원정사는 비구니 손덕선 스님이 지금의 자리에 도성암을 다시 세웠고 1980년대 원성스님이 도성암에서 본원정사로 이름을 바꾸었다. 명부전에 있는 목조지장보살은 원래 태고사에 있던 것을 6.25전쟁으로 태고사가 소실되자 이곳으로 옮겨왔다. 유형문화재 136호. 대적광전 왼쪽 약사여래는 대중의 아픔을 치유하는 보살로 알려져 있기도 하다.

냉골

냉골은 칼바위능선 북쪽에 있는 계곡으로 계곡이 깊어 한낮에도 해가 잘 들지 않아 냉골이라고 전해진다. 냉골공원 지킴이터 갈림길에는 냉골에서 흘러내려온 시원한 물이 솟는 약수터가 있어 동네 사람들이 줄을 서 물을 떠간다. 냉골공원 지킴터에서 냉골로 오르면 조병옥 박사묘가 보이고 칼바위

능선에 다다르니 냉골 옹달샘이 단숨에 갈등을 해소해 준다.

화계사(華溪寺)

화계사는 1523년 중종 17년 신월선사가 창건, 1618년 광해군 10년 화재로 전소된 것을 1619년과 1866년 고종 3년에 중수(重修)했다. 화계사는 흥선대원군과 관련된 전설이 전해지고 있는데, 어느 날 남루한 차림으로 절을 찾은 흥선대원군에게 동자승이 기다렸다며 물 한잔을 건넸다. 만인이란 스님이 그리하라고 했다는 것이다. 만인 스님은 자손을 왕위에 올리려는 흥선대원군의 의중을 꿰뚫고 방법을 알려준다. '충청도 덕산 가야사 금탑 자리가 제왕지지(帝王之地)이니, 남연군 묘소를 이장하면 제왕이 될 귀한 왕손을 얻을 것이다'. 이에 흥선대원군은 경기도 연천에 있던 남연군의 묘를 가야사 금탑 자리에 이장하였고 훗날 고종이 되는 둘째아들 재황을 얻는다. 이밖에 화계사에서는 1933년 이희승, 최현배 등 한글학회 회원들이 모여 한글맞춤법 통일안을 만들었고, 해외포교를 중시했던 숭산 행원 큰스님의 영향으로 국제선원을 운영하고 있기도 하다. 대웅전은 유형문화재 제65호로 주불은 석가모니가 아닌 아미타불이고

후불탱화는 1875년 화산 스님에 의해 조성된 것이다. 화계사의 동종은 보물 제11-5호로 조선 숙종 때 사인 스님이 만들었고 원래 희방사에 있던 것을 1898년에 이곳으로 옮겨왔다. 종각의 대종 옆 작은 종이 동종이다.

구름전망대

북한산 둘레길 전반부의 하이라이트라고 할 수 있는 북한산 칼바위 아랫자락에 위치한 3층 높이의 전망대. 서쪽으로는 북한산의 칼바위 능선, 대동문, 진달래능선, 동장대, 만경대, 백운대, 인수봉, 북쪽으로는 도봉산의 자운봉, 만장봉, 선인봉이 한눈에 들어온다. 동쪽으로는 수락산, 축령산, 불암산, 천마산, 남쪽으로는 오패산, 북서울의 꿈숲, 개운산, 용마산, 아차산 등이 보인다. 전망대는 한낮에 올라도 좋지만 석양이 질 무렵 오르면 건너편 수락산과 불암산이 붉게 물드는 장관을 목격할 수 있다.

빨래골

빨래골은 조선시대 물이 맑고 풍부해 궁궐의 무수리들이 빨래를 하며 쉬어갔다고 해서 붙여진 이름이다. 실제 한양도성의 궁과 이곳 빨래골 간의 거리가 꽤 되고 궁 주변 북악산에서 흘러내린 개울이 여럿 있었으므로 무수리가 왔다는 건 사실이 아닐 가능성이 높다. 예전에는 이곳이 서울(한성)과 양주의 경계여서 서울로 과거 보러오던 선비들이 빨래골에 들려 손발을 씻고 가기도 했다. 빨래골 공원 지킴이터에서 산을 향해 오르면 산중턱에 삼성암이 반갑게 맞아주고 잠시 숨을 돌리고 올라가면 칼날 같은 모양이라 붙여진 칼바위 능선에 다다른다. 실제 칼바위 주능선 중에는 위험구간이 있으니 안전을 위해 우회하는 것이 좋고 칼바위능선을 다 지나면 보국문에 이른다.

Restaurant & Cafe

치킨매니아

03흰구름길이 끝나는 북한산 생태숲 앞에는 아파트 단지여서 이렇다 할 먹거리가 없다. 북한산 생태숲에서 조금 걸어 풍림아파트상가에 이르면 바싹한 치킨과 함께 시원한 생맥주를 마실 수 있는 치킨매니아가 보인다. 여느 동네에서 볼 수 있는 치맥 체인점이지만 걷기 후에 맛보는 치킨과 생맥주는 새롭기만 하다.
메뉴 핫치킨 1만5천원, 양념·반반·마늘치킨 각 1만6천원, 웰빙오븐구이 1만4천원 위치 성북구 정릉동, 풍림아파트상가 내 전화 02-919-9982

채소야

풍림아파트상가 아래 아파트상가에 있는 샤브샤브전문점. 점심특선이나 등심샤브샤브 정도를 시키면 얇게 저민 쇠고기와 버섯, 각종 채소를 곁들여 맛있는 샤브샤브를 즐길 수 있다. 샤브샤브와 함께 칼국수, 영양죽, 어묵 등이 나와 한 끼 식사로 든든하다.
메뉴 점심특선 6천원, 해물샤브샤브 1만원, 스페셜 등심샤브 1만3천원 위치 성북구 정릉동, 풍림아파트상가 아래 전화 02-917-2002

쌈촌

여러 샤브샤브 요리에서부터 뼈다귀전골, 왕돈가스, 돌솥비빔밥까지 다양한 메뉴를 갖추고 있다. 아쉬운 점은 샤브샤브 요리가 2인분부터 주문 가능하다는 사실이다. 그래도 샤브샤브가 아니더라도 선택할 메뉴가 많아 다행이다. 추억의 왕돈가스는 쟁반만한 왕접시를 다 채울 만하고 맛 또한 바삭한 것이 먹을 만했다.
메뉴 점심특선 소등심샤브 7천원, 뼈해장국, 왕돈가스, 생선가스, 돌솥비빔밥 각 6천원 위치 성북구 정릉동, 채소야 아래 전화 02-919-2007

시골집

풍림아파트상가에서 굴다리를 지나면 정릉 솔샘길 4거리로 이곳에 전통 순댓국을 파는 시골집이 있다. 밤새 끓인 진한 육수에 듬성듬성 썰어 넣은 순대와 곱창은 걷기로 배고파진 속을 든든하게 해준다. 길 건너에는 이름난 순댓국집의 하나인 무봉리 순댓국도 있다.
메뉴 순댓국 6천원 내외, 수육 2만원 내외 위치 성북구 정릉 4동 솔샘길 4거리(북한산 생태숲에서 정릉방향) 전화 02-892-5070

urse Map

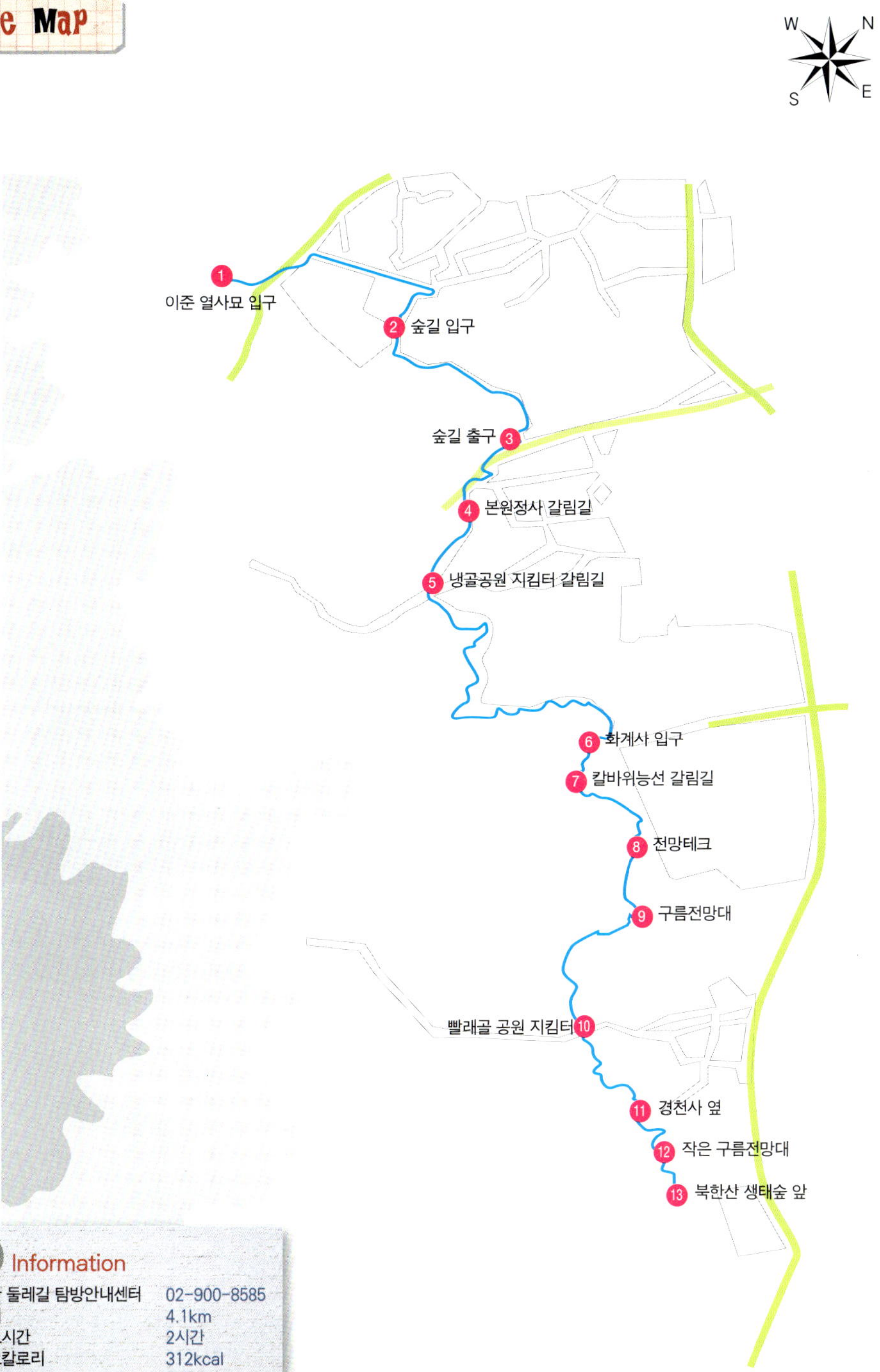

1. 이준 열사묘 입구
2. 숲길 입구
3. 숲길 출구
4. 본원정사 갈림길
5. 냉골공원 지킴터 갈림길
6. 화계사 입구
7. 칼바위능선 갈림길
8. 전망테크
9. 구름전망대
10. 빨래골 공원 지킴터
11. 경천사 옆
12. 작은 구름전망대
13. 북한산 생태숲 앞

Information

북한산 둘레길 탐방안내센터	02-900-8585
총거리	4.1km
총소요시간	2시간
총소요칼로리	312kcal
난이도	중급

Visual Course

5-1 냉골공원지킴이터

5-2 조병옥 박사묘

칼바위(1.3km)/보국문(3

1 이준 열사묘 입구

숲길입구(약수터, 게이트볼장 0.4km)

2

3 숲길 출구(한전강북지점 앞, 0.6km)

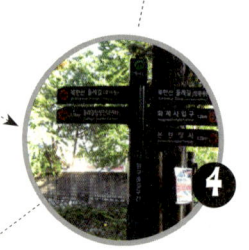
5 냉골공원지킴이터 갈림길(약수터, 쉼터

2-1 백운대 탐방지원센터(1.4km)

4 본원정사 갈림길(숲길 입구 0.2km)

본원정사

2-2 백운대/소귀천

2-3 대동문

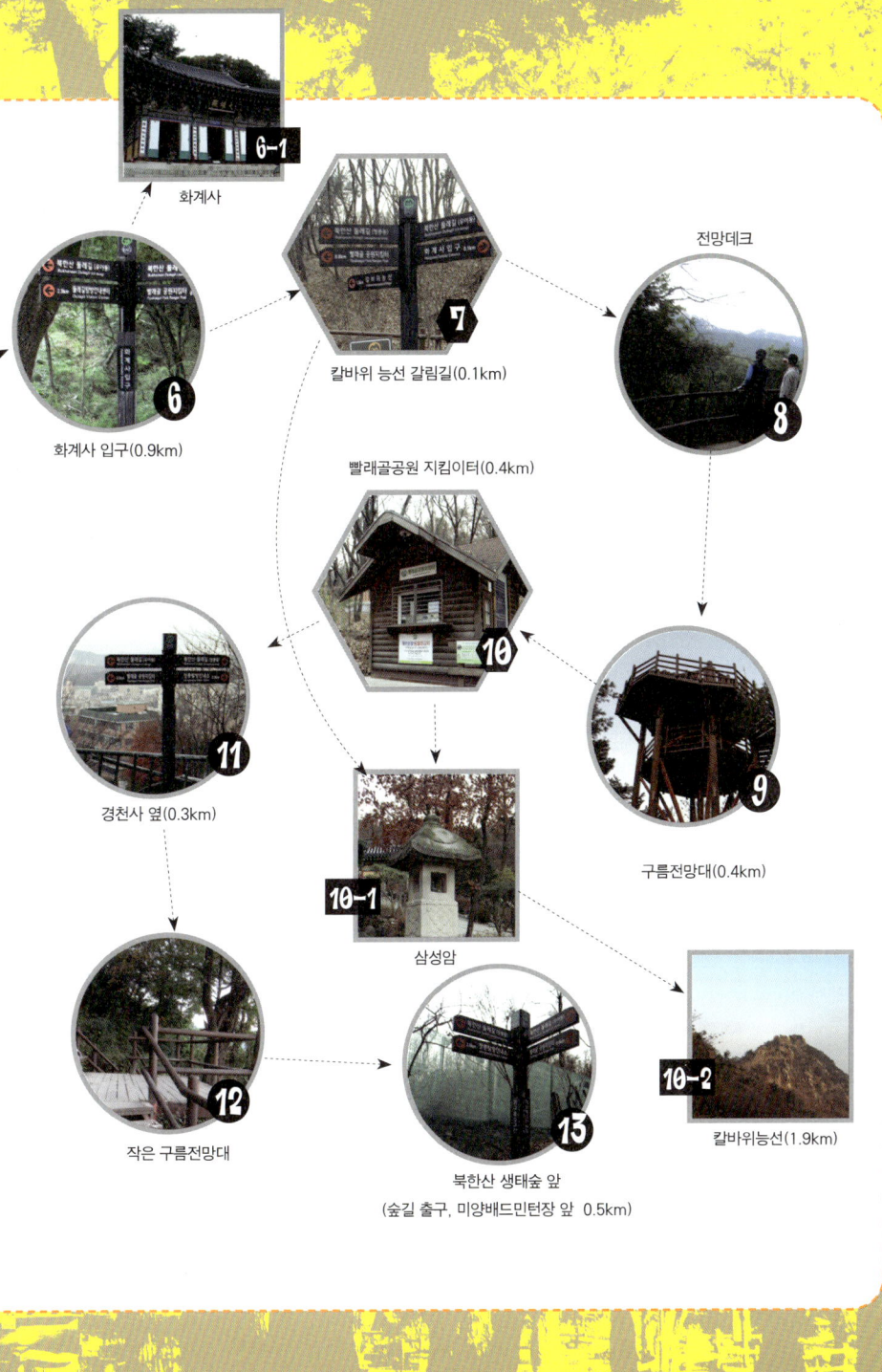

04 솔샘길

Traffic

1. **북한산 생태숲** 지하철 4호선 길음역 3번 출구 ⋯▶ 1014, 1114번 버스 종점 하차. 북한산 생태숲 앞(미양배드민턴장 앞)까지는 도보 5분
2. **정릉 주차장** : 지하철 4호선 길음역 3번 출구 ⋯▶ 143. 110B번 버스 종점(정릉 청수장) 하차. 정릉 주차장까지 도보 5분. 그 외 110A, 162, 1020, 1113번 버스 종점(정릉 청수장) 하차.

북한산 생태숲과 약간의 숲길, 도로가 함께 있는 코스. 북한산 생태숲을 천천히 둘러보지 않고 서둘러 지나쳐 간다면 시간이 남을 수도 있다. 북한산 생태숲을 구경하고 성북생태체험관에도 기웃거려 보자. 산책로와 숲길을 지나면 정릉 탐방안내소로 향하는 보국문로와 만나게 되고 길을 재촉하면 정릉 청수장 버스 종점이 보인다. 정릉 청수장 버스 종점에서 멀지 않은 정릉 탐방안내소에서 북한산 둘레길과 북한산 등산 정보를 얻고 다시 길을 나서면 정릉 주차장이 바로 앞이다.

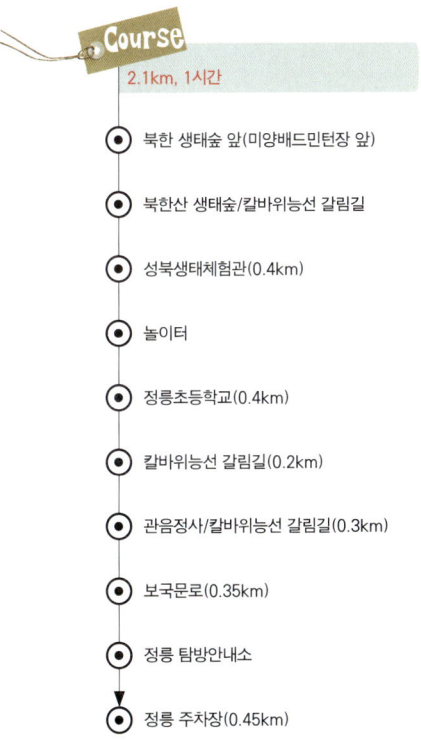

Course
2.1km, 1시간

- 북한 생태숲 앞(미양배드민턴장 앞)
- 북한산 생태숲/칼바위능선 갈림길
- 성북생태체험관(0.4km)
- 놀이터
- 정릉초등학교(0.4km)
- 칼바위능선 갈림길(0.2km)
- 관음정사/칼바위능선 갈림길(0.3km)
- 보국문로(0.35km)
- 정릉 탐방안내소
- 정릉 주차장(0.45km)

Walking & Trekking Spot

북한산 생태숲

서울의 동네 뒷산을 숲속공원으로 만드는 작업의 일환으로 2009년 6월 정릉동 뒷산이 5,000m² 규모의 북한산 숲 체험장으로 다시 태어났다. 체험장에는 개울이 만들어지고 화단에는 야생화단지, 작물재배지, 숲길 등이 조성되었다. 개울이 모여 만들어진 생태연못에서는 꽃창포, 노랑어리연꽃 같은 습지식물을 볼 수 있다.

성북생태체험관

북한산 생태숲 조성과 함께 세워진 생태체험관으로 외관은 평범한 한옥집 분위기다. 마당에 작물재배지와 곤충모형이 있어 아이들의 시선을 끌고 생태체험관 안에 씨앗과 곤충, 새 모형, 사진 등이 전시되어 있어 흥미를 더한다. 매월 숲해설사가 북한산 숲의 생태와 환경에 관한 교육 프로그램을 진행하며 접수는 2주전에 인터넷으로 하면 된다.

위치 정릉동 231번지 북한산 생태숲 시간 10:00~17:00 전화 성북생태체험관 02-920-2949, 성북구청 공원녹지과 02-920-3785, 02-920-3796 홈페이지 http://cafe.naver.com/sbgreensharing

원각사

정릉초등학교를 지나 짧은 숲길을 지나면 나오는 관음사/칼바위 능선 갈림길. 그곳에서 관음사 쪽으로 올라가니 관음사는 가정식 사찰로 문이 잠겨있고 조금 위에 원각사가 보인다. 원각사에는 고풍스런 대웅전과 마당에 석가모니 상, 불상 입상 등이 있어 잠시나마 상념에 잠겨볼 수 있다. 원각사 역시 가정식 사찰이니 출입에 주의한다.

정릉 탐방안내소

보국문로에서 여러 버스 종점을 지나 위로 올라가면 북한산국립공원 탐방안내소가 보인다. 긴 명칭 대신 흔히 정릉에 있어 정릉 탐방안내소라 한다. 정릉 탐방안내소에 들르면 북한산 둘레길과 북한산 산행에 대한 정보를 얻을 수 있다. 정릉 계곡은 예부터 물이 맑아 청수라 불리기도 해 여름이면 정릉 계곡을 찾는 사람이 많고, 정릉 탐방안내소에서 출발해 산에 오르면 보국문을 거쳐 대성문으로 향할 수 있다.

위치 성북구 정릉4동 산1-1(버스 정릉 청수장 종점 위) 전화 02-909-0497~8

Restaurant & Cafe

산장두부촌
정릉 청수장 종점부근에 있는 식당 중 깔끔한 외관을 자랑하는 곳으로 찾는 사람이 많다. 어떤 식사 메뉴를 시키든 밥은 주문과 동시에 1인용 철솥에 지어 내온다. 철솥에서 밥을 덜어 먹고 철솥에 물을 부어 놓으면 식사가 끝날 때쯤 고소한 누룽지가 생긴다. 콩을 재료로 한 콩비지나 청국장, 두부전골 같은 두부요리가 맛있고 오리, 황태 같은 다른 메뉴도 풍성하다.
메뉴 콩비지, 청국장 각 6천원, 황태정식 1만원, 보쌈정식, 게장정식 각 1만2천원
위치 성북구 정릉동, 버스 정릉 청수장 종점 위   **전화** 02-919-1599

청수대왕갈비
04)솔샘길을 걸은 뒤나 정릉에서 보국문을 갔다 왔을 때 고기를 맛보고 싶다면 찾는 곳. 고급 고기집이 아닌 소박한 서민형 고기집으로 갈비탕이나 도가니탕 같은 식사류나 돼지갈비, 갈매기살 같은 고기메뉴 모두 맛이 있다. 걷기나 산행 후 가볍게 들리기 좋다.
메뉴 갈비탕, 도가니탕, 순두부, 냉면 각 6천원 내외, 돼지갈비, 갈매기살, 항정살
위치 성북구, 정릉동, 버스 정릉 청수장 종점 부근   **전화** 02-941-5007

청수 해주식당

가볍게 식사나 술자리를 갖고 싶을 때 찾을만한 식당. 해장국, 청국장, 콩비지 등 식사류부터 닭볶음탕, 아귀찜, 동태찜 등 안주류까지 다양한 메뉴를 자랑한다. 어머니 손맛 같은 음식 맛은 한 번 들르면 자주 찾게 만들고 가격 또한 저렴한 편이어서 주머니 부담도 적다.

메뉴 해장국, 청국장, 콩비지 각 5천원, 닭볶음탕, 아귀찜 중, 동태찜 대 각 2만5천원
위치 성북구, 정릉동, 버스 정릉 청수장 종점 부근　　　**전화** 02-917-0280

바다마을

지금은 정릉 청수장 종점 부근이 아파트와 상가가 있는 도심 같지만 예전에는 전차 종점이 있던 돈암동에서부터 걸어 들어가야 하는 산중이었다. 그 옛날 산중 정릉 청수장 부근에서 맛보는 생선회 맛을 어떨까. 바다마을은 서민형 횟집이어서 광어나 우럭, 매운탕을 맛보기에 부담이 적다. 생선회를 시키면 매운탕은 5천원에 제공된다.

메뉴 광어 중, 우럭 중 각 2만원, 광어+우럭 소 2만5천원, 매운탕 1만5천원
위치 성북구, 정릉동, 버스 정릉 청수장 종점 아래　　　**전화** 02-941-3373

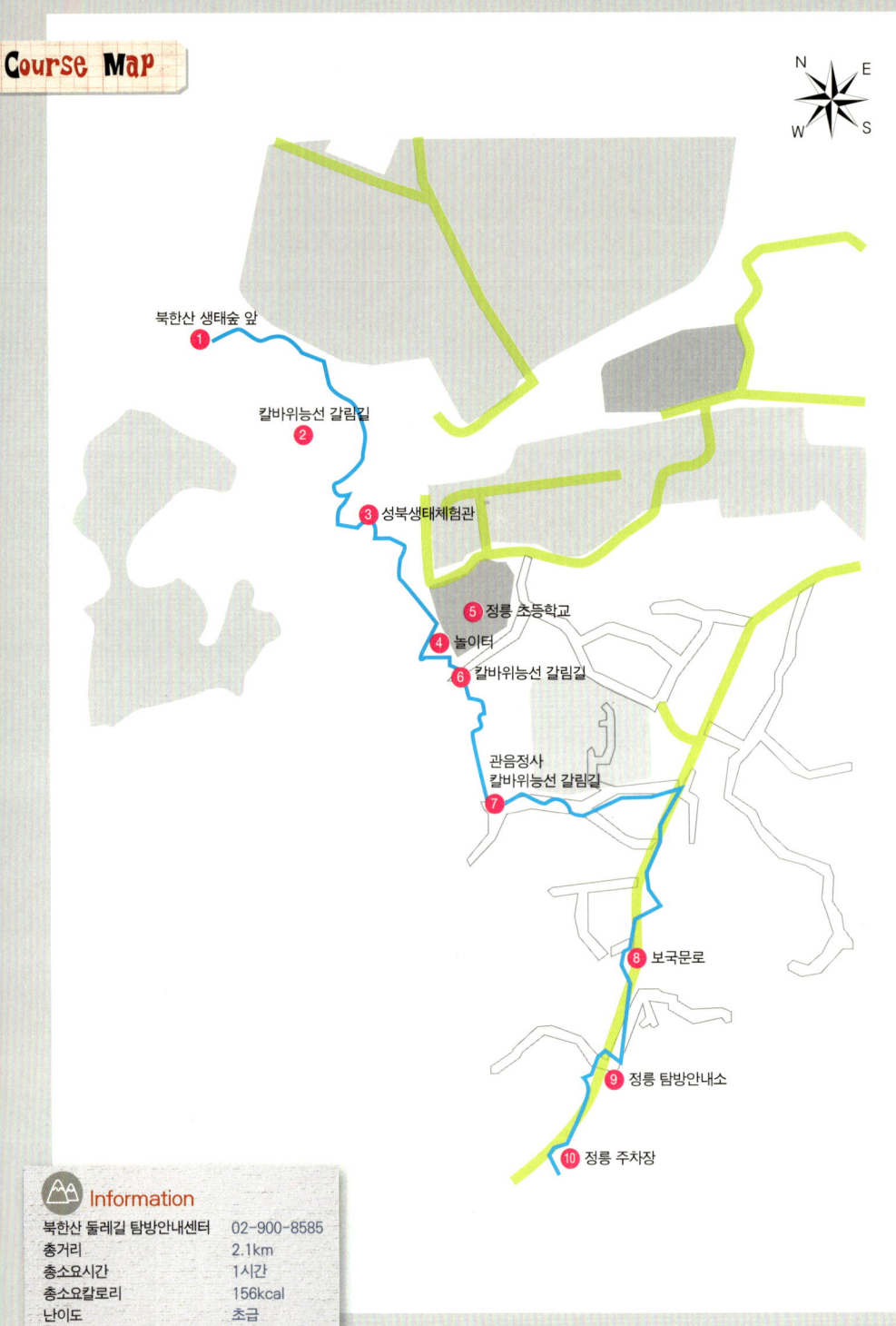

W&T Plus

정릉(貞陵)

조선을 개국한 태조 이성계의 계비이자 조선 최초의 왕비인 신덕왕후 강(康)씨의 능. 원래 정동 영국대사관 부근에 있던 것을 원비 태생인 태종이 즉위하며 현재의 위치로 이장됐다. 이장하며 버려진 석물들은 1410년 태종 10년 여름 청계천의 광통교가 홍수로 무너지자 광통교를 보수하는데 쓰이기도 했다. 현재의 정릉의 모습은 1669년 현종 10년 현종에 의해 재조성된 것이다. 고려 권문세가의 딸이었던 신덕왕후는 매우 영민해 이성계와의 첫 만남에서 이성계가 물을 청하자 물바가지에 버들잎을 띄어 주었다. 이성계가 버들잎을 띄운 까닭을 묻자 신덕왕후는 급히 마시는 물에 체할까 우려해서였다고 했다. 이성계는 사랑하던 신덕왕후가 죽자 능 인근에 흥덕사를 세우고 수시로 들려 왕비의 명복을 빌었다고 한다.

요금 1천원 위치 성북구 능길 74 교통 지하철 4호선 성신여대 입구 6번 출구-1012, 1014, 1211, 1212번 버스 정릉입구(구아리랑시장) 하차(아리랑고개 지나 하차). 정릉 표시판 따라 도보 10분.

흥천사(興天寺)

1397년 태조 6년 태조의 명으로 신덕왕후의 명복을 빌기 위해 세워졌고, 1397년 170여 칸의 대가람으로 완성되어 조계종의 본산이 되었다. 1504년 연산군 10년 화재로 전각이 모두 소실되었고 1794년 정조 18년에 현재의 자리로 이전된 뒤 1865년 고종 2년 흥선대원군의 지원으로 크게 중수되었다. 현재 사찰 내에는 대한제국의 마지막 황태자인 영친왕이 5세 때 쓴 글씨가 남아 있으며 흥천사란 현판은 흥선대원군이 쓴 것으로 알려져 있다. 6.25 전쟁 중 조선의 마지막 왕비인 순정효왕비가 피난생활을 하기도 했었다. 극락보전 서울시유형문화재 제66호, 명부전 서울유형문화재 제67호.

위치 성북구 돈암동 595 교통 지하철 4호선 성신여대 입구 6번 출구-1011, 1112, 1114, 1213, 7111, 7211, 170,171번 정릉2동 사무소 하차. 흥덕사 표시판 따라 보도 10분.

Visual Course

① 북한산 생태숲 앞(미양배드민턴장 앞)

⑥ 칼바위능선 갈림길(0.2km)

⑦ 관음정사/칼바위능선 갈림길(0.3km)

② 북한산 생태숲/칼바위능선 갈림길

⑤ 정릉초등학교(0.4km)

⑧ 보국문로(0.35km)

③ 성북생태체험관(0.4km)

④ 놀이터

⑨ 정릉 탐방안내소

칼바위능선

원각사/칼바위능선

명상길

전체적으로 형제봉 자락을 돌아 걸어가는 숲길 코스로 오르내림 경사가 조금 있어 다른 북한산 둘레길에 비해 힘이 들 수 있다. 하지만 명상길은 북한산 둘레길 중 가장 둘레길다운 둘레길이라고 할 수 있다. 정릉 주차장에서 시작한 길은 형제봉 갈림길 상 지점을 향해 계속 오르막이나 나무계단, 중간 공터에서 쉴 수 있어 크게 힘들진 않다. 형제봉 갈림길에 다다르면 형제봉 중턱의 평탄한 둘레길이 이어지고 쉼터에 다다르면 여러 사찰로 갈 수 있는 갈림길이 보인다. 가까운 사찰인 서광사는 묵언수행을 하고 있어 일반인이 찾기 어렵고 왕령사에는 스님은 보이지 않고 사나운 개만 짖고 있다. 이곳에서 사찰을 보려면 조금 먼 심곡사나 영불사까지 가야할 듯. 북악하늘길 갈림길에서는 남쪽으로 북악산 자락의 북악하늘길로 갈 수 있고 길을 재촉하면 어느새 내리막길로 접어들어 형제봉 입구에 다다른다.

Course
2.4km, 1시간 10분

- 정릉 주차장
- 형제봉 갈림길 상(0.4km)
- 형제봉 갈림길 하(0.2km)
- 배드민턴장(0.6km)
- 쉼터/서광사, 심곡사, 영불사 갈림길(0.2km)
- 왕령사, 대흥사 갈림길
- 북악공원 지킴터 갈림길(0.1km)
- 북악산 갈림길 하(0.4km)
- 북악산 갈림길 상/형제봉 갈림길(0.02km)
- 구복암 앞(0.1km)
- 형제봉 입구(0.4km)

Traffic

1. **정릉 주차장** 지하철 4호선 길음역 3번 출구 ⋯▶ 143. 110B번 버스 종점(정릉 청수장) 하차. 정릉 주차장까지 도보 5분. 그 외 110A, 162, 1020, 1113번 버스 종점(정릉 청수장) 하차.

2. **형제봉 입구** ① 지하철 4호선 길음역 3번 출구 ⋯▶ 153, 7211번 북악터널 지나 롯데아파트 하차. 형제봉 입구까지 도보 5분.
② 지하철 3, 6호선 불광역 7번, 2번 출구 ⋯▶ 7211번 북악터널 전 롯데나 삼성아파트 하차. 그 외 8153, 110, 1020, 1711번 버스 이용.

Walking & Trekking Spot

형제봉(兄弟峰)

정릉 주차장에서 오르막길을 오르면 나타나는 형제봉 갈림길. 이곳에서 산을 향해 1시간여 올라가면 큰형제봉과 작은 형제봉으로 이루어진 형제봉에 도달한다. 형제봉의 묘미는 뭐니 뭐니 해도 정상에서 내려다보는 서울 시내의 모습이다. 명상길 내내 형제봉 갈림길과 만나니 명상길은 형제봉의 둘레를 걸어가는 셈이다. 형제봉으로 오르는 정식루트는 05)명상길의 끝인 형제봉 입구에서 올라가는 것이다.

북악공원 지킴터

국민대학교에서 북악터널 방향에 있는 북악공원 지킴터 역시 형제봉으로 올라가는 코스 중 하나. 형제봉 입구 코스가 북악터널 북쪽 루트라면 북악공원 지킴터에서 출발하는 코스는 북

악터널 남쪽 루트. 북악공원 지킴터를 지나 산책로를 지나면 이내 숲길로 접어들고 형제봉 갈림길 하 지점을 만나게 된다. 형제봉 갈림길 상 지점, 영불사를 거치면 형제봉에 다다를 수 있다.

북악하늘길

05)명상길 중 북악산 갈림길에서 북악산 방향으로 내려가면 북악스카이웨이가 나타난다. 이곳부터 성북구 방향으로 난 4개의 산책로가 북악하늘길. 이 지역은 1968

년 북에서 내려온 김신조 일당이 청와대로 향할 때 지났다고 하여 42년간 일반인의 통행이 금지되었다가 근년에 생태걷기코스로 재탄생되었다. 일명 김신조 루트로 제2, 3 산책로를 말한다. 오랫동안 외부와 차단되어 있어, 숲길을 걸으며 자연 그대로의 풍경을 감상할 수 있다. 북악산 갈림길 하에서 북악하늘길까지는 1.5km.

구복암

형제봉 입구에서 조금 올라가면 길가에 커다란 바위가 보인다. 바위에는 나무미륵대불이라 음각되어 있고 바위 옆을 지나 구복암으로 들어가니 하마와 거북을 닮은 바위가 떡하니 버티고 있다. 암자 뒤 커다란 바위에도 북두칠원성군이라 음각되어 있다. 구복암은 특별한 것은 없지만 한산해 명상길을 오가거나 형제봉을 오르내릴 때 잠시 들러 흐르는 땀을 닦고 가기 좋은 곳이다.

Course Map

① 정릉 주차장
② 형제봉 갈림길 상
③ 형제봉 갈림길 하
④ 배드민턴장
⑤ 쉼터/서광사, 심곡사, 영불사 갈림길
⑥ 왕령사, 대흥사 갈림길
⑦ 북악공원지킴터 갈림길
⑧ 북악산 갈림길 하
⑨ 북악산 갈림길 상/형제봉 갈림길
⑩ 구복암 앞
⑪ 형제봉 입구

 Information

북한산 둘레길 탐방안내센터	02-900-8585
총거리	2.4km
총소요시간	1시간 10분
총소요칼로리	182kcal
난이도	고급

Restaurant & Cafe

강남동태찜

동태를 주요리로 하는 한식전문점. 생태탕을 시키니 냉동 동태가 아닌 생물 동태를 팔팔 끓인 생태동태탕이 나온다. 명상길 걷기 후 얼큰한 국물이 들어가니 얼었던 속이 풀리는 듯하고 단단한 동태 육질은 입안에서 씹는 감촉이 생생하다.

메뉴 알밥 5천원, 동태탕, 황태해장국 각 6천원, 생태탕 1만원, 동태찜 중 2만5천원

위치 종로구 평창동 435-2, 형제봉 입구 방향   전화 02-396-6999

예강

롯데삼성아파트 버스정류장에서 형제봉 입구 방향에 있는 예강은 지하 청수돼지갈비, 1층 청수면옥, 2층 횡성한우, 3층 카페 테라스까지 다양한 요리와 음료, 디저트까지 취급하는 종합식당이라고 할 수 있다.

메뉴 강된장쌈 1만1천원, 삼합불고기 1만3천원, 청수돼지갈비 1만원, 생돼지갈비 1만3천원

위치 종로구 평창동, 버스정류장에서 형제봉 입구 방향   전화 02-379-8008

북악정

30여년 궁중갈비의 맛을 지켜온 갈비 명가. 근년에 강북지역에서 갈비로 유명한 '이상'으로 인수된 뒤에도 한결같은 갈비 맛을 자랑하고 있다. 북악정의 양념갈비는 간장 위주의 양념갈비가 아닌 사골육수에 전분이 함유되어 있어 특유의 끈적끈적함이 보이나 숯불에 알맞게 구워 먹으면 입안에서 살살 녹는 느낌이다.

메뉴 점심특선 이상이동갈비정식, 주물럭등심정식, 양념갈비, 생갈비, 한우꽃등심
위치 종로구 평창동, 예강 뒤   전화 02-394-2340

멕시칸치킨

형제봉 입구의 동태찜, 돼지갈비, 양념갈비 등으로 속을 채웠다면 시원한 생맥주 한잔은 어떨까. 멕시칸치킨은 여느 치킨체인점과 다를 바 없지만 걷기나 산행 후 맛보는 치맥(치킨과 맥주)은 더할 나위 없이 상쾌하다. 더구나 한여름이라면 시원한 생맥주를 두고 그냥 지나치기 힘들다.

메뉴 닭강정 1만5천원, 반반치킨 1만4천원, 문어무침 1만5천원, 생맥주
위치 종로구 평창동, 롯데아파트 앞 전화 02-396-2599

Visual Course

① 정릉 주차장

⑥ 왕령사, 대흥사 갈림길

⑦ 북악공원 지킴터 갈림길(0.1km)

② 형제봉 갈림길 상(0.4km)

⑤ 쉼터/서광사, 심곡사, 영불사 갈림길 (0.2km)

⑧ 북악산 갈림길 하(0.4km)

③ 형제봉 갈림길 하(0.2km)

④ 배드민턴장(0.6km)

⑨ 북악산 갈림길 상/형제봉 갈림길 (0.02km)

북악공원 지킴터(0.2km)

북악하늘길
(하늘마루 0.55km)

국민대, 성북구숲체험장
갈림길(0.232km)

평창동 갈림길(0.1km)

국민대 갈림길(0.48km)

여래사(0.138km)

구복암 앞(0.1km)

형제봉 입구(0.4km)

북악하늘길

북악하늘길 제1산책로 말바위쉼터-북악팔각정 코스는 2009년 3월, 제2산책로 성북천발원지-하늘마루 코스는 2009년 10월, 제3산책로 숲속다리-북카페 코스는 2010년 2월 개방되었다. 북악하늘길 스카이웨이 하늘한마당-하늘마루 코스는 자동차가 다니는 북악스카이웨이를 옆으로 난 산책로 중간에 있는 다모정에서 제3산책로를 잇는 숲속다리와 연결된다.

북악하늘길 제1산책로

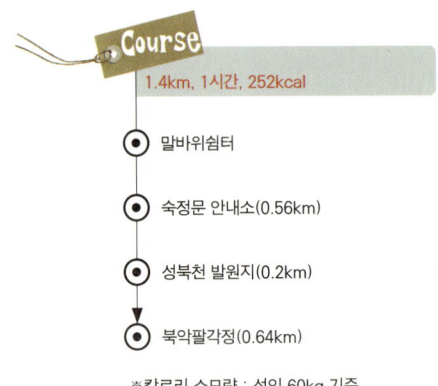

Course
1.4km, 1시간, 252kcal

- 말바위쉼터
- 숙정문 안내소(0.56km)
- 성북천 발원지(0.2km)
- 북악팔각정(0.64km)

※칼로리 소모량 : 성인 60kg 기준,
30분 등산 시 126kcal 소모.

Walking & Trekking Spot

여래사

05) 명상길 중 북악산 갈림길에서 북악하늘길 방향으로 걷다보면 보이는 사찰로 안내문에는 애국선열 봉안소라 적혀있다. 이 사찰에는 이준 열사를 비롯한 독립운동가 21분을 포함해 애국선열 373분의 위패가 모셔있고 해마다 길일에 추모제가 봉행되고 있다.

말바위쉼터

성북동 서울성곽 부근에 있는 말바위 쉼터는 북악하늘길 제1산책로 시작점인 동시에 서울성곽 3코스 혜화문-창의문 중 북악산(백악산) 통제구역 입구이기도 하다. 북악하늘길 제1코스는 통제구역 상의 서울성곽 안으로 들어가지 않고 숙정문 안내소, 성북천 발원지를 거쳐 북악스카이웨이의 북악팔각정까지 간다. 서울성곽 3코스 혜화문-창의문 길을 가려면 말바위쉼터에 들려 신분증을 제시해야 하며 월요일에는 개장하지 않는다. 말바위쉼터까지는 삼청공원이나 성북동의 와룡공원을 통해 갈 수 있다.

숙정문(肅靖門)

숙정문은 삼청공원 너머 북악산 자락에 있는 서울성곽의 사대문 중 북문으로 1396년 태조 5년에 세워졌다. 1413년 풍수가 최양선이 숙정문의 문을 열어두면 지맥이 상한다는 상소를 올린 후 숙정문을 닫고 그 앞에 소나무를 심어 두었다. 1968년 김신조 일당의 1·21사태로 숙정문이 다시 닫혔다가 2006년 일반에 개방되었다. 숙정문은 음양

오행의 음에 해당하여 숙정문을 열어두면 한양의 풍기가 문란해진다고 하고 가뭄 때에는 비를 내리게 하기 위해 음인 숙정문을 열고 양인 남대문을 닫기도 했다.

성북천

총길이는 약 7.7km로 지방 2급 하천으로 북악산 북쪽 골짜기에서 발원해 동남쪽으로 흐르다가 청계천과 합류된다. 성북천은 복개된 곳이 많아 하천은 흐르다 끊어지기 일쑤. 북악산의 성북천 발원지를 지나 주거지에 이르면 복개되어 지하철 4호선 한성대입구역까지 성북천을 볼 수 없다.

북악팔각정

북악산과 인왕산의 경계인 자하문에서 시작해 북악산 북쪽능선을 따라 이어진 북악스카이웨이는 정릉 아리랑고개에 이르러 끝난다. 북악스카이웨이의 길이는 약10km이고 건설년도는 1968년. 북악팔각정은 북악스카이웨이 중간에 있는 대표적인 랜드마크로 북악팔각정 2층에 오르면 서울시내가 한눈에 들어온다.

Traffic

1. **말바위쉼터** 지하철 4호선 한성대입구역 6번 출구 ⋯▸ 1111, 2112번 버스 종점(우정의 공원) 하차. 와룡공원 거쳐 말바위쉼터까지 도보 20분. 지하철 4호선 혜화역 1, 2번 출구 ⋯▸ 8, 15번 마을버스 종점 하차, 와룡공원 거쳐 말바위 쉼터까지 도보 15분

북악하늘길 제2산책로

Course
2.04km, 1시간 30분, 378kcal

- 성북천 발원지
- 서마루(0.412km)
- 솔바람교(0.226km)
- 남마루(0.6km)
- 호경암(0.365km)
- 하늘전망대(0.239km)
- 북카페(0.11km)
- 하늘교(0.088km)

Walking & Trekking Spot

호경암

1968년 1월 북에서 내려온 김신조 일당은 자하문에서 경찰과 교전을 하다가 구진봉과 성북동 뒷산(북악산 북쪽)으로 도주하였다. 국군이 이들을 호경암에서 발견하고 추격하여 3명을 사살한 역사의 현장. 호경암에는 그때의 치열한 교전을 보여주듯 50여발의 총탄자국이 선명하다.

하늘전망대

북악스카이웨이 남쪽 언덕에 세워진 전망대로 동서로 북악스카이웨이와 북으로 북

한산, 남으로 서울 시내가 한눈에 들어온다. 하늘로 돌출된 하늘전망대에 서 있으면 마치 하늘 위에 있는 기분이 들고 전망대를 지나는 시원한 바람은 그 무엇과도 비할 수 없이 상쾌하다.

북카페

2010년 4월 하늘교와 하늘전망대 사이에 세워진 야외 북카페로 무인서고라고 할 수 있다. 새집을 연상케 하는 서고에는 소설, 에세이, 어린이문고 등 서적 200여권이 비치되어 있어 북악하늘길을 오가는 사람이면 누구나 이용할 수 있다. 편리한 때 책을 꺼내 보고 다시 넣고 가는 자율형 무인서고다.

하늘교

북한산과 북악산을 잇는 하늘교는 폭 5m, 길이 26m로 2010년 3월 개통되었다. 일제시대 북한산과 북악산 사이에 도로(북악스카이웨이의 전신)가 나며 두 산의 연결이 끊어진 것을 복원하는 의미도 갖고 있다. 하늘교 북쪽에는 정자인 하늘마루, 간단한 체육시설이 있어 운동하는 사람을 볼 수 있고 남쪽에는 북카페, 하늘전망대가 있다.

Traffic

1. **성북천 발원지** 지하철 4호선 한성대 입구역 6번 출구 …→ 1111, 2112번 버스 종점(우정의 공원) 하차. 삼청터널, 삼각각 방향, 숙정문 안내소 지나 도보 30분.
2. **하늘교** 형제봉 입구에서 북악산 갈림길 거쳐 도보 1시간

북악하늘길 제3산책로

Course
0.64km, 30분, 126kcal

○ 숲속다리
         — 다모정
○ 동마루(0.548km)
▼
○ 북카페(0.092km)

Walking & Trekking Spot

숲속다리

북악하늘길 제3산책로와 북악하늘길 스카이웨이 상의 다모정을 잇는 지점에 있는 나무다리로 2009년 12월 개통되었다. 숲속다리 역시 하늘교와 마찬가지로 북악스카이웨이로 인해 단절된 북한산과 북악산을 잇는 의미가 있다.

Traffic

1. **숲속다리** 하늘한마당에서 북악정, 다모정 거쳐 숲속다리까지 도보 1시간 30분 소요
2. **북카페** 하늘교 바로 옆.

북악하늘길 스카이웨이

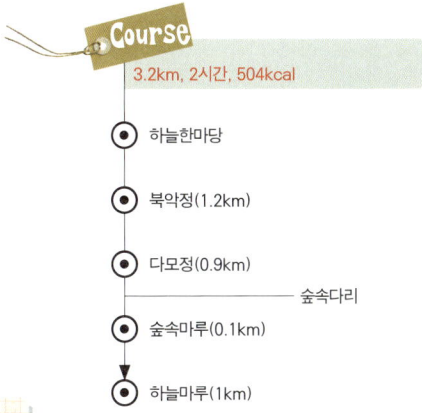

Course
3.2km, 2시간, 504kcal

- 하늘한마당
- 북악정(1.2km)
- 다모정(0.9km) —— 숲속다리
- 숲속마루(0.1km)
- 하늘마루(1km)

Walking & Trekking Spot

하늘마루
하늘교 북쪽에 있는 정자로 정자에 서면 동서로 북악스카이웨이, 북쪽으로 북한산, 남쪽으로 북악산의 모습을 볼 수 있다. 하늘마루에서 북악스카이웨이 북쪽 길을 따라 내려가면 숲속마루, 다모정, 북악정 등 북악스카이웨이 상의 정자들을 만나게 된다.

다모정

북악하늘길 중 스카이웨이 중간에 있는 정자. 다모정 정자 앞에는 간이 운동시설이 있어 스카이웨이를 걷는 사람들이 들러 운동을 하거나 쉬어가는 장소다.

Traffic

1. **하늘한마당** 지하철 4호선 한성대 입구 6번 출구 ⋯→ 1번 마을버스, 지하철 4호선 성신여대 입구역 6번 출구 1162번 버스 성북구민회관 하차, 버스정류장 앞이 공터가 하늘한마당
2. **하늘마루** 형제봉 입구에서 북악산 갈림길 거쳐 도보 1시간

숲속마루(1km)

하늘마루

명상길

다모정(0.1km)

북악정(0.9km)

하늘한마당(1.2km)

숲속다리(0.548km)

동마루(0.092km)

06 평창마을길

Traffic

1. 형제봉 입구 ① 지하철 4호선 길음역 3번 출구 ⋯ 153, 7211번 북악터널 지나 롯데아파트 하차. 형제봉 입구까지 도보 5분.
② 지하철 3, 6호선 불광역 7번, 2번 출구 ⋯ 7211번 북악터널 전 롯데나 삼성아파트 하차. 그 외 8153, 110, 1020, 1711번 버스 이용.

2. 탕춘대성암문 입구 ① 지하철 4호선 길음역 3번 출구 ⋯ 7211번 버스 구기터널 앞, 한국고전번역원 하차, 구기터널 입구 오른쪽 골목 방향, 탕춘대성암문 입구까지 도보 5분.
② 지하철 3, 6호선 불광역 2번 출구 ⋯ 7022, 7211번 버스 구기터널 지나 구기터널 앞(한국고전번역원) 하차. 그 외 0212번 버스 이용.

평창마을길과 사자능선의 숲길이 절반씩 있는 코스. 길이가 길고 사자능선을 오르내리는 숲길이 있어 조금 힘들 수 있으나 북으로 북한산과 남으로 북악산의 풍경을 한눈에 볼 수 있는 곳이다. 아울러 평창동과 구기동의 고급주택가를 걷는 색다른 느낌까지. 평창동이란 지명의 유래는 이곳에 조선 광해군에 의해 실시되던 대동법으로 조세를 관리하던 선혜청 중 가장 큰 창고인 평창이 있었기 때문이다. 지정학적으로 도성 북쪽, 북악산 뒤와 북한산 앞의 분지에 위치해 안전하게 쌀을 보관할 수 있었고 도성으로 반출하기도 편했다.

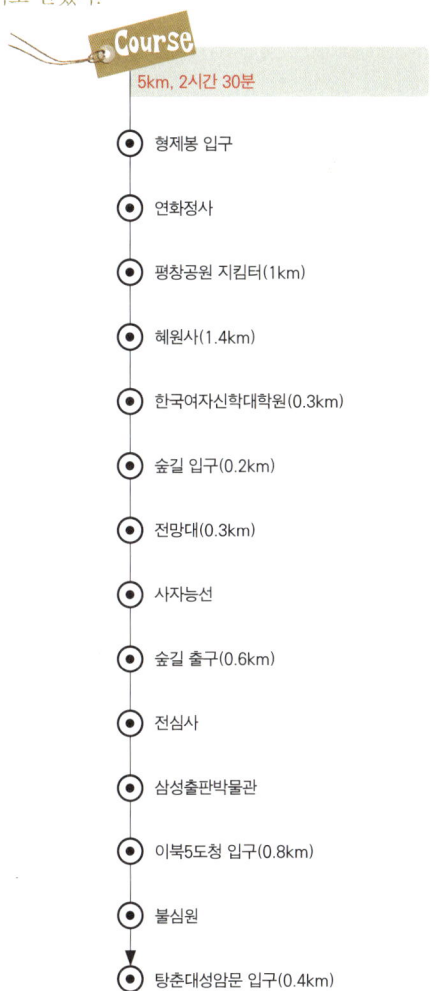

Course
5km, 2시간 30분

- 형제봉 입구
- 연화정사
- 평창공원 지킴터(1km)
- 혜원사(1.4km)
- 한국여자신학대학원(0.3km)
- 숲길 입구(0.2km)
- 전망대(0.3km)
- 사자능선
- 숲길 출구(0.6km)
- 전심사
- 삼성출판박물관
- 이북5도청 입구(0.8km)
- 불심원
- 탕춘대성암문 입구(0.4km)

Walking & Trekking Spot

연화정사

형제봉 입구에서 평창동 마을 쪽으로 조금 걸어가면 나오는 길가 사찰. 사천왕이 그려진 대문 안으로 들어가니 길에서 볼 때 길가 사찰이었지, 사찰 안은 북한산 중턱에 지어진 사찰이다. 평창동 마을 전체가 북한산 중턱으로 올라와 있으나 그 안에 들어가 있어서 못 느꼈을 뿐. 사찰 안마당에서 보는 평창동과 북한산 풍경이 근사하고 바람이 흔들이는 풍경소리는 가는 세월을 잠시 잊게 한다.

평창공원 지킴터

평창동 마을의 높은 담장, 굳게 닫힌 대문, 사람들을 쳐다보는 감시카메라를 보며 걷다보니 산 쪽으로 평창공원 지킴터가 보인다. 평창공원 지킴터에서는 평창계곡을 거쳐 일선사에 도착한 뒤 대성문까지 올라갈 수 있다. 북한산 둘레길이 아닌 북한산 대성문을 가려는 사람은 평창동주민센터 앞에서 마을버스 06번을 타면 편하다.

마을버스 06번 노선 평창동주민센터→오거리→소나무집→혜원사→파라과이대사관→무애사→밀알기도원→연화정사→
형제봉 입구→구 북악파크→평창동주민센터(※일방 운행)

사자능선

사자능선은 보현봉에서 시작된 능선으로 능선에는 크고 작은 암반들이 노출되어 전망대 역할을 하고 있다. 암반 전망대에서 주로 보이는 풍경은 북한산 서남쪽 끝인 족두리봉과 향로봉, 비봉 등. 사자능선은 구기동을 향하며 완만히 하강하기 때문에 평창동에서 사자능선으로 오를 때만 약간 가파를 뿐 일단 능선을 타면 내려가는 일은 순조롭다.

이북5도청

사자능선에서 내려와 이북5도청 입구에 다다르면 산 쪽 비봉 탐방지원센터 방향에 이북5도청이 있다. 이북5도는 1945년 분단 이후 북에 있는 황해도, 평안남도, 평안북도, 함경남도, 함경북도를 말하고 이북5도청은 지금은 갈 수 없

는 땅이나 엄연히 우리 땅인 이북5도를 관리하기 위한 조직이다. 이북5도마다 도지사가 있고 그 중 한명이 이북5도 위원회의 위원장을 맡고 있다. 이북5도청은 잊고 살았던 분단된 조국의 현실을 실감할 수 있는 곳이다.

삼성출판박물관

이북5도청 입구에서 서있는 흰색 빌딩에 있는 삼성출판박물관. 세계 최초로 금속활자를 발명하고 출판문화를 일궈온 자긍심을 일깨우고자 1990년 설립되었다. 상설전시실에는 회전식 책장이라고 할 수 있는 윤장대 모형과 보물 제758호 남명천화상송증도가, 최현배의 중등조선말본, 최남선의 이웃나라역사, 고활자, 인쇄기기, 문방사우 등이 전시되어 있다. 기획전시실에서는 〈책을 건네다 저자서명본2〉같은 특별전이 수시로 열리기도 한다.

요금 일반 3천원, 학생 3천원 시간 10:00~17:00(월~금) 전화 02-394-6544 홈페이지 www.ssmop.org

Course Map

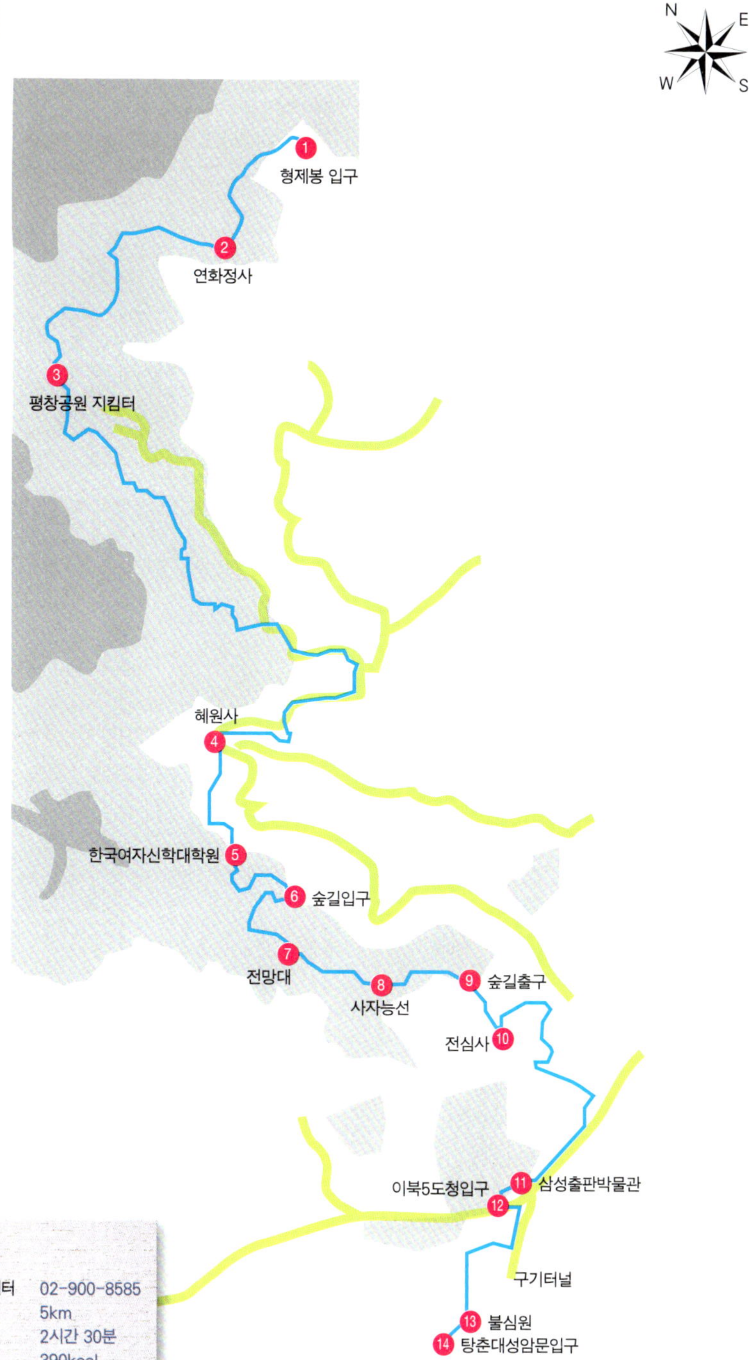

1. 형제봉 입구
2. 연화정사
3. 평창공원 지킴터
4. 혜원사
5. 한국여자신학대학원
6. 숲길입구
7. 전망대
8. 사자능선
9. 숲길출구
10. 전심사
11. 삼성출판박물관
12. 이북5도청입구
13. 불심원
14. 탕춘대성암문입구

구기터널

Information

북한산 둘레길 탐방안내센터	02-900-8585
총거리	5km
총소요시간	2시간 30분
총소요칼로리	390kcal
난이도	고급

Restaurant & Cafe

천지골 추어탕

평창동 형제추어탕과 함께 이름난 추어탕집인 천지골 추어탕. 06) 평창마을길 가는 길가에 있어 찾기도 쉽다. 바삭하게 튀긴 추어튀김은 둥근 양파링을 닮았고 팔팔 끓은 채 나오는 추어탕은 산초 가루를 넣고 먹어야 제 맛이 난다. 함께 나오는 소면은 추어탕에 말아 먹는다.

메뉴 추어탕 8천원, 추어튀김 1만5천원, 추어숙회 중 3만원
위치 종로구 구기동 88-16   전화 02-391-2442, 02-394-8888

구기동 오면

입맛이 없을 때 진하게 끓인 멸치 육수에 막 삶아진 국수를 말아먹으면 잃었던 입맛이 돌아오지 않을까. 북한산둘레길을 걸은 뒤 가볍게 간식이나 식사를 하려고 할 때 찾으면 좋은 곳이다. 국수가 내키지 않는 사람은 떡만두 국이나 오뎅떡볶이도 괜찮다.

메뉴 멸치국수, 동치미국수, 비빔국수, 떡만두 국 각 5천원 내외
위치 종로구 구기동 88-49, 천지골 추어탕에서 이북5도청 입구 방향 전화 02-396-9755

장모님 해장국

익산에서 30여년 국밥집을 하다가 서울 구기동에 자리 잡은 7~8년 되었다는 해장국의 숨은 강자. 해장국집 입구에는 대통령이 다녀간 사진이 걸려있을 만큼 맛을 아는 사람들이 찾아오는 식당이다. 겉으로는 여느 해장국과 다름없어 보이지만 진한 국물과 선지 등은 명가의 솜씨가 엿보인다. 맛에 비해 가격도 그리 비싸지 않은 편.

메뉴 해장국, 설렁탕 각 6천원, 간·천엽 1만원, 수육 2만원
위치 종로구 구기동 88-40, 구기동 오면에서 이북5도청 방향　　전화 02-379-4294

오장면옥

함흥냉면이 시작된 오장동, 그래서 함흥냉면은 오장동냉면 또는 오장냉면이 되기도 한다. 함흥냉면하면 비빔냉면, 평양냉면하면 물냉면이라는 것은 냉면의 기본. 오랜 전통의 오장냉면에서는 오장동 못지않게 매콤한 비빔냉면과 시원한 물냉면을 내고 있고 속이 튼실한 만두나 떡만두 국은 보는 것만으로 배가 부르다.

메뉴 사골우거지탕 4천원, 떡만두 국, 왕갈비탕, 비빔냉면, 물냉면 각 7천원 내외
위치 종로구 구기동 85-9, 장모님 해장국에서 이북5도청 방향　　전화 02-379-8877

Visual Course

1. 형제봉 입구
2. 연화정사
3. 평창공원 지킴터(1km)
4. 혜원사(1.4km)
5. 한국여자신학대학원(0.3km)
6. 숲길 입구(0.2km)
7. 전망대(0.3km)
8. 사자능선
9. 숲길 출구(0.6km)

12-2 승가사(1.6km)/대남문(2.5km)

12-1 구기 탐방지원센터

12-2 비봉(2km)

12-1 비봉 탐방지원센터

3-1 일선사(1.7km)/대성문(2.4km)

14 탕춘대성암문 입구(0.4km)

15 불심원

10 전심사

11 삼성출판박물관

12 이북5도청 입구(0.8km)

옛성길

Traffic

1. **탕춘대성암문 입구** ① 지하철 4호선 길음역 3번 출구 ⋯▶ 7211번 버스 구기터널 앞, 한국고전번역원 하차, 구기터널 입구 오른쪽 골목 방향, 탕춘대성암문 입구까지 도보 5분.
② 지하철 3, 6호선 불광역 2번 출구 ⋯▶ 7022, 7211번 버스 구기터널 지나 구기터널 앞(한국고전번역원) 하차. 그 외 0212번 버스 이용.
2. **북한산 생태공원 상단** 지하철 3, 6호선 불광역 7번 출구 서부시외버스터미널 앞 ⋯▶ 7211번 버스 또는 불광역 2번 출구 질병관리본부 앞 ⋯▶ 7022, 7211번 버스 독박골/삼성, 롯데아파트 하차. 북한산생태공원 지나 상단까지 도보 5분

탕춘대성암문 입구에서 독바위산에 이르는 숲길과 약간의 북한산 생태공원 길이 있는 숲길 코스. 조선시대 임진왜란과 병자호란을 겪으며 북한산성을 쌓았고 이를 보완하기 위한 것이 탕춘대성. 근년에 잘 정비된 서울성곽이나 북한산성에 비해 허물어져버린 구간이 많아 안타깝다. 탕춘대성암문을 지나면 독바위산이고 독바위산 전망대에서 북쪽으로 바라보는 북한산의 족두리봉, 향로봉, 비봉, 사모바위 등의 풍경이 아름답다. 남쪽으로는 탕춘대성이 이어진 인왕산과 북악산, 서울시내의 모습이 아스라이 보인다.

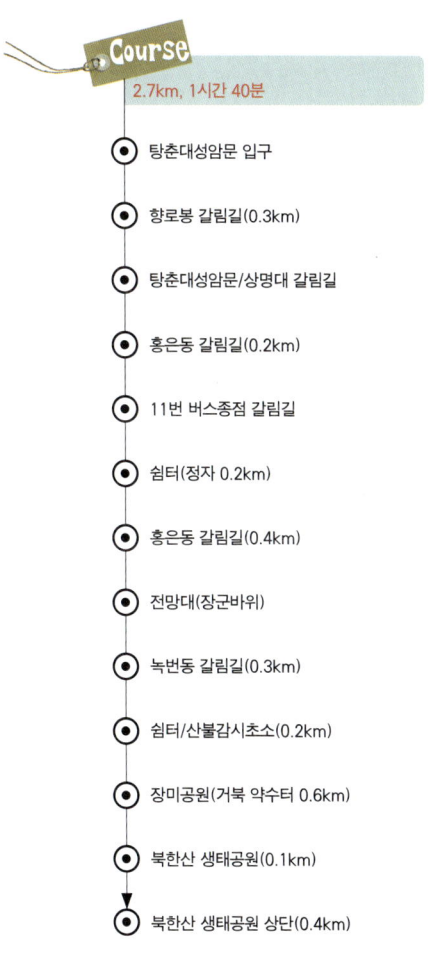

Course
2.7km, 1시간 40분

- 탕춘대성암문 입구
- 향로봉 갈림길(0.3km)
- 탕춘대성암문/상명대 갈림길
- 홍은동 갈림길(0.2km)
- 11번 버스종점 갈림길
- 쉼터(정자 0.2km)
- 홍은동 갈림길(0.4km)
- 전망대(장군바위)
- 녹번동 갈림길(0.3km)
- 쉼터/산불감시초소(0.2km)
- 장미공원(거북 약수터 0.6km)
- 북한산 생태공원(0.1km)
- 북한산 생태공원 상단(0.4km)

Walking & Trekking Spot

향로봉(香爐峰)

북한산 문수봉에서 시작된 비봉능선에는 승가봉, 비봉, 향로봉(535m) 같은 봉우리가 있고 향로봉에서 잠시 쉰 능선은 북한산의 남서쪽의 끝인 족두리봉과 구기동 방향의 탕춘대성 능선으로 나뉜다. 07)옛성길에서 만나는 향로봉 갈림길은 향로봉으로 오르는 가장 빠른 코스이다. 탕춘대성 갈림길에서 산으로 향하면 탕춘대공원 지킴터가 보이고 지킴터를 지나면 어느덧 성곽길이 끝나고 향로봉 아랫자락에 붙게 된다. 향로봉을 볼 때 오른쪽으로 돌아 아슬아슬한 바윗길을 지나니 마지막 향로봉으로 오르는 가파른 길이다. 하지만 가파른 길은 잠시뿐 이내 향로봉 정상이 눈앞에 보인다. 향로봉에서는 남으로 이어진 탕춘대성을 온전히 볼 수 있고 그 끝에 인왕산과 북악산, 그 너머에 서울 시내까지 한눈에 들어온다.

탕춘대성 암문

향로봉과 인왕산을 잇는 탕춘대성에 있는 암문. 암문은 정문과 달리 후미진 곳에 있어 전쟁시 군수물품 보급이나 군사의 이동에 쓰였다. 성문이 대개 아치형의 홍예를 이루고 있는 반면, 암문은 대개 사각형으로 생겼다. 탕춘대성 암문은 평창과 은평구를 연결하고 있다.

탕춘대성(湯春臺城)

탕춘대성은 한양도성의 북서쪽을 방어하기 위해 인왕산에서 향로봉 밑까지 쌓은 성벽이다. 1715년 숙종 41년에 쌓은 탕춘대성은 산이 높아 군량을 운반하기 힘들었던 북한산성을 대신해 탕춘대에 군사를 두고 군량을 보관하기 위해 지어졌다. 향로봉 능선과 인왕산 사이 계곡에는 홍지문이 자리 잡고 있고 탕춘대는 탕춘대성 안쪽인 세검정 부근에 있었다. 탕춘대성이 시작된 인왕산에는 한양도성을 지키는 성곽(서울 성곽)이 지나고 있다.

탕춘대성 인왕산 시작점—홍지문—탕춘대성암문—탕춘대공원 지킴터—탕춘대성 향로봉 아래 끝점

장미공원

(07)옛성길 중 독바위산 북서쪽 아래에 있는 작은 공원. 공원 곳곳에 심어진 장미는 한여름이 되어야 빨간 장미꽃을 볼 수 있어 다른 계절에는 왜 장미공원일까 고개를 갸웃거릴 수도 있다. 공원 안에 맑고 시원한 물이 샘솟는 거북 약수터가 있어 동네 주민들의 무료 생수 취수장이 되고 있다.

북한산 생태공원

독박골에서 북한산 족두리봉 자락에 있는 생태공원. 족두리봉 자락 경사면에 펼쳐진 넓은 땅에는 인공 개울과 화초 재배지가 있어 북한산의 자연생태를 축소해 놓은 듯하다. 건너편 독바위산 자락의 장미공원이 북향이어서 해를 등지고 있다면 북한산 생태공원은 남향이어서 공원내 벤치에 앉으면 하루 종일 따사로운 햇볕을 쬘 수도 있다. 북한산 생태공원 오른쪽 상단(용화1 지킴터 방향)과 하단에는 족두리봉으로 가는 등산로가 있다.

Restaurant & Cafe

은행나무

북한산 생태공원 동쪽 구기터널 방향에서 산 쪽으로 있는 한식당. 산 아래 식당이라 걷기나 산행 후 간단히 한 잔할 수 있는 파전, 동동주 같은 메뉴부터 옻닭, 토종닭, 오리 같은 몸보신 메뉴까지 다양하다.

메뉴 김치전골, 삼겹살, 옻닭, 토종닭, 오리구이
위치 은평구 불광동, 북한산 생태공원 동쪽(구기터널 방향)   **전화** 02-386-2700

통나무집

북한산 생태공원 동쪽에 있는 식당 중 가장 고급스런 외관을 자랑하는 곳. 간단한 식사 메뉴보다는 몸보신 메뉴인 토종닭과 오리구이 등을 주로 취급하고 있다. 이들 메뉴는 서넛이 같이 가야 주문하기 수월하다. 토종닭은 몸집이 작고 육질이 단단하고 육계는 몸집이 크고 육질이 부드럽다. 토종닭은 육질이 단단해서 육계에 비해 조리하는 시간이 많이 걸린다.

메뉴 토종닭, 오리구이 각 4만원 내외
위치 은평구 불광1동 630-46, 북한산 생태공원 동쪽, 은행나무집 위
전화 02-356-5533, 02-383-6626

소머리국밥

은행나무집에서 산 쪽으로 대각선 방향에 있는 국밥집. 주의해서 보지 않으면 은행나무집과 통나무집에 시선이 가서 그냥 지나칠 수도 있다. 서민적인 메뉴인 순댓국과 국밥은 언제 들어가도 부담 없이 한 끼를 할 수 있어 좋다.

메뉴 순댓국, 국밥, 수육
위치 은평구 불광동, 북한산생태공원 동쪽, 은행나무집에서 대각선 위   전화 02-383-5408

공원갈비

북한산 생태공원 건너편에 있는 유일한 한식당. 여러 가지 반찬이 나오는 공원정식이 먹을 만하고 08)구름정원길을 거꾸로 걸어 북한산 생태공원 상단이 종착이 되었을 때에는 생삼겹살이나 돼지왕갈비를 맛보아도 좋을 것이다.

메뉴 공원정식, 냉면 각 5천원, 갈비탕 8천, 생삼겹살 8천원, 돼지왕갈비 1만원
위치 은평구 녹번동 1-35, 북한산생태공원 건너편   전화 02-346-6644

Course Map

- ① 탕춘대성암문 입구
- ② 향로봉 갈림길
- ③ 탕춘대성암문/상명대 갈림길
- ④ 홍은동 갈림길
- ⑤ 11번 버스종점 갈림길
- ⑥ 쉼터
- ⑦ 홍은동 갈림길
- ⑧ 전망대
- ⑨ 녹번동 갈림길
- ⑩ 쉼터/산불감시초소
- ⑪ 장미공원
- ⑫ 북한산 생태공원
- ⑬ 북한산 생태공원 상단

Information

북한산 둘레길 탐방안내센터	02-900-8585
우이 탐방지원센터	02-998-8365
총거리	2.7km
총소요시간	1시간 40분
총소요칼로리	260kcal
난이도	중급

W&T Plus

북한산도시자연공원

07)옛성길에서 만나는 북한산도시자연공원은 서울시가 2007년부터 추진하고 있는 '동네뒷산 공원화' 사업의 일환으로 진행된 것이다. 탕춘대성암문을 지나 서쪽이 독바위산(229m)이고 독바위산에서 홍은동, 녹번동 방향으로 만들어진 것이 북한산도시자연공원이다. 공원에 난립했던 무허가 건물을 허물고 운동시설과 쉼터, 산책로 등을 조성해 놓았다. 07)옛성길의 둘레길은 탕춘대성암문에서 독바위산을 지나 북한산 생태공원으로 향하게 된다.

개별 코스
1) 실락어린이공원 ⋯› 녹번동 갈림길 ⋯› 운동공간 서(쉼터 0.9km, 39분)
2) 운동공간 서 ⋯› 전망대(장군바위 0.7km, 28분)
3) 전망대(장군바위) ⋯› 홍은동 갈림길 ⋯› 쉼터(휴게소, 정자 0.87km, 35분)
4) 쉼터(휴게소, 정자) ⋯› 탕춘대성암문(0.65km, 26분)
5) 쉼터(휴게소, 정자) ⋯› 쉼터 하(휴게소 0.25km, 10분)
6) 쉼터 하(휴게소 ⋯› 11번 버스종점(0.2km, 8분)
7) 탕춘대성암문 ⋯› 운동공간 동(쉼터) ⋯› 극동아파트(0.2km, 8분)

전체 코스
실락어린이공원 ⋯› 녹번동 갈림길 ⋯› 운동공간 서(쉼터 0.9km, 39분) ⋯› 전망대(장군바위 0.7km, 28분 소요) ⋯› 홍은동 갈림길 ⋯› 쉼터(휴게소, 정자 0.87km, 35분) ⋯› 탕춘대성암문(0.65km, 26분) ⋯› 운동공간 동(쉼터) ⋯› 극동아파트(0.2km, 8분)
⋯› 쉼터 하(휴게소 0.25km, 10분) ⋯› 11번 버스종점(0.2km, 8분)

Traffic
1. 실락어린이공원 : 지하철 3호선 홍제역 2번 출구 ⋯› 12번 마을버스 홍은동 실락어린이공원 하차. 또는 7730번 버스 이용
2. 홍은동 극동아파트 : 지하철 3호선 홍제역 ⋯› 11, 13번 마을버스 홍은동 극동아파트 하차

07-1 서울성곽길

서울성곽은 조선 개국 후 쌓은 성으로 북악산, 인왕산, 낙산, 남산을 아우르고 성곽 사이에는 숙정문, 돈의문(서대문), 흥인지문(동대문), 숭례문(남대문) 등 4대문과 창의문, 혜화문, 서소문, 광희문 등 4소문이 있다. 전체길이는 약 18.2km이나 일부 소실되고 현재 남은 것은 약 10.5km다. 서울성곽길은 서울성곽을 1구간 숭례문-장충체육관(남산), 2구간 장충체육관-혜화문(낙산), 3구간 혜화문-창의문(북악산), 4구간 창의문-숭례문(인왕산) 등으로 나눈 길이다.

1구간 숭례문-장춘체육관(남산)

대부분이 남산을 오르고 내리는 산속 산책로로 되어 있는 코스. 남산을 향해 오르내리는 서울성곽은 보이다 보이지 않다를 반복하지만 많은 구간이 복원되어 서울의 남쪽을 방비하던 남산의 서울성곽을 볼 수 있다. 아울러 남산에 조성된 남산공원은 서울에서 가장 큰 공원이어서 1구간을 걸으며 쉴 곳도 많고 백범광장, 안중근의사기념관, N서울타워 등 구경할 거리도 많아 지루할 새가 없다.

Course
약 6km, 4시간, 504kcal, 중급 코스

- 숭례문(남대문)
- 백범광장
- 안중근 의사기념관
- 남산봉수대(국사당 터)
- N서울타워
- 국립극장
- 장충체육관

Traffic

1. **숭례문(남대문)** 지하철 1호선 서울역 4번 출구, 지하철 2호선 시청역 8번 출구, 지하철 4호선 회현역 5번 출구 … 숭례문 방향 도보 10분
2. **장충체육관** 지하철 3호선 동대입구역 5번 출구

Walking & Trekking Spot

숭례문(崇禮門)

국보 제 1호로 더 잘 알려진 한양 도성의 4대문 중 남대문. 조선 개국 후 1395년 태조 4년에 공사를 시작해 1398년 태조 7년에 완공하였다. 정면 5칸, 측면 2칸으로 현존하는 성문 중에 가장 큰 규모를 자랑하고 있다. 안타깝게 2008년 한 광인의 방화로 소실되어 현재 복원공사 중이다.

백범광장

숭례문을 출발해 남산으로 향하는 자락에 있는 공원. 1968년 조성되었는데 당시에는 백범 김구 선생의 동상 대신 이승만 대통령의 동상이 세워져있었다. 4.19혁명 이후 백범광장을 조성하며 이승만 대통령의 동상이 철거되고 백범 김구 선생의 동상이 세워졌다. 평소에는 광장에서 배드민턴장이나 공에 줄을 매서 즐기는 테니스 연습장으로 쓰이거나 벤치에서 한가로운 한 때를 제공하는 휴식처 역할을 하고 있다.

안중근 의사 기념관

백범광장에서 남산으로 조금 더 오르면 보이는, 안중근 의사를 기리기 위한 기념관. 2010년 안중근 의사가 하얼빈에서 일제의 거두 이토우 히로부미를 저격한 의거 101년을 맞아 새롭게 개관했다. 새롭게 조성된 기념관에는 안중근 의사의 동상과 그의 글씨, 어록 등이 전시되어 있다.

위치 중구 남대문로 5가 471번지, 서울시교육연구정보원 옆
시간 09:30~18:00(11월~2월 17시까지, 월요일 휴관)
전화 02-3789-1016, 1026 **홈페이지** http://www.patriot.or.kr

남산(南山)

풍수적으로 한양 도성의 현무(북악산), 우백호(낙산), 좌청룡(인왕산), 주작 중 주작이 남산을 가리킨다. 현무는 가장 중요한 산인 진산(鎭山), 주작은 진산과 마주보는 안산(案山)이라고 한다. 조선 개국과 함께 쌓은 한양 도성이 남산을 지나 인왕산과 낙산을 연결하고 있다. 높이는 262m, 남산의 북쪽은 중구, 남쪽은 용산구이다. 남산 정상에는 봉수대와 국사당이 있었다.

남산봉수대

남산 정상에 있던 봉수대로 적의 외침을 살피고 전하기 위해 세워졌다. 봉수대 옆에는 국가지정 산신당 격의 국사당이 있었으나 일제가 조선을 차지한 후에는 인왕산 자락으로 이전되었다. 그 대신 일제는 안중근 의사 기념관 부근인 분수대 터에 경성신사와 조선신궁 등을 두었다.

N서울타워

남산타워로 더 잘 알려진 전파중계탑으로 관광전망대 역할도 하고 있다. 1975년 완공된 이래 서울의 상징 중의 하나가 되었고 N서울타워에 올라서면 서울 성곽으로 둘러싸인 서울 시내의 모습이 한눈에 들어온다.

2구간 장충체육관-혜화문(낙산)

장충체육관에서 동대문까지 도심길과 낙산의 산길이 절반씩 섞인 코스. 장충체육관에서 동대문까지는 대부분의 서울성곽이 사라지고 빌딩이나 상가 등이 자리 잡고 있고 중간 광희문 주변만 조금 서울성곽이 남아있다. 철거된 동대문운동장 터에서도 약간의 복원된 서울성곽과 오간수문을 볼 수 있고 다시 동대문 주변은 서울성곽 대신 도로가 있을 뿐이다. 낙산에 올라서야 온전한 서울성곽을 볼 수 있고 이는 혜화문까지 이어진다. 낙산에서는 서울 동쪽에서 서울시내를 조망할 수 있으나 확실히 낙산이 낮은 까닭에 훌륭한 풍경을 제공하진 못하고 있다.

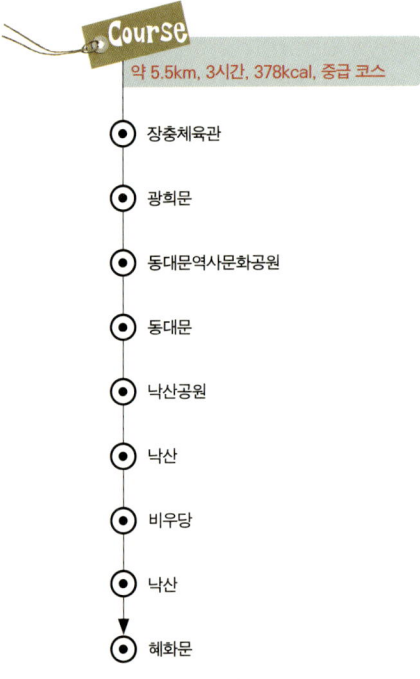

Course 약 5.5km, 3시간, 378kcal, 중급 코스

- 장충체육관
- 광희문
- 동대문역사문화공원
- 동대문
- 낙산공원
- 낙산
- 비우당
- 낙산
- 혜화문

Traffic

1. **장충체육관** 지하철 3호선 동대입구역 5번 출구
2. **혜화문** 지하철 4호선 한성대입구역 4번 출구-혜화문 방향 도보 5분

Walking & Trekking Spot

광희문

광희문은 한양 도성의 창의문, 혜화문, 서소문과 함께 4소문 중의 하나이다. 한양 도성에서의 죽은 자는 4대문으로 나갈 수 없고 4소문으로 나가야 했는데 그중에서도 서소문과 광희문만 가능하여 시체가 나가는 문이라는 시구문(屍口門)이라고 불리기도 했다. 다른 이름으로는 수구문이라고도 했는데 이는 인근에 청계천의 오간수문이 있어서였다.

동대문역사문화공원

2009년 동대문운동장이 있던 자리에 개관한 공원. 동대문운동장 터는 서울성곽이 지나던 곳이어서 동대문운동장을 철거하며 조선시대의 주거지 유적이 발견되었다. 현재 공원은 서울성곽, 오간수문, 2곳의 동대문유구전시장(조선시대 주거지유적지)과 동대문역사관, 동대문운동장기념관 등으로 이루어져있다. 그 외 부지에서는 동대문디자인플라자 공사가 진행 중이다.

홈페이지 http://ddp.seoul.go.kr

동대문(東大門)

국보 제1호로 잘 알려진 동대문은 한양 도성의 4대문 중 동쪽에 있는 대문이다. 정면 5칸, 측면 2칸의 규모로 4대문 중 유일하게 옹성을 가지고 있고 흥인지문(興仁之門)이라 불리기도 한다. 옹성은 성을 보호하기 위한 성문 앞 반달 모양의 보조 성을 말한다. 인근에는 동대문시장이 있어 떠들썩한 상인들의 장사하는 소리를 들을 수도 있다.

낙산(駱山)

풍수적으로 한양 도성의 현무(북악산), 주작(남산), 좌청룡, 우백호(인왕산) 중 좌청룡에 해당하는 산이다. 높이는 125m. 근년에 공원조성사업으로 낙산에 있던 아파트가 철거되어 낙산의 모습과 낙산을 넘어가는 서울성곽길을 뚜렷하게 볼 수 있게 되었다. 낙산이란 이름은 낙산이 낙타등을 닮았다고 해서 붙여진 이름이다.

비우당(庇雨堂)

낙산 정상에서 동쪽으로 이어진 길을 따라 가다보면 원각사 방향에 비우당이란 표시판이 보인다. 비우당은 지봉유설을 지은 이수광이 청빈하게 살던 초가집으로 원래 정승 유관의 집이다. 이수광의 외가인 정승 유관은 비가 새는 방에서 우산을 들고 살았다는 우산각(雨傘閣)의 고사가 있을 만큼 청빈하게 살았고 그의 증손자가 이수광의 부친인 이희검이다. 이 때문에 이수광의 비우사상하면 먼저 청빈을 연상하게 된다. 비우당 옆 작은 샘은 자주동천(紫芝洞泉)으로 단종의 부인인 정순왕후가 단종 유배 후 평민으로 전락해 동대문 밖에 살며 이 샘의 물로 염색을 하며 살아가던 곳이다.

혜화문(惠化門)

한양 도성의 4소문 중 하나로 원래 이름은 홍화문. 1928년 퇴락한 문루가 헐리고 홍예(虹蜺)만 남을 것을 일제가 혜화동과 돈암동을 잇는 전찻길을 놓으며 철거했다. 홍예는 아치형 돌문. 풍수지리상 북대문인 숙정문을 사용하지 않았기 때문에 양주, 포천 등 북쪽으로 가는 북대문 역할을 했다. 현재의 혜화문은 1992년에 복원된 것.

3구간 혜화문-창의문(북악산)

혜화문에서 서울과학고 사이 약간의 동네길과 대부분의 북악산 산길로 이루어진 코스. 와룡공원과 말바위쉼터, 북악산 정상 등 계속 오르막이 이어지나 높이 올라 갈수록 서울 시내와 북한산의 풍경이 또렷이 보이니 힘들더라도 쉬엄쉬엄 올라가보자. 북악산 정상에서 서울시내를 내려다보면 조선 초 풍수지리를 따져 한양을 도읍으로 하려던 사람들의 생각을 조금이나마 엿볼 수 있다. 남쪽에 남산, 서쪽에 인왕산, 동쪽에 낙산이 있고 그 안에 청계천이 흐르는 서울시내가 보인다.

Course
약 5.5km, 3시간, 378kcal, 고급 코스

- 혜화문
- 경신 고등학교
- 와룡공원
- 말바위쉼터
- 숙정문
- 곡장
- 북악산(백악마루)
- 창의문

Traffic

1. **혜화문** 지하철 4호선 한성대입구역 4번 출구 ⋯ 혜화문 방향 도보 5분
2. **창의문** 지하철 3호선 경복궁역 3번 출구 ⋯ 0212, 1020, 1711, 7022번 버스 자하문 고개 하차. 창의문 도보 1분

Walking & Trekking Spot

와룡공원

혜화문에서 경신고등학교 뒷길을 지나면 서울과학고등학교 뒤편이다. 이곳부터 서울성곽이 보이기 시작하는데 얼마 오르지 않아 만나게 되는 공원이 와룡공원이다. 와룡공원은 한양 도성안인 남쪽 혜화동과 성 밖인 북쪽의 성북동의 경계에 있다. 와룡공원이란 이름은 이곳 형세가 마치 용이 누운 모습같아 붙여진 것이다.

말바위쉼터

와룡공원에서 서울성곽을 따라 올라가다보면 나오는 쉼터. 말바위쉼터란 이름은 북악산 동쪽 자락 말바위 때문에 붙여진 이름이다. 이곳에서는 북으로 북악산과 북악스카이웨이, 동으로 성북동, 서로 혜화동과 서울시내, 남으로 낙산과 동대문 일대가 한눈에 들어온다. 지금은 서울성곽 북악산 방향의 통제지역을 들어가기 위한 안내소 역할도 하고 있다. 이 구간을 통행하려면 신분증을 지참해야 하고 월요일에는 휴장한다.

숙정문(肅靖門)

한양 도성의 4대문 중 북대문. 조선 개국과 함께 서울성곽을 건설하며 세워진 성문이나 풍수지리상 음에 해당하여 지맥을 손상시킨다는 이유로 오랜 동안 통행이 금지되었다. 1968년에는 북에서 내려온 김신조 일당으로 인해 또다시 통행이 금지되었다가 2006년에 개방되었다. 숙정문에 올라 남으로 서울시내, 북으로 북악스카이웨이와 성북동 풍경을 감상할 수 있다.

북악산(北岳山)

풍수적으로 한양 도성의 현무, 주작(남산), 좌청룡(낙산), 우백호(인왕산) 중 현무에 해당하는 산. 높이는 342m로 백악산(白岳山)이라 불리기도 한다. 북악산 남쪽에는 경복궁과 서울시내, 북쪽에는 북악스카이웨이와 북한산이 있다. 오랫동안 통제구역이었던 탓에 자연과 서울 성곽이 잘 보존되어 있어 걷기에 좋다.

창의문(彰義門)

한양 도성의 4소문 중 하나. 정면 4칸, 측면 2칸 규모로 자하문(紫霞門)이라고도 불렸다. 창의문을 세운 뒤 한동안 창의문이 풍수지리상 왕조에서 불길하다하여 문을 닫고 사용하지 않았다. 1623년에는 인조를 옹립하려는 의군이 창의문을 통과해 궁에 진입, 인조반정에 성공하기도 했다. 이 때문에 1740년 영조 16년 임진왜란으로 불탄 창의문을 복원하며 다락에 인조반정공신의 이름이 걸렸다. 창의문 북쪽으로 세검정, 남쪽으로 경복궁과 서울시내 모습을 조망할 수 있다.

4구간 창의문-숭례문(인왕산)

인왕산 산길과 인왕산 아래 도심길이 절반씩 섞여 있는 코스. 창의문에서 서울 성곽을 따라 인왕산으로 오르는 길은 조금 가파르지만 인왕산 정상에 섰을 때의 조망은 매우 좋다. 북악산 정상과 인왕산 정상에서 바라보는 서울시내의 풍경이 어떻게 다른 지 비교해보는 것도 재미있는 일. 인왕산에서 내려가면 이내 민가와 빌딩들, 서울 성곽과 돈의문은 사라지고 숭례문에 다다르니 숭례문마저 공사 중이다.

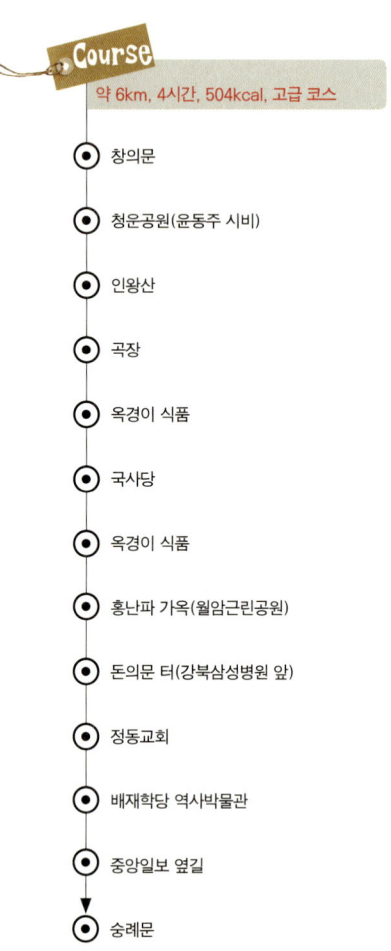

Course
약 6km, 4시간, 504kcal, 고급 코스

- 창의문
- 청운공원(윤동주 시비)
- 인왕산
- 곡장
- 옥경이 식품
- 국사당
- 옥경이 식품
- 홍난파 가옥(월암근린공원)
- 돈의문 터(강북삼성병원 앞)
- 정동교회
- 배재학당 역사박물관
- 중앙일보 옆길
- 숭례문

Traffic

1. 창의문 지하철 3호선 경복궁역 3번 출구 ⋯ 0212, 1020, 1711, 7022번 버스 자하문 고개 하차. 창의문 도보 1분
2. 숭례문(남대문) 지하철 1호선 서울역 4번 출구, 지하철 2호선 시청역 8번 출구, 지하철 4호선 5번 출구 ⋯ 숭례문 방향 도보 10분

Walking & Trekking Spot

인왕산(仁王山)

풍수적으로 한양 도성의 현무(북악산), 주작(남산), 좌청룡(낙산), 우백호 중 우백호에 해당하는 산이다. 높이는 338.2m로 화강암이 돌출된 산세가 아름다워 예부터 정선의 〈인왕제색도〉 같은 산수화에 많이 등장하였다. 조선 개국 시 정도전은 북악산을 진산으로, 무학대사는 인왕산을 진산으로 주장하였으나 정도전의 의견이 받아드려져 현재 한양 도성의 모습을 이루게 된다. 인왕산에서 북한산 향로봉으로 이어진 산성이 탕춘대성이고 탕춘대성은 북한산에 쌓은 북한산성과 북한산 향로봉을 사이에 두고 연결된다.

국사당(國師堂)

원래 남산 정상에 있던 것을 일제시대 남산 분수대 터에 경성신사와 조선신궁이 세워지면서 인왕산 자락으로 이전되었다. 국사당은 조선 초인 1396년 태조 5년 한양의 수호신사로 북악신사와 목멱(남산)신사를 두었고 그 중에 목멱신사가 민간화된 것이다. 목멱신사에서는 남산을 목멱대왕이 부르며 모셨다. 북악국사당은 북한산 둘레길 중 11) 효자길의 밤골공원 지킴터 부근에서 그 명맥을 볼 수 있다.

홍난파 가옥

1930년 독일선교사가 지은 서양식 건물로 홍난파가 말년에 6년간 머물렀던 곳이다. 홍난파는 바이올리니스트 겸 작곡가로 「봉선화」, 「성불사의 밤」, 「옛동산에 올라」, 「낮에 나온 반달」 등 주옥같은 가곡을 작곡하였다. 하지만 일제시대 조선문예회, 대동민우회, 조선음악협회 등 친일단체에서 활동한 전력이 있기도 했다.

돈의문(敦義門)터

한양 도성의 4대문 중 서대문에 해당하는 문. 새문, 신문이라고도 불렸으나 일제시대 도로확장에 따라 철거되었다. 지금의 강북삼성병원 앞과 경향신문 사이에 위치해 있었다. 인왕산에서 내려온 서울성곽 역시 산 아래 민가를 만나면서 사라져버리고 돈의문 주변은 빌딩 숲속에 묻히게 되었다. 없어지지 않았다면 돈의문을 지나 이화여, 중앙일보 옆을 거쳐 숭례문에 이르게 된다.

정동교회

정동교회는 한국 최초의 기독교 건물로 1897년 10월 경 준공되었다. 정동교회의 시작은 1885년 10월 미국 북감리교 목사였던 아펜젤러가 정동의 그의 집에서 예배를 가지면서부터였다. 1922년에는 한국 최초로 여름성경학교를 개설하기도 했다.

배재학당 역사박물관

배재학당은 한국 최초의 중등교육기관으로 1885년 감리교 목사였던 아펜젤러가 설립하였다. 배재학당이란 이름은 1886년 고종이 짓고 현판으로 적어 준 것이다. 배재학당은 오늘 날 배재중학교와 배재고등학교, 배재대학교로 그 명맥이 이어지고 있다. 배재학당 역사박물관에서는 설립자 아펜젤러를 비롯해 그 당시 선교사들의 활동 내역과 배재학당의 발전사를 둘러볼 수 있다.

위치 중구 정동 34-5 시간 10:00~17:00(월요일 휴관) 전화 070-7506-0073
홈페이지 http://appenzeller.pcu.ac.kr

Visual Course

1. 숭례문(남대문)
2. 백범광장
3. 안중근의사기념관
4. 남산봉수대(국사당 터)
5. N서울타워
6. 국립극장
7. 장충체육관
8. 광희문
9. 동대문역사문화공원

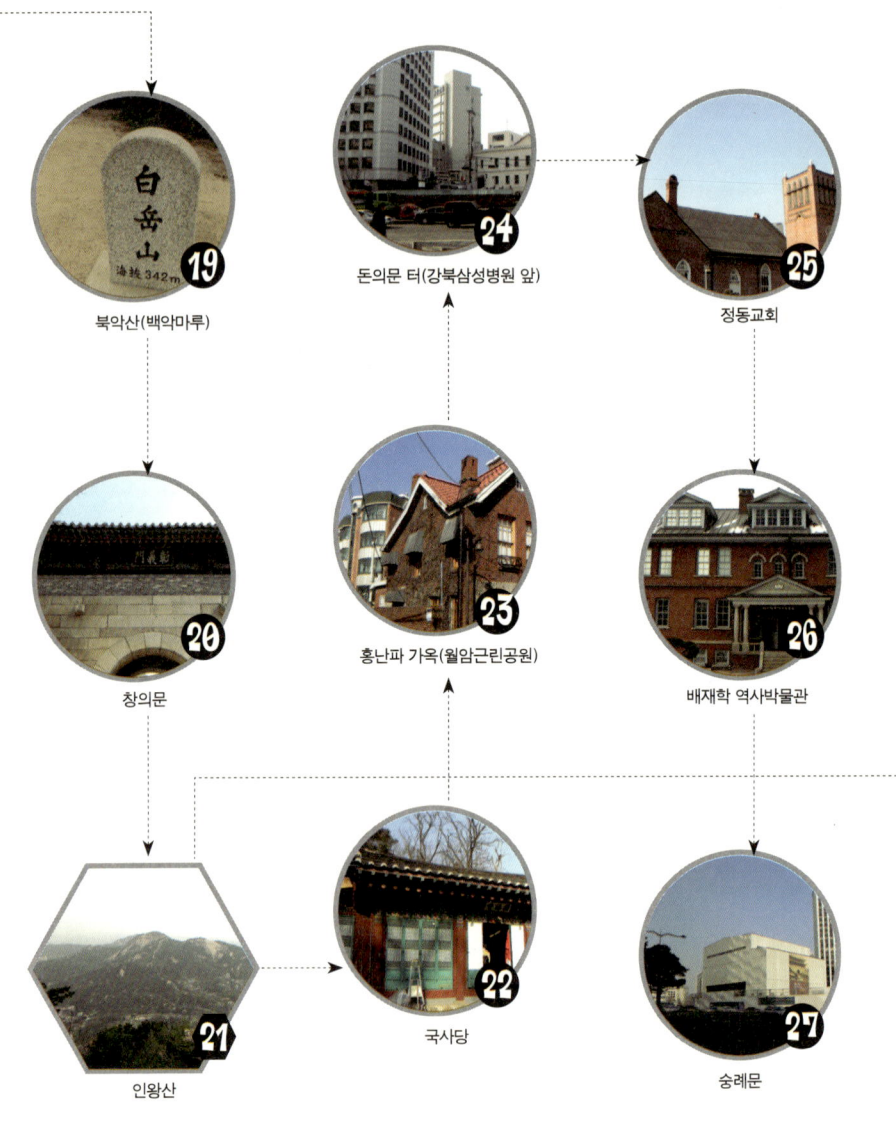

탕춘대성　　　　옛성길

구름정원길

Traffic

1. **북한산 생태공원 상단** 지하철 3, 6호선 불광역 7번 서부시외버스터미널 앞 ⋯➔ 7211번 버스 나 2번 출구 질병관리본부 앞 ⋯➔ 7022, 7211번 버스 독박골/삼성, 롯데아파트 하차. 북한산생태공원 지나 상단까지 도보 5분
2. **진관생태다리** 지하철 3, 6호선 불광역 7번 서부시외버스터미널 앞 ⋯➔ 7211번 버스 또는 불광역 2번 출구 질병관리본부 앞 7211번 버스 진관사 입구 하차. 래미안 아파트 사이 진관생태다리까지 도보 5분

전체적으로 족두리봉 산중턱을 도는 숲길인 동시에 인접한 은평뉴타운 아파트를 바라보며 걷는 코스. 족두리봉 자락을 보며 자연을 만끽하는 것은 좋으나 산 높이까지 올라온 아파트를 보면 마음이 답답해지기도 한다. 북한산 둘레길 후반부의 하이라이트라 할 수 있는 하늘전망대와 스카이워크에서는 은평구와 서대문구 일대를 한눈에 조망할 수 있어 좋다. 단, 전체코스가 5km에 가까워 생각보다 길게 느껴지기도 하니 페이스를 잘 조절하자.

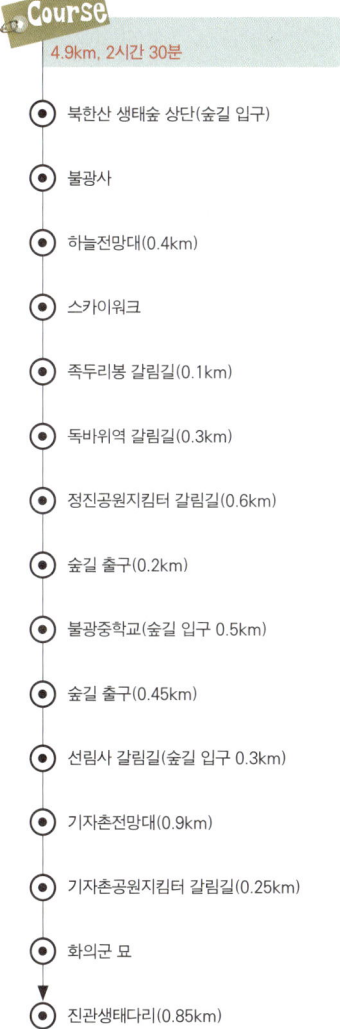

Course
4.9km, 2시간 30분

- 북한산 생태숲 상단(숲길 입구)
- 불광사
- 하늘전망대(0.4km)
- 스카이워크
- 족두리봉 갈림길(0.1km)
- 독바위역 갈림길(0.3km)
- 정진공원지킴터 갈림길(0.6km)
- 숲길 출구(0.2km)
- 불광중학교(숲길 입구 0.5km)
- 숲길 출구(0.45km)
- 선림사 갈림길(숲길 입구 0.3km)
- 기자촌전망대(0.9km)
- 기자촌공원지킴터 갈림길(0.25km)
- 화의군 묘
- 진관생태다리(0.85km)

Walking & Trekking Spot

불광사(佛光寺)

북한산생태공원 상단에 있는 불광사는 옛사찰터에 지어진 작은 사찰로 사찰마당에 세워진 안내문에는 불광동과 독박골에 대한 재미있는 전설이 적혀있다. 옛날 몽고족이 우리나라를 침입했을 때 부처님의 백호광명(白毫光明)이 독박골의 항아리에 반사되자, 몽고족들은 자기편의 진지인줄 알고 물러갔다는 것이다. 독박골은 예부터 항아리를 만들던 곳이라 하여 붙여진 이름. 이후 사람들은 이곳을 불광리(佛光里)라 했다.

하늘전망대

불광사를 구경한 뒤 나무데크길을 따라 조금 걷다보면 나오는 전망대로 족두리봉 산중턱에 돌출식으로 만들어져 붙여진 이름이다. 하늘전망대에 서면 가깝게는 은평구와 서대문구 일대, 멀리는 행주산성과 한강 부근까지 시야에 들어온다. 하늘전망대를 등지면 푸른 하늘아래 족두리봉 자락이 당당히 버티고 있다.

스카이워크

하늘전망대에서 이어진 나무데크길로 족두리봉 산중턱을 휘돌아 가는 것으로 인해 붙여진 이름이다. 북한산 둘레길 전반부의 하이라이트라 할 수 있는 03)흰구름길의 구름전망대와 쌍벽을 이루는 곳이 바로 08)구름정원길의 하늘전망대와 스카이워크이다. 산중

턱을 휘돌아가는 길에 나무데크길을 만들어 멀리서 보면 흡사 하늘을 떠서 가는 듯한 착각을 일으킨다. 이곳에서는 은평구와 서대문구 일대 등 서울 서부의 풍경을 감상할 수 있다.

족두리봉

08)구름정원길이 지나는 길이 족두리봉(수리봉 370m) 산중턱을 돌아가는 것이라고 할 수 있다. 물론 하늘전망대나 스카

이워크에서 보이는 산봉우리는 족두리봉 정상이 아닌 족두리봉으로 가는 중간 봉우리 정도지만, 숲길과 노출된 암반길을 부지런히 오르다보면 녹슨 전파중계탑이 있는 족두리봉 정상에 다다르게 된다. 족두리봉 서쪽으로 은평뉴타운, 동쪽으로 향로봉, 비봉, 사모바위, 대남문, 북쪽으로 백운대, 인수봉, 노적봉, 남쪽으로 독바위산, 서울시내가 한눈에 들어온다.

기자촌전망대

스카이워크를 지나 이어진 나무데크길은 오른쪽으로 족두리봉 산중턱, 왼쪽으로 은평뉴타운의 아파트단지이다. 08) 구름정원길은 족두리봉 산중턱을 돌아가는 길이면서 은평뉴타운을 돌아가는 아파트길이기도 하다. 기자촌에 다다랐을 땐 철거와 아파트기반

공사 중인 현장을 목격할 수 있다. 이곳의 전망대에서는 남쪽으로 북한산 향로봉과 족두리봉의 북쪽 풍경을 볼 수 있다.

화의군묘(和義君墓)

화의군은 세종의 서자 이영(李瓔)을 말한다. 세종의 장남이 문종이고 문종 후엔 문종의 아들 단종이 즉위했다가 문종의 동생 세조에게 왕위를 빼앗기고 그 여파가 문종과 세조의 이복동생인 화의군에 미쳤다. 학문에 밝아 세종의 훈민정음 창제에 힘을 보탠 것으로 알려져 있으나 세조 즉위 후 단종 복위사건에 휘말려 유배되었다가 사사되었다. 묘역 상단에 있는 묘가 화의군의 묘이고 나머지는 자손들의 묘이다. 화의군의 묘 앞에는 사당인 충경사와 제실, 홍살문, 신도비 등이 있다.

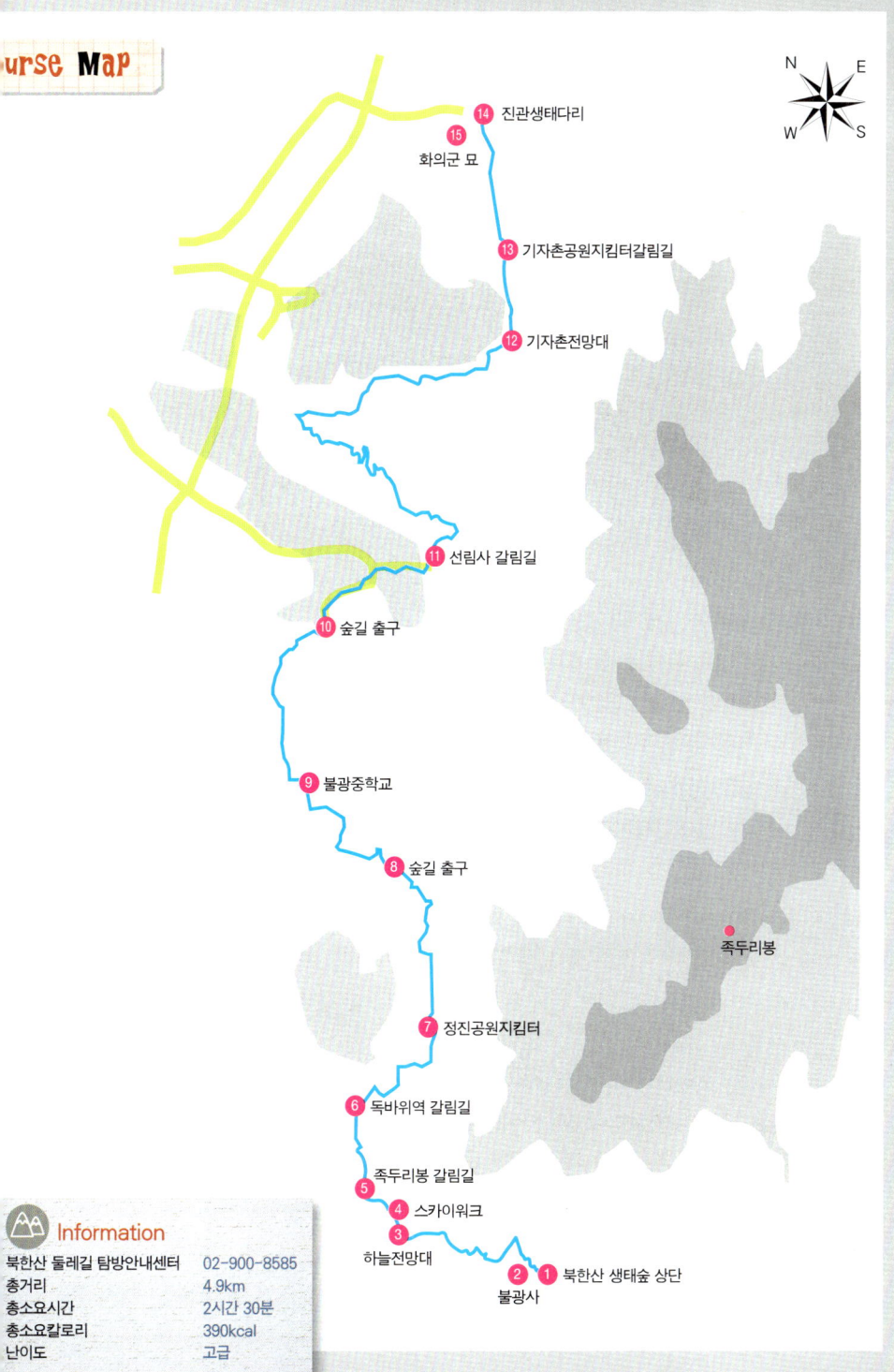

Restaurant & Cafe

양파식당
08) 구름정원길의 종착지인 진관생태다리 부근에는 변변한 식당이 없으므로 7211번 버스를 타고 지하철 3, 6호선 연신내역까지 나오는 것이 좋다. 연신내역 4번 출구 먹자골목 내에 있는 고기구이전문점으로 깨끗하고 세련된 인테리어에 고기의 질이 좋고 양도 푸짐하다. 모든 고기메뉴에 차돌된장찌개와 계란찜이 무한리필된다.

메뉴 숯불삼겹살, 고추장삼겹살 각 7천원, 항정살 8천원, 와규꽃살 9천원, 우겹살 1만원
위치 은평구 대조동 185-25, 지하철 3, 6호선 연신내역 4번 출구 먹자골목 내   전화 02-391-7668

송파골 오겹살 목항정
양파식당이 대학생 취향이라면 송파골 오겹살 목항정은 회사원 취향의 고기구이전문점이다. 여느 동네에 있을 법한 식당 분위기가 편하고 지인들과 왁자지껄 떠들어도 부담스럽지 않은 곳이다. 연인과의 데이트라면 양파식당, 오랜 친구를 만난다면 송파골 오겹살 목항정으로 하는 것이 좋겠다.

메뉴 김치찌개 5천원, 오겹살 9천원, 목항정 1만원
위치 은평구 대조동, 지하철 3, 6호선 연신내역 4번 출구 먹자골목 내   전화 02-388-6657

미림원

북한산 둘레길이나 북한산 주변의 식당에서 파는 닭볶음탕이나 오리로스가 4만원선인 것을 감안하면 연신내역 먹자골목의 미림원의 가격은 매우 착한 편. 닭볶음탕이 토종닭이 아니면 어떠랴, 육계라 오히려 부드럽기만 한데. 오리로스 역시 양이나 맛에서 산 밑에서 먹는 것과 하나도 다르지 않다.

메뉴 생삼겹살 1만원, 닭볶음탕 1만8천원, 오리로스 2만2천원, 오리주물럭 2만3천원
위치 은평구 대조동, 지하철 3, 6호선 연신내역 4번 출구 먹자골목 내   전화 02-387-6233

목노집

맛을 창조하여 돼지보쌈을 개발했다는 간판이 인상적인 전통의 돼지보쌈전문점. 식당 유리창과 식당 안에 즐비하게 붙어 있는 인생에 관한 시구가 인상적이다. 삶은 돼지고기가 나오는 여느 돼지보쌈과 다른 점은 돼지고기와 많은 양의 파를 함께 볶아 싸먹는다는 것. 돼지보쌈을 먹는 뒤에는 밥을 볶아 주니 점점 보쌈하고는 멀어지는 듯.

메뉴 돼지보쌈, 염통, 콩팥 각 9천원, 한우곱창 1만5천원, 육회 2만7천원
위치 은평구 대조동 197-2, 지하철 3, 6호선 연신내역 4번 출구 먹자골목 내   전화 02-355-1652

Visual Course

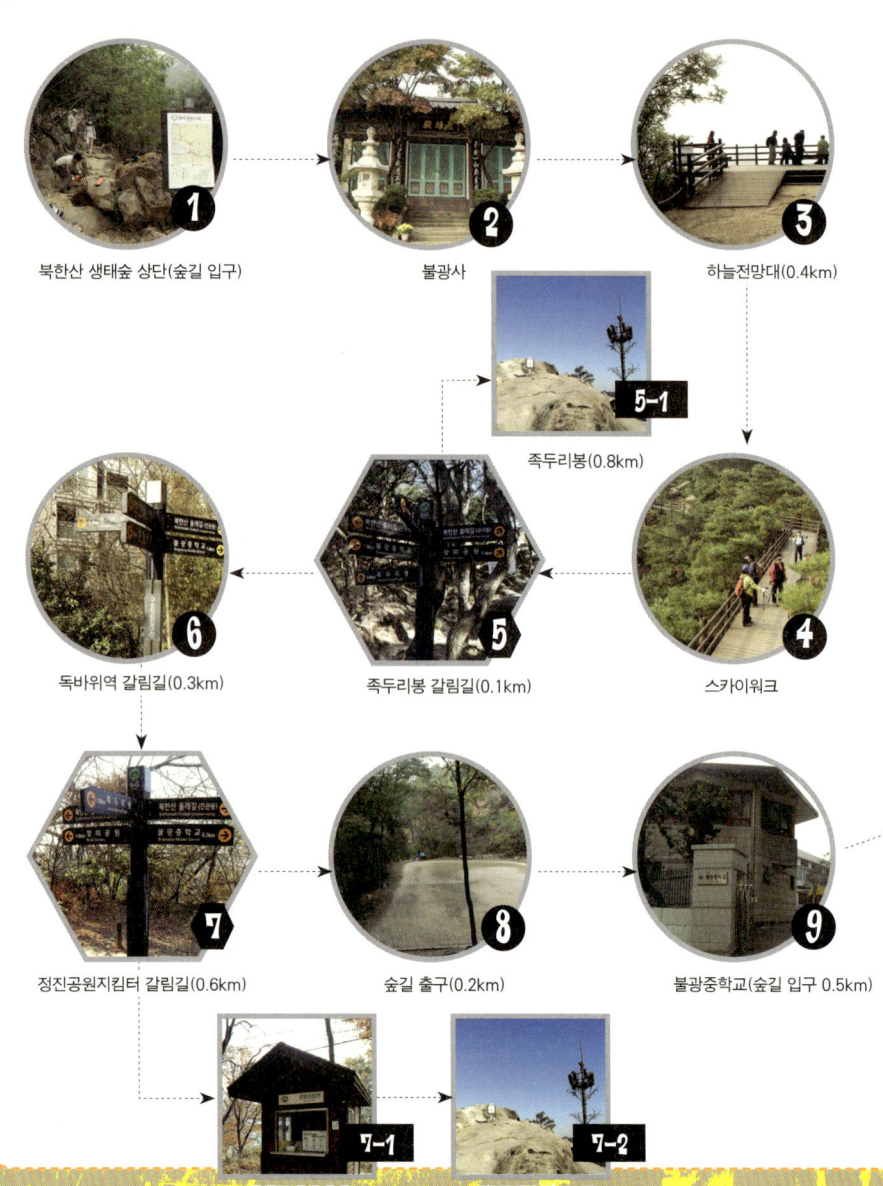

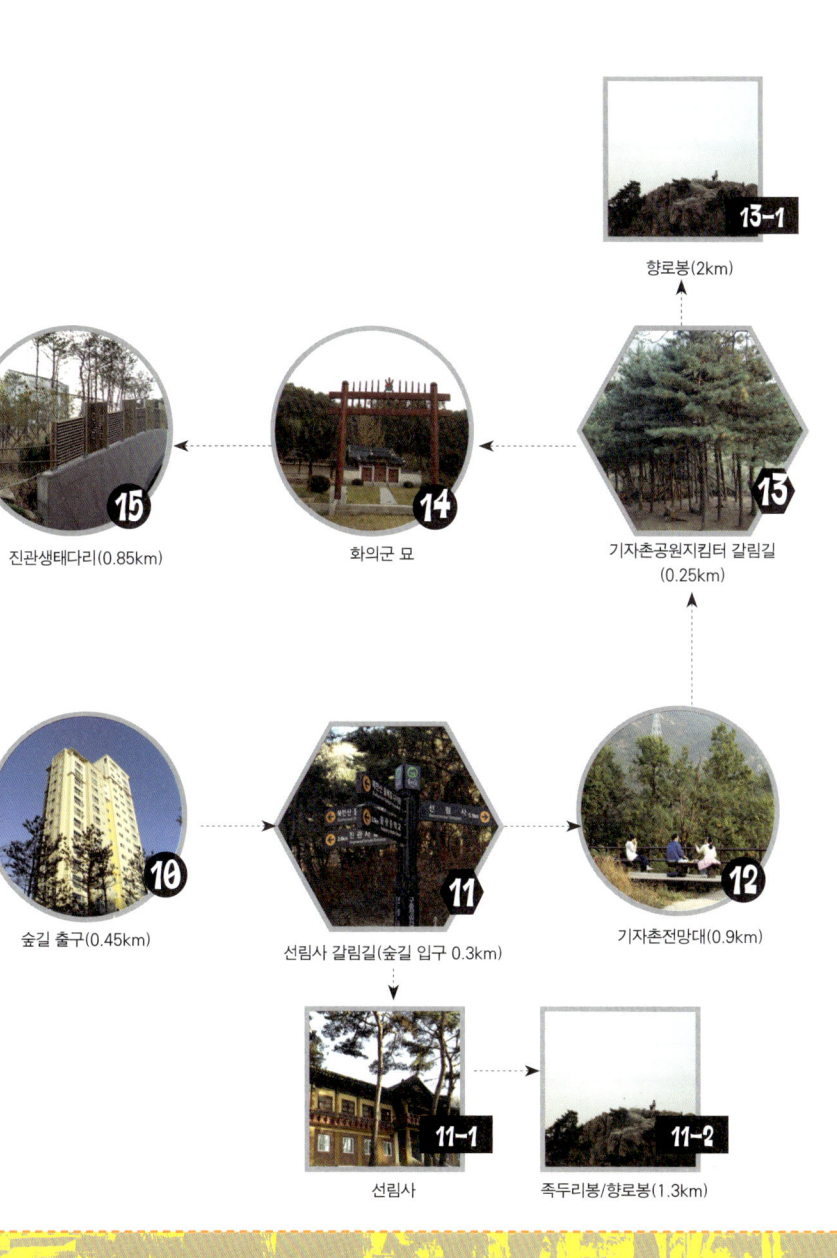

구름정원길 147

09 마실길

Traffic

1. **진관생태다리** 지하철 3, 6호선 불광역 7번 서부시외버스터미널 앞 ⋯▶ 7211번 버스 또는 불광역 2번 출구 질병관리본부 앞 7211번 버스 진관사 입구 하차. 래미안 아파트 사이 진관생태다리까지 도보 5분

2. **방패교육대 앞** 지하철 3호선 구파발역 1번 출구 ⋯▶ 704, 34번 버스 입곡삼거리 하차. 남쪽 방향으로 방패교육대 앞까지 도보 5분

재개발 중인 은평뉴타운의 공터를 지나는 길과 약간의 공원길이 섞인 코스. 그냥 정해진 길로만 간다면 09)마실길의 매력을 알지 못할 것이다. 09)마실길의 숨은 보석은 중간에 있는 진관사 가는 길과 삼천사 가는 길로 이들 사찰을 들리면 자칫 짧은 길이가 불만이었던 사람에게도 만족을 줄 수 있다. 고찰 진관사 구경이 흥미롭고 삼천사가는 산길은 도로를 걸었던 지루함을 단번에 씻어준다.

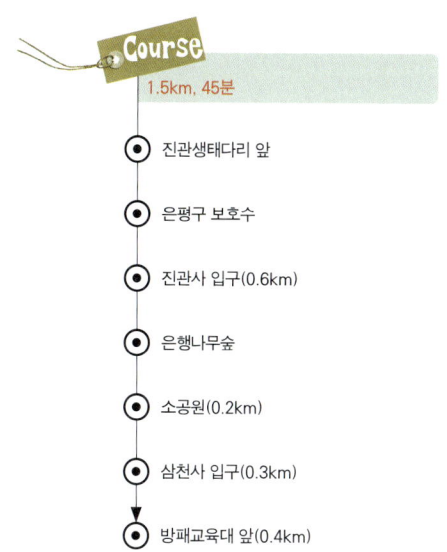

Course 1.5km, 45분

- 진관생태다리 앞
- 은평구 보호수
- 진관사 입구(0.6km)
- 은행나무숲
- 소공원(0.2km)
- 삼천사 입구(0.3km)
- 방패교육대 앞(0.4km)

Extra Course 5.5km, 3시간, 468kcal, 고급 코스
진관생태다리 앞 ⋯› 은평구 보호수 ⋯› 진관사 입구(0.6km) ⋯› 진관공원지킴터 ⋯› 진관사(0.5km) ⋯› 진관공원지킴터 ⋯› 진관사 입구(0.5km) ⋯› 은행나무숲 ⋯› 소공원(0.2km) ⋯› 삼천사 입구(0.3km) ⋯› 삼천 탐방지원센터 ⋯› 삼천사(1.5km) ⋯› 삼천 탐방지원센터 ⋯› 삼천사 입구(0.5km) ⋯› 방패교육대 앞(0.4km)

Walking & Trekking Spot

진관생태다리

09)마실길의 시작지인 진관생태다리는 족두리봉 자락과 건너편 하나고등학교 뒷산을 연결하는 생태다리다. 생태다리는 사람이 지나는 다리가 아닌 동물들이 지날 수 있게 만든 다리를 말한다. 다리 위에 흙이 덮여 있고 나무가 심어져 있는 등 자연환경과 비슷하게 조성되었다.

은평구 보호수

진관생태다리에서 진관사 방향으로 걷다보면 왼쪽에 보이는 일단의 나무들이 은평구 보호수다. 5그루의 느티나무로 수령은 약 130년이고 나무 둘레는 3.45m에 달한다. 전하는 이야기로는 성종의 13번째 왕자이자 영산군의 사위인 경주 정씨 후손 정충인이 이곳으로 이사 오며 심은 것이라 한다. 현재 보호수 주변에 화단과 산책로를 만드는 등 작은 공원화하고 있다.

진관사(津寬寺)

고려 1011년 현종 2년에 창건된 사찰로 예부터 동쪽의 불암사, 서쪽의 진관사, 남쪽의 삼막사, 북쪽의 승가사 등과 함께 서울 근교의 4대 명찰로 알려졌다. 진관사는 고려 현종과 얽힌 전설도 전해지는데 현종이 왕위에 오르기 전, 목종이후 왕위계승을 위한 암투 속에 12세의 현종은 목숨을 부지하기 위해 진관사에 숨어든다. 이곳에서 진관대

사의 도움으로 3년간 지낸 뒤, 1009년 강조가 군사를 일으켜 목종을 폐하고 현종을 왕위에 올렸다. 현종이 그때의 고마움을 보답하고 세운 사찰이 진관사이고 진관동의 유래가 되었다. 진관사에는 독성전, 명호스님 초상화, 칠성각 등 서울시 문화재 12종 36점이 있고 칠성각에서는 일제시대 독립운동을 하던 백초월 스님이 가지고 있던 낡은 태극기와 독립운동자료가 발견되기도 했다.

은행나무숲과 소공원

진관사 입구에서 방패교육장 방향으로 걸음을 옮기니 길게 줄을 지어 선 은행나무들이 보인다. 가을이었다면 노란 은행잎을 매달고 있었을 텐데 찬바람이 불어 바닥에 떨어진 것이 아쉽다. 은행나무숲 옆에는 벤치와 운동기구가 있는 소공원이 있어 은행나무숲을 배경으로 쉬거나 운동을 할 수 있게 해놓았다.

삼천사

신라 661년 문무왕 1년 원효대사에 의해 창건되었다. 삼천이라는 이름은 동국여지승람과 북한지(北漢誌)에서 한 때 이 사찰의 승려가 3천에 이르렀다는 데에서 온 것으로 추측하고 있다. 1988년 미얀마에서 부처의 사리 3과를 모셔와 적멸보궁이 되었고, 대웅전 위쪽 바위에는 보물 657호 마애석가여래입상이 음각과 양각으로 조각되어 있기도 하다. 마애석가여래입상 위에는 여느 산신각보다 큰 정면 2칸, 측면 3칸의 산신각이 있어 일간에는 산신이 보좌를 튼 절이라고도 한다.

Course Map

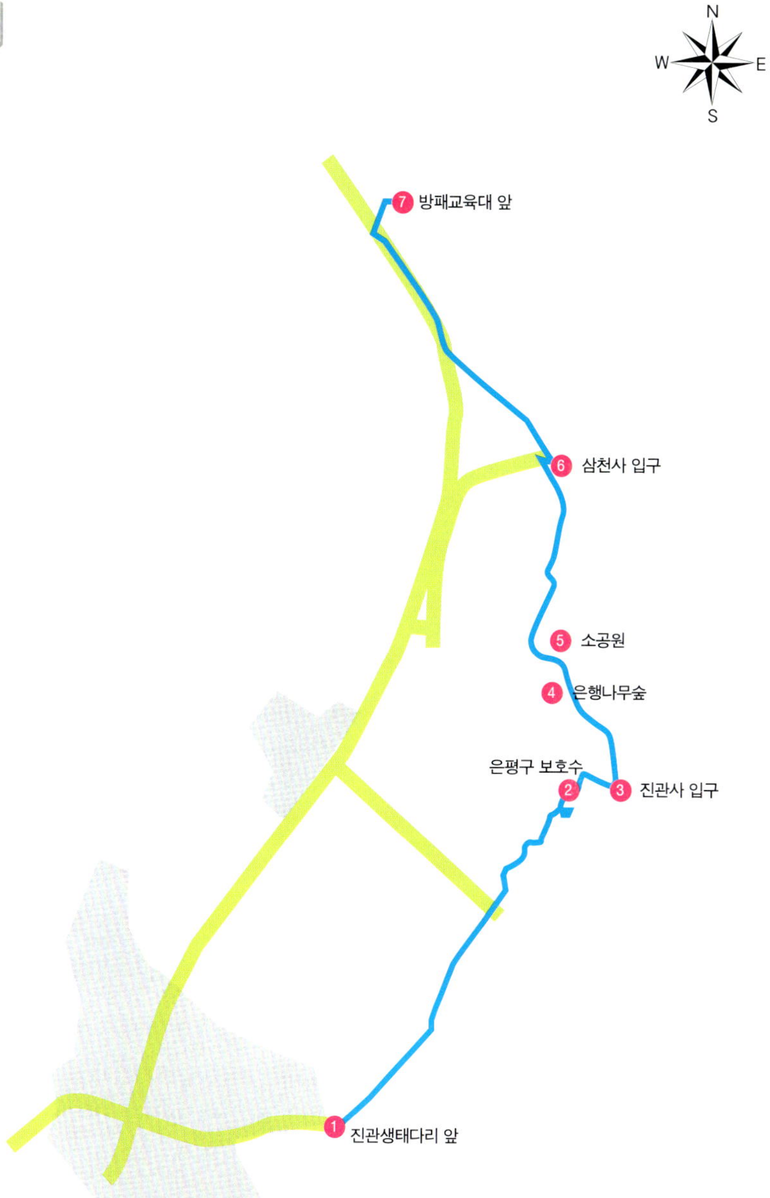

- ① 진관생태다리 앞
- ② 은평구 보호수
- ③ 진관사 입구
- ④ 은행나무숲
- ⑤ 소공원
- ⑥ 삼천사 입구
- ⑦ 방패교육대 앞

Information

북한산 둘레길 탐방안내센터	02-900-8585
총거리	1.5km
총소요시간	45분
총소요칼로리	117kcal
난이도	초급

Restaurant & Cafe

보현다실

진관사 일주문을 들어서 보이는 낮은 담장 안에 있는 전통찻집. 초가지붕 건물이 정겹고 멍석, 맷돌 같은 농가 소품을 둔 마당은 자연스런 장식이 된다. 차를 내는 거실에서 차를 맛 볼 수도 있고 사랑방에 앉아 상을 두고 차를 마실 수도 있다. 주말이 아니면 들리는 사람이 적어 호젓하게 이야기 나누기 좋다.

메뉴 쌍화차, 국화차, 연잎차
위치 은평구 진관동 354, 진관사 내   **전화** 02-359-8416

사슴집

진관사 갈림길에서 은행나무숲과 소공원을 지나 개울가에 있는 전형적인 산아래 식당. 계절별미로 묵밥과 묵사발을 선보이고 있고 전통적인 요리는 토종닭볶음탕과 토종닭백숙이다. 한여름이라면 널찍한 개울가 자리에 앉아 파전에 동동주를 기우려도 좋을 듯.

메뉴 묵밥, 묵사발, 토종닭볶음탕, 토종닭백숙
위치 은평구 진관동, 은행나무숲과 소공원 지나 개울 건너   **전화** 02-381-6688

삼천리골 돼지집

삼천 탐방지원센터 건너편에 있는 전형적인 산아래 식당. 단체환영, 족구장 완비 등의 문구는 산아래 식당의 단골 문구. 한여름에는 시원한 물가자리, 한겨울에는 따끈한 온돌방까지 전천후 자연인접식당이라고 할 수 있다. 방안 담요 밑에는 낡은 화투 한 벌이 있을지도, 모르는 산속 여행지에서 만나는 식당이다.

메뉴 토종닭볶음탕, 토종닭백숙, 오리탕
위치 은평구 진관동, 삼천 탐방지원센터 건너편.   **전화** 02-381-3800, 381-1390

수복집

삼천 탐방지원센터에서 조금 더 산 쪽으로 들어가 삼천사로 가는 도로와 산길의 갈림길에 있는 식당. 산길 옆이 삼천사계곡으로 한여름에는 바로 계곡으로 입수하고 싶을 만큼 맑은 물을 자랑한다. 조금 더 산으로 들어간 산아래 식당의 경우 식사를 마치면 봉고차로 가까운 지하철역까지 데려다주는 서비스를 제공하기도 한다. 이 때문에 파전에 막걸리 한잔 더 하는 경우가 많다.

메뉴 파전, 동동주, 토종닭볶음탕, 토종닭백숙, 오리탕
위치 은평구 진관동, 삼천사 가는 도로와 산길의 갈림길   **전화** 02-381-6948

Visual Course

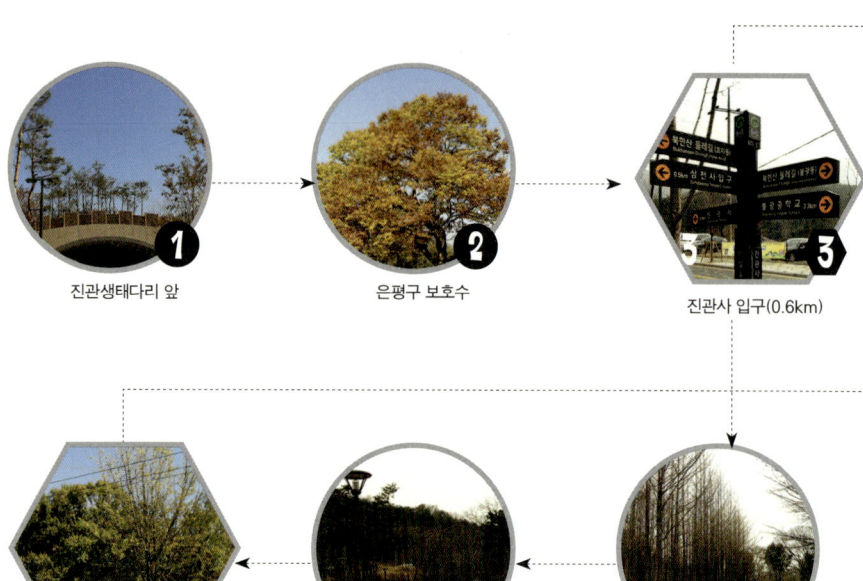

1. 진관생태다리 앞
2. 은평구 보호수
3. 진관사 입구(0.6km)
4. 은행나무숲
5. 소공원(0.2km)
6. 삼천사 입구(0.3km)

7. 방패교육대 앞(0.4km)

진관공원지킴터

진관사(0.5km)

비봉(2.6km)/
사모바위(3.2km)

삼천 탐방지원센터

삼천사(1.5km)

응봉/부왕동암문(2.16km)/
사모바위(2km)

10 내시묘역길

Traffic

1. **방패교육대 앞** 지하철 3호선 구파발역 1번 출구 ⋯→ 704, 34번 버스 입곡삼거리 하차. 남쪽 방향으로 방패교육대 앞까지 도보 5분.
2. **효자동 공설묘지** 지하철 3호선 구파발역 1번 출구 ⋯→ 704, 34번 버스 효자동 새마을금고 하차. 북쪽 방향으로 도보 5분.

묘목을 키우는 농원길과 의상봉, 원효봉 산자락의 숲길이 적절히 섞인 코스. 방패교육대를 지나면 바로 묘목을 키우는 농원길이고 이내 여기소 터에 당도한다. 그 옛날의 여기소는 사라지고 없으나 북한산성을 쌓을 때 있었던 슬픈 전설은 오늘날까지 전해지는 듯하다. 다시 길을 재촉하면 의상봉 자락의 숲길로 숲 안에 내시묘역이 있어 이 길의 유래를 알려주고 북한산성 탐방지원센터를 지나니 원효봉 자락의 숲길과 농원길이 번갈아 이어진다.

Course
3.5km, 1시간 40분

- 방패교육대 앞
- 입곡삼거리(0.25km)
- 여기소마을경로당(여기소터 0.55km)
- 백화사 앞(0.6km)
- 숲길 입구(0.05km)
- 의상봉 갈림길(0.2km)
- 경천군 송금물침비
- 숲길 출구(0.3km)
- 북한산성 탐방지원센터(0.25km)
- 백운대갈림길1
- 백운대갈림길2
- 둘레교 상단(0.25km)
- 전주이씨묘역
- 미소쉼터
- 효자농원/원효봉 갈림길(0.6km)
- 효자동공설묘지(0.55km)

Walking & Trekking Spot

여기소(汝其沼)터

방패교육대 앞에서 출발한 길은 묘목 농원을 가로질러 작은 시내를 만난다. 작은 시내를 건너면 모퉁이에 표석이 있다. 표석에는 여기소터라 적혀있는데 조선시대 북한산성을 축조하던 관리를 만나러 온 기생이 사랑하던 님을 만나지 못하자 여기소에 빠져 죽었다는 전설이 서려있다. 북한산성의 축조가 시작된 때가 1711년 숙종 37년 4월이고 완공된 때가 10월이니 총공사 기간은 6개월 남짓. 이렇게 빨리 공사를 마칠 수 있었던 것은 도성 공사의 경우 국민총동원령이 내려져 지역별로 구간을 할당해 공사를 하기 때문. 님을 만나러 온 기생이 조금만 더 참았더라면 님과 함께 고향으로 내려갈 수 있었을 것을 생각하니 마음이 아려온다.

내시묘역

2003년 발견된 내시묘역의 정식명칭은 이사문공파 내시묘역(李似文公派內侍墓域). 이곳에는 조선시대 내시 중 이사문공파 45기의 무덤이 모여 있다. 내시묘역에서 우리에게 생소한 것은 내시라도 종1품에서 종6품 등의 다양한 관직을 가졌다는 것과 사내구실을 하지 못하는 내시라 할지라도 아내가 있어, 그 아내는 사대부 부인이 받는 정경부인이라는 품계를 받았다는 것이다. 또 자녀를 입양해 자식을 둘 수도 있었다. 내시묘역은 둘레길 상에서는 보이지 않고 백화사를 거쳐 의상봉 가는 길에 볼 수 있다.

의상봉(義相峰)

의상봉이란 이름은 신라 시대 고승인 의상대사가 이곳에서 수도를 했다고 해서 붙여진 이름이다. 높이는 502m. 의상은 661년 문무왕 1년 배를 타고 중국 당나라로 건너가 화엄종을 연구하고, 670년 귀국 후 신라에 화엄종을 열었다. 의상과 함께 당나라로 가려던 이가 원효대사로 출항하기 전날 밤 갈증이 나 물을 떠 마신 것이 해골로 밝혀지자 깨달음을 얻고 당나라 행을 포기한 것은 유명한 이야기다. 의상봉 아래 국녕사는 북한산성 축조 후 산성관리를 위한 승병을 양성하기 위해 북한산 내 창건하고 보수했던 21개 사찰 중 하나. 당시 사찰 중 남은 것은 상운사, 진관사, 중흥사, 태고사, 노적사, 승가사 등.

경천군 송금물침비 (慶川君 松禁勿侵碑)

경천군은 임진왜란 때 조선을 침략한 왜와 화평교섭을 이끈 역관 이해룡으로 그 성과를 인정받아 중추부동지사를 거쳐 1602년 경천군에 봉해졌다. 더불어 북한산 자락의 땅을 하사받아 그 경계내의 소나무 벌목을 금지한 것이 송금물침비의 내용이다. 이해룡은 해서(楷書)에 뛰어나 북저의 대사 김상이 그를 한호 석봉에 비견되는 명필이라 칭송하기도 했다.

백운대(白雲臺)

인수봉, 만경대과 함께 북한산의 주봉 중의 하나로 높이는 836m. 거대한 화강암 암반이 노출되어 멀리서도 백운대의 모습을 한눈에 알아볼 수 있고 백운봉이라고도 한다. 백운대 정상에서는 북쪽으로 인수봉과 오봉, 선인봉, 만장봉, 자운봉, 도봉산, 남쪽으로 만경대, 노적봉 등 북한산, 대동문, 대성문, 대남문 등 북한산성, 동쪽으로 수락산과 불암산, 서쪽으로 고양시와 일산이 한눈에 들어온다.

원효봉(元曉峰)

원효봉은 신라 고승 원효대사의 이름에서 유래된 것으로 높이는 505m. 효자동에서 농원길을 지나 원효봉으로 향해 오르려면 서암문이 나오고 서암문을 지나서면 북한산성을 따라 원효암을 들러 원효봉까지 오를 수 있다. 서암문의 다른 이름은 북한산성 내의 시체가 나갔다 하여 시구문이다. 반대쪽 상운사에서 북문을 거쳐 원효봉으로 오를 수도 있다. 상운사는 원효대사가 창건했다고 전해지는 사찰로 북한산성 축조시 승려들의 산성관리를 위해 보수된 적이 있다. 원효봉에서는 북한산 수봉인 백운대, 만경대를 오롯이 볼 수 있어 좋다.

Course Map

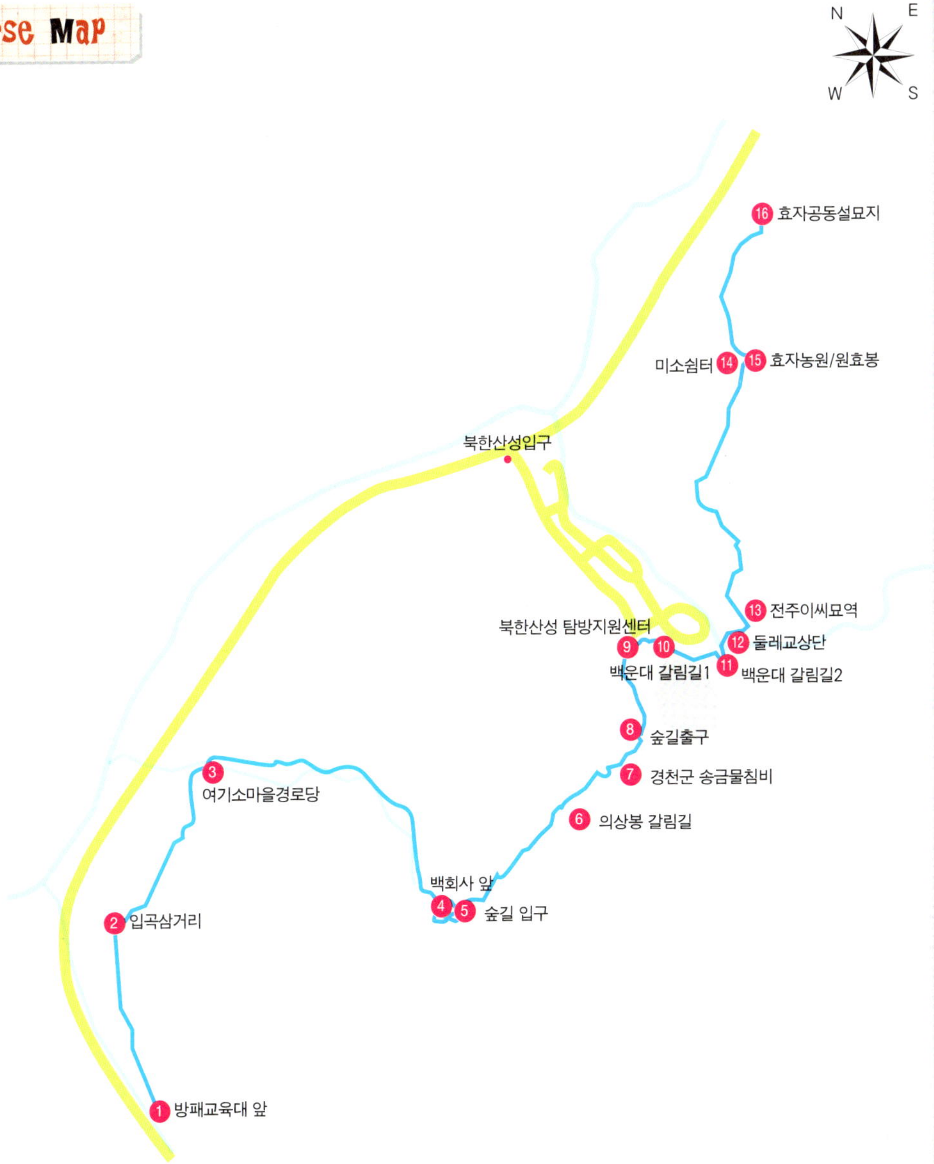

- ① 방패교육대 앞
- ② 입곡삼거리
- ③ 여기소마을경로당
- ④ 백회사 앞
- ⑤ 숲길 입구
- ⑥ 의상봉 갈림길
- ⑦ 경천군 송금물침비
- ⑧ 숲길출구
- ⑨ 북한산성 탐방지원센터
- ⑩ 백운대 갈림길1
- ⑪ 백운대 갈림길2
- ⑫ 둘레교상단
- ⑬ 전주이씨묘역
- ⑭ 미소쉼터
- ⑮ 효자농원/원효봉
- ⑯ 효자공동설묘지

북한산성입구

 Information

북한산 둘레길 탐방안내센터	02-900-8585
총거리	3.5km
총소요시간	1시간 40분
총소요칼로리	260kcal
난이도	초급

Restaurant & Cafe

샘터가든

10)내시묘역길의 종착지인 효자동 공동묘지를 나와 길을 건너가면 대선골이라고 하여 전형적인 산아래 식당들이 즐비하다. 그 중 샘터가든은 길가에 위치해 찾아가기 편한 곳이다. 메뉴는 토종닭에서 매운탕, 버섯불고기, 송어회까지 산아래 식당이 취급할 수 있는 대표메뉴를 모두 취급하고 있다. 입맛에 맞는 것으로 골라먹을 수 있는 재미가 있다.

메뉴 토종닭, 매운탕, 버섯불고기, 송어회, 오리로스
위치 고양시 덕양구 지축동, 효자동 공동묘지에서 도로 건너편　　전화 02-384-9900

너와 나

샘터가든에서 오리고기전문 석정 뒤로 개울을 건너면 한식당 매미골이 있고 그 옆에 있는 식당이 너와 나이다. 대선골에서는 드물게 점심특선으로 저렴한 메뉴를 내놓고 있고 점심특선은 재료가 떨어지지 않으면 시간이 좀 지나도 주문할 수 있다. 간단히 먹기엔 산채모듬ㆍ청국장정식, 고추장양념구이정식이 좋고 서넛이 왔다면 토종닭이나 오리로스를 시키는 것도 좋다.

메뉴 산채모듬ㆍ청국장정식 6천원, 고추장양념구이정식 1만원, 토종닭백숙 4만원
위치 고양시 덕양구 지축동 148, 샘터가든 뒤 대선골　　전화 02-386-2726, 384-2726

인수봉장터

주말 오후 10)내시묘역길이나 북한산 원효봉에 갔다 온 사람들이 즐겨 찾는 식당이다. 전형적인 산아래 식당인 대선골 식당의 몸보신 메뉴와 달리 간단히 한 끼를 때우거나 술 한 잔할 수 있는 메뉴들이 주종을 이룬다. 산채보리밥이나 부대찌개 먹고 파전에 막걸리 시키면 즐겁게 저녁시간을 보낼 수 있다.

메뉴 산채보리밥, 칼국수, 부대찌개
위치 효자동 새마을금고 옆(대선골 입구)　　**전화** 02-388-1548

카페 별이 빛나는 밤에

인수봉장터 옆 2층에 위치한 카페 별이 빛나는 밤에, 도심의 화려하고 세련된 인테리어의 카페는 아니지만 소박한 분위기의 카페라 할 수 있다. 커피 같은 차를 마시기보다 맥주나 칵테일이 더 잘 어울릴 것 같은 곳. 대선골에서 식사하고 카페에 들러 차 한잔, 맥주 한잔 하면 어떨까.

메뉴 커피, 맥주, 칵테일, 위스키
위치 인수봉장터 옆

Visual Course

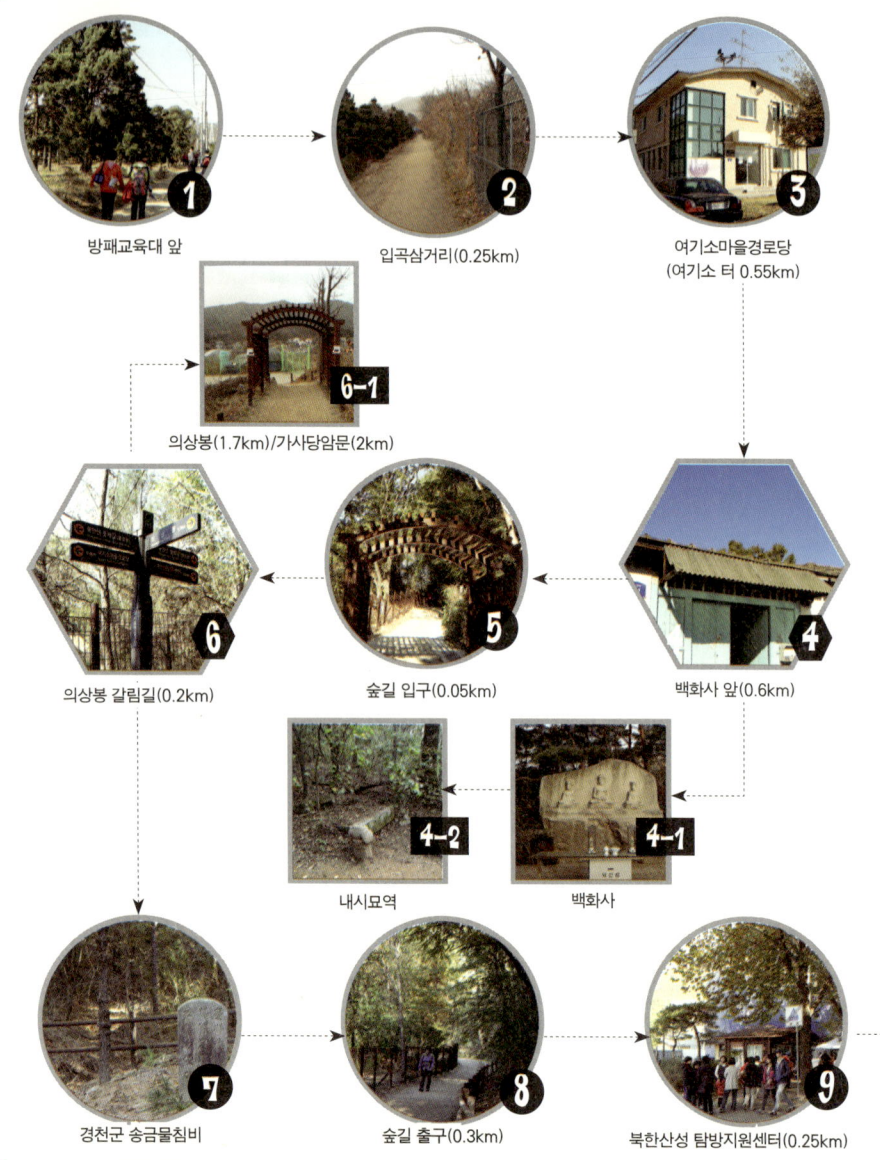

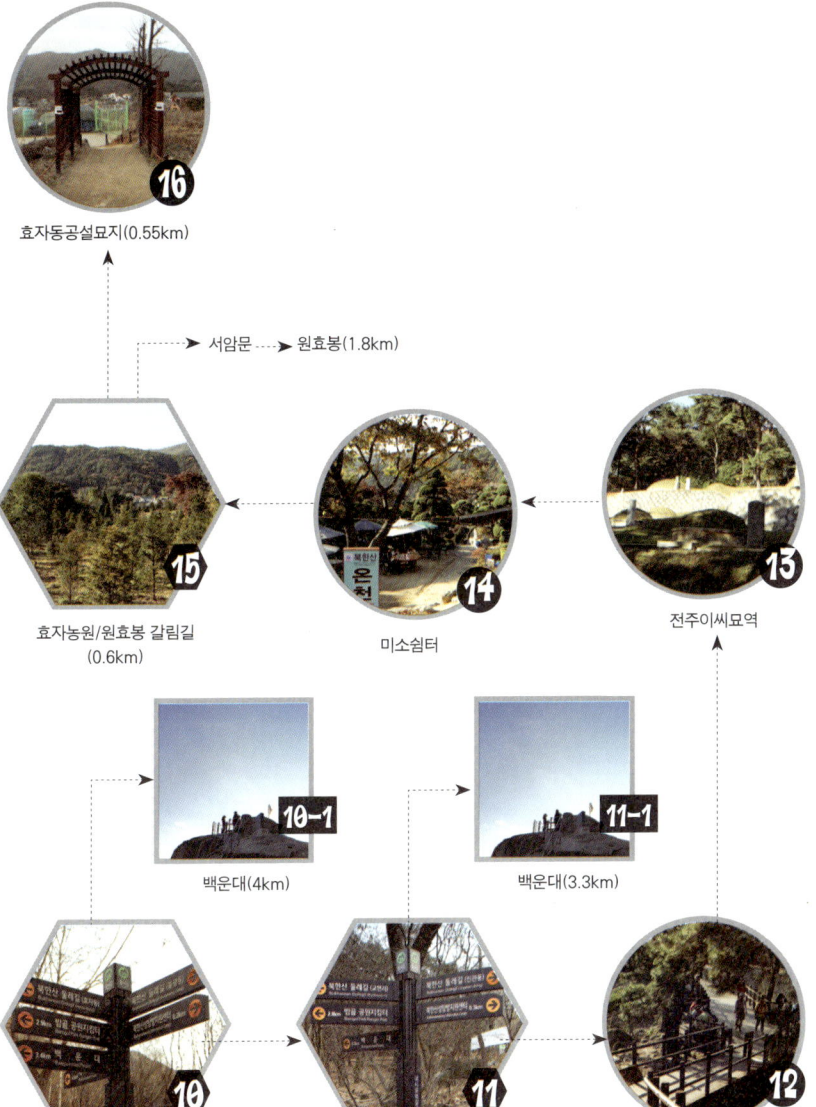

효자길

> **Traffic**
>
> 1. **효자동 공설묘지** 지하철 3호선 구파발역 1번 출구 ⋯➔ 704, 34번 버스 효자동 새마을금고 하차. 북쪽 방향으로 도보 5분.
> 2. **사기막골 입구** 지하철 3호선 1번 출구 ⋯➔ 704, 34번 버스 사기막골 정류장 하차

약간의 도로와 대부분의 숲길로 되어 있는 코스. 효자동 공설묘지를 출발해 송추방향으로 도로를 따라 걷는다. 도심의 도로가 아닌 교외의 도로에는 둘레꾼 외에는 지나는 사람이 없어 한가롭다. 효자비에 다다라 박태성의 효심을 느껴보고 숲길로 접어들면 어느새 밤골에 이르고 난데없는 장구, 북소리에 이끌려 가보니 북한산국사당이 나온다. 밤골에서 다시 능선을 넘으면 사기막골로 그 옛날 사기를 굽던 사람들은 없지만 땅을 뒤척이면 작은 도자기 파편이 곧 나올 듯하다. 사기막골에서 사기막계곡을 따라 내려가니 종착지인 사기막골입구다.

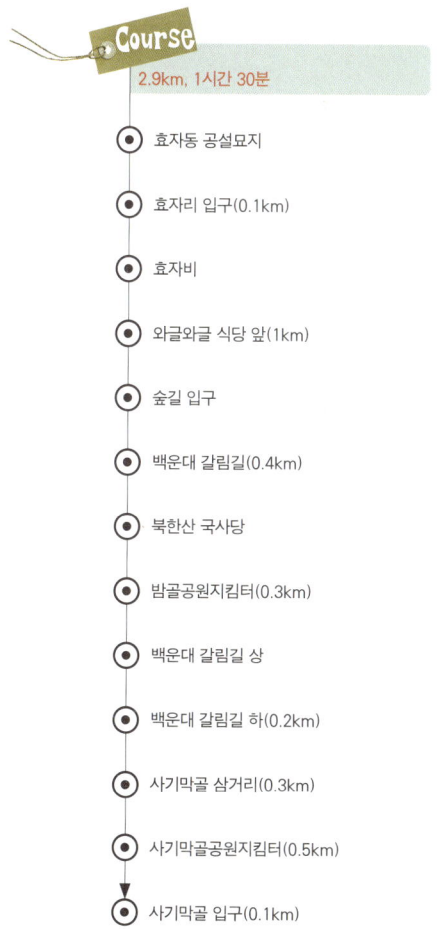

Course
2.9km, 1시간 30분

- 효자동 공설묘지
- 효자리 입구(0.1km)
- 효자비
- 와글와글 식당 앞(1km)
- 숲길 입구
- 백운대 갈림길(0.4km)
- 북한산 국사당
- 밤골공원지킴터(0.3km)
- 백운대 갈림길 상
- 백운대 갈림길 하(0.2km)
- 사기막골 삼거리(0.3km)
- 사기막골공원지킴터(0.5km)
- 사기막골 입구(0.1km)

Walking & Trekking Spot

효자비(孝子碑)

효자동에 있는 효자비의 정식명칭은 박태성정려비(朴泰星旌閭碑)이다. 조선말 서울 효자동에 살던 박태성은 효심이 지극해 부친이 돌아가시자 북한산 자락에 묏자리를 잡고 매일 새벽 문안을 드리고 입궐했다. 어느 날 박태성이 모화현(무학재)에 이르러 숲속에서 호랑이 한 마리가 나오자 놀라 "부친 성묘를 가는 길이니, 나를 잡아먹으려면 잡아먹어라"하고 소리쳤다. 박태성의 효심에 감동받은 호랑이는 잡아먹기는 커녕, 등을 내주어 박태성을 태우고 선친묘까지 데려다주고 성묘가 끝나면 데려왔다. 세월이 흘러 박태성이 죽자 호랑이는 박태성의 묘 앞에서 죽은 채 발견되어 박태성묘 근처에 묻혔다. 이런 박태성의 효심이 조정에 알려져 1893년 고종30년 사당과 효자비가 세워졌고 이곳을 효자리(효자동)로 부르게 되었다.

북한산 국사당(北漢山國師堂)

조선 개국 후 1396년 태조 5년 태조는 한양수호 신사로 북악신사와 목멱신사를 두었다. 남산에 있던 목멱신사는 일제시대 인왕산으로 이전되었고 11)효자길에서 볼 수 있는 북한산 국사당은 북악신사의 명목을 잇는 것으로 보인다. 북한산 국사당 안에는 여러 굿당이 있고 마당에는 작두를 탈 수 있는 시설까지 보인다. 효자리 일대에는 북한산 국사당 외에 여러 굿당이 있어 길일에 굿을 하는 것을 볼 수 있다.

밤골

예부터 밤나무가 많다고 하여 밤골이라 불렸다. 참나무과 낙엽교목인 밤나무는 다산과 부귀의 상징으로 고려와 조선시대에 밤나무 재배를 장려했다고 한다. 가을날 11)효자길을 걸으면 땅바닥에 떨어져 뒹구는 밤송이를 흔히 볼 수 있어 과연 밤골이구나 하는 생각이 들게 한다. 예부터 평양밤(함종밤), 양주밤(불밤) 등이 유명하고 근년에는 공주밤을 알아준다. 밤골에서 시작하는 등산로로는 밤골에서 사기막골 방향으로 갔다가 백운대를 향하는 능선을 숨은벽능선 또는 사기막능선, 밤골에서 백운대를 향하는 능선을 밤골능선이라고 한다.

사기막골

사기막골은 예전 사기를 굽던 가마가 있어 붙어진 이름이다. 실제 1999년 토지박물관에 의해 조사된 바로는 이곳에서 3곳의 가마

터와 수많은 도자기 파편이 발견됐다고 한다. 사기막 삼거리에서 조금 더 들어가면 사기막골이나 몇몇 민가만 보일 뿐 지금은 사기를 굽는 흔적을 찾아볼 수 없다.

숨은벽 능선(사기막능선)

사기막골이나 밤골에서 사기막코스를 따라 백운대 방향으로 오르다보면 칼처럼 생긴 암반이 보이는데 이것이 숨은벽 능선이다. 백운대 정사에서 보면 백운대와 인수봉 사이 서북쪽으로 뻗은 능선으로 다른 능선과 달리 잘 보이지 않는다고 해서 붙은 이름이 숨은벽. 보통 사기막골이나 밤골에서 545봉에 올라 숨은벽 능선을 보고 숨은벽 계곡으로 내려온다. 경험 많은 전문가가 동행한다면 숨은벽 능선을 타고 백운대까지 갈 수도 있다.

Course Map

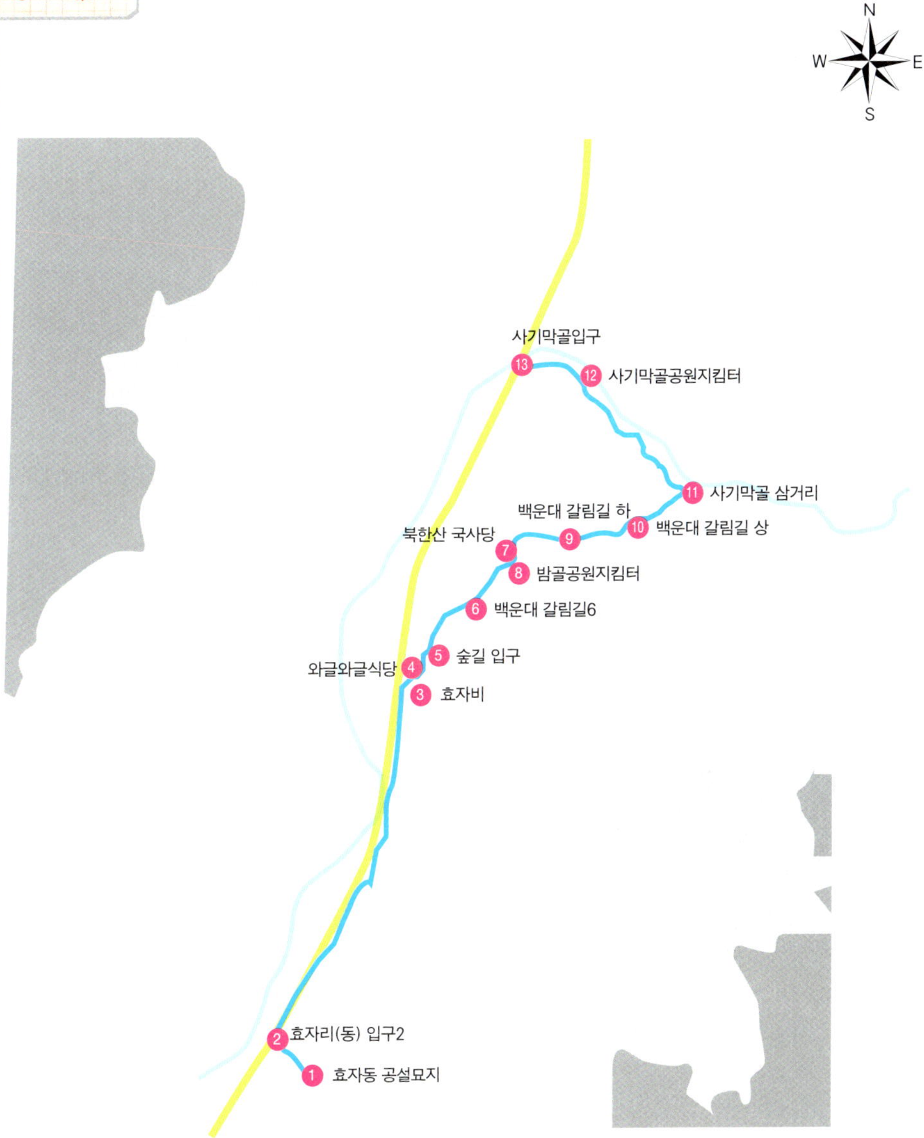

- ① 효자동 공설묘지
- ② 효자리(동) 입구2
- ③ 효자비
- ④ 와글와글식당
- ⑤ 숲길 입구
- ⑥ 백운대 갈림길6
- ⑦ 북한산 국사당
- ⑧ 밤골공원지킴터
- ⑨ 백운대 갈림길 하
- ⑩ 백운대 갈림길 상
- ⑪ 사기막골 삼거리
- ⑫ 사기막골공원지킴터
- ⑬ 사기막골입구

 Information

북한산 둘레길 탐방안내센터	02-900-8585
총거리	2.9km
총소요시간	1시간 30분
총소요칼로리	234kcal
난이도	초급

Restaurant & Cafe

산골휴게소

사기막공원지킴터에서 사기막골 입구 방향에 있는 한옥건물의 식당. 한옥 건물이 다소 변형되긴 했지만 기와 지붕이 있는 한옥과 넓은 마당의 평상에서 맛보는 음식이 맛이 있다. 전형적인 산아래 식당으로 토종닭과 오리로스 등이 주메뉴고 잔치국수나 열무국수는 부메뉴라고 할 수 있다. 파전에 동동주나 막걸리는 기본.

메뉴 잔치국수 3천5백원, 삼겹살, 토종닭, 오리로스
위치 고양시 덕양구 효자동, 사기막공원지킴터 전　　**전화** 02-355-8480

파주집

사기막골 입구에 있는 전형적인 산아래 식당. 토종닭과 오리를 내는 식당이나 길가에 있어 보통 교외의 맛집처럼 보인다. 닭백숙이나 오리탕도 좋지만 계절음식인 묵밥도 일품이다. 물론 도토리묵 탕에 밥을 말지 않아도 상관없다. 도토리묵에는 선사시대부터 먹던 식품으로 소화를 돕는 타닌과 중금속 해독을 하는 아콘산 등 몸에 좋은 성분들이 많이 들어있다.

메뉴 묵밥, 콩비지 각 6천원, 닭백숙, 오리탕 각 4만원
위치 고양시 덕양구 효자동, 사기막골 입구　　**전화** 02-381-1565

한우촌

사기막골 입구에 있는 고기구이전문점. 가정집 건물을 식당으로 개조하여 고기구이전문점을 하고 있고 고기 메뉴와 함께 간단히 먹을 수 있는 내장탕과 갈비탕, 묵밥 같은 메뉴도 선보이고 있다. 토종닭과 오리로 대표되는 식당 메뉴가 내키지 않는 사람은 한우촌에 들려 고기 메뉴를 주문해보아도 좋을 듯.

메뉴 묵밥, 내장탕, 갈비탕, 돼지갈비, 소갈비
위치 고양시 덕양구 효자동, 사기막골 입구   전화 02-384-8902

한우 소머리국밥

사기막골 입구라는 산자락에 있는 식당답지 않게 여느 동네식당에서 볼 수 있는 간편 메뉴위주로 영업을 하고 있다. 토종닭이나 고기 메뉴가 부담스런 사람은 한우 소머리국밥 식당에 들려 오징어볶음이나 떡만두 국을 시켜보면 어떨까.

메뉴 소머리국밥, 오징어볶음, 육개장, 제육볶음, 떡만두 국
위치 고양시 덕양구 효자동, 한우촌 옆   전화 02-355-0994

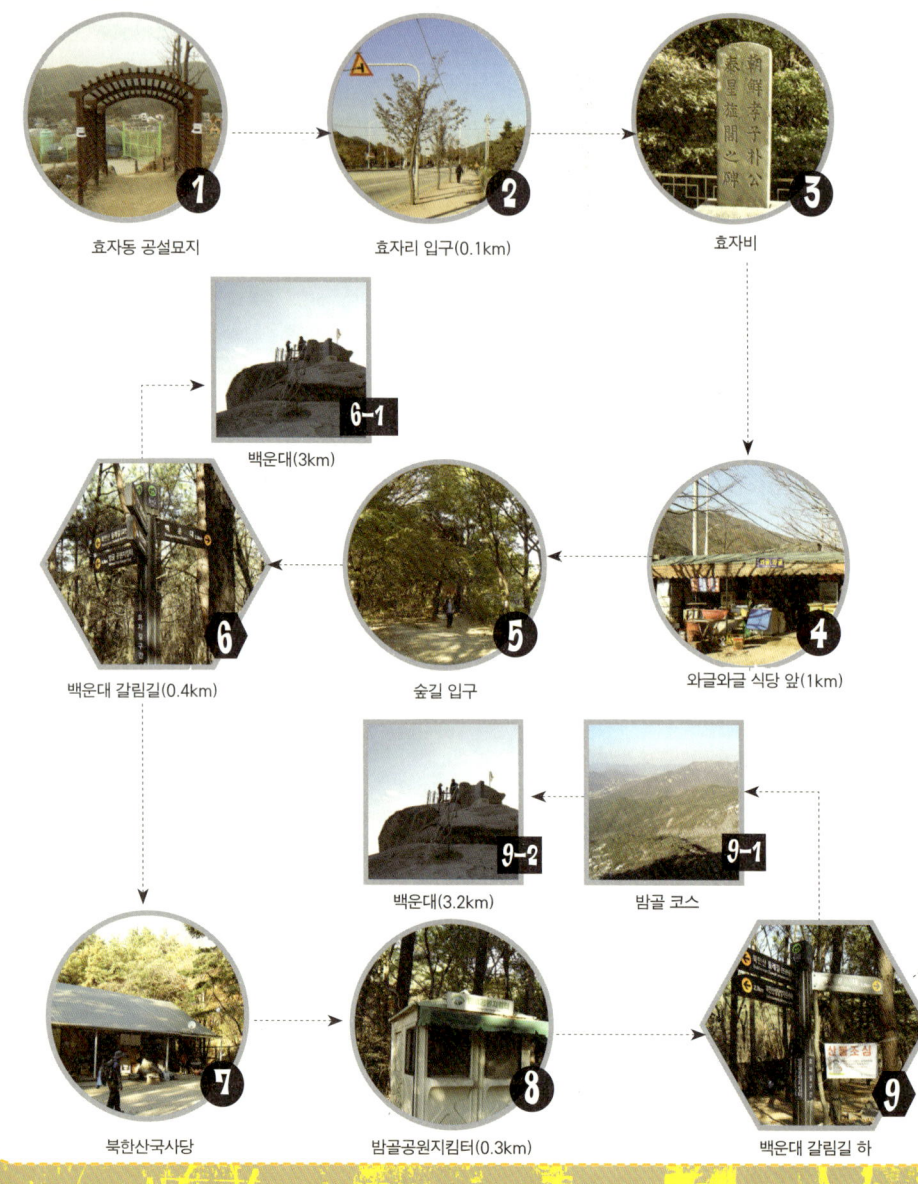

백운대(2.8km)

숨은벽(사기막 코스)

백운대 갈림길 상(0.2km)

사기막골 삼거리(0.3km)

사기막골공원 지킴터(0.5km)

사기막골

사기막골 입구(0.1km)

12 충의길

북한산 둘레길 중 유일하게 도로로만 된 코스. 12)충의길은 전체가 도로지만 도심과 달리 주위가 산으로 둘러싸여 있다. 동쪽으로는 상장산 자락이고 서쪽으로는 노고산 자락이어서 산과 산 사이의 길을 가고 있는 것이다. 사기막골 입구를 출발해 얼마 가지 않으면 여러 예비군훈련장인 군부대를 지나치게 된다. 군경험이 있는 사람은 군생활의 추억을, 군경험이 없는 사람은 나라를 위해 애쓰는 군인들에게 고마움을 갖자. 이내 길은 낮은 언덕인 솔고개로 향하고 이 고개는 고양시와 양주시를 나누는 경계가 되고 지금은 통제중인 상장능선으로 가는 길이 된다. 솔고개에서 내려오면 교현우이령 입구까지는 거칠 것 없는 발걸음이 이어진다.

Course
2.7km, 1시간 20분

- 사기막골 입구
- 예비군 훈련장
- 고양시/양주시 경계
- 솔고개(1.7km)
- 교현우이령 버스정류장
- 교현우이령 입구(교현 탐방지원센터 1km)

Traffic

1. **사기막골 입구** 지하철 3호선 1번 출구 ⋯▶ 704, 34번 버스 사기막골 정류장 하차
2. **교현우이령 입구** 지하철 3호선 1번 출구 ⋯▶ 704, 34번 버스 교현우이령입구(석굴암 입구) 하차

Walking & Trekking Spot

예비군 훈련장

사기막골 입구에서 도로를 따라 송추 쪽으로 걷기 시작하면 도로를 오가는 군용 지프나 트럭을 볼 수 있어 이 근방에 군부대가 있음을 짐작할 수 있다. 이 지역의 군부대는 수도방위뿐만 아니라 군을 제대한 예비군에 대한 교육도 담당하고 있다. 12)충의길을 걸으며 용산구, 마포구 등 예비군훈련장을 보고 군 시절의 추억을 떠올려볼 수 있고 군 경험이 없다면 나라를 지키기 위해 수고하는 군인들의 노고에 감사하는 시간을 가져볼 수도 있다. "보람찬 하루 일을 끝내고나서~ 어이! 어이!"

솔고개

고양시와 양주시의 경계에 있는 고개. 여러 예비군 훈련장을 지나며 점차 오르막을 오르니 어느덧 낮은 고개에 서게 된다. 소나무를 뜻하는 솔나무는 무성하지 않으나 그 옛날에는 박태성 정려비에서 말하는 것처럼 호랑이가 나올 정도로 소나무가 무성한 고개였을 것이다. 솔고개

에서는 상장능선을 거쳐 육모정까지 갈 수 있으나 현재는 자연휴식년제 실시로 통행금지 상태다.

상장능선

솔고개에서 동쪽으로 이어진 능선. 상장능선 중 상장봉의 높이는 523m로 동남쪽으로 계속 가면 우이동유원지의 육모정에 다다른다. 상장능선길은 사기막골의 북쪽과

우이령길의 남쪽으로 사기막골과 우이령길의 사이에 위치해 있어 백운대와 인수봉을 서북쪽에서 잘 조망할 수 있는 코스다. 우이령길을 걸으며 남쪽으로 계속 상장능선을 보고 가게 되고 우이령길 중 석굴암에서 상장능선의 전모를 감상할 수 있다.

육모정 고개

육모정 고개는 상장능선에서 동남쪽으로 가다 보이는 우이동유원지의 서쪽 봉우리

고개다. 육모정 고개는 상장능선과 연결되어 있지만 도선사에 하루재 방향의 영봉과도 우이능선으로 연결되어 있다. 육모정 고개에서는 인수봉과 백운대, 만경대를 한눈에 조망할 수 있고 육모정 고개에서의 하산 길은 대개 우이동유원지 쪽으로 하게 된다. 우이동유원지 안 육모정공원 지킴터에서 월벽교를 지나 우이동먹거리마을입구에 이른다.

Course Map

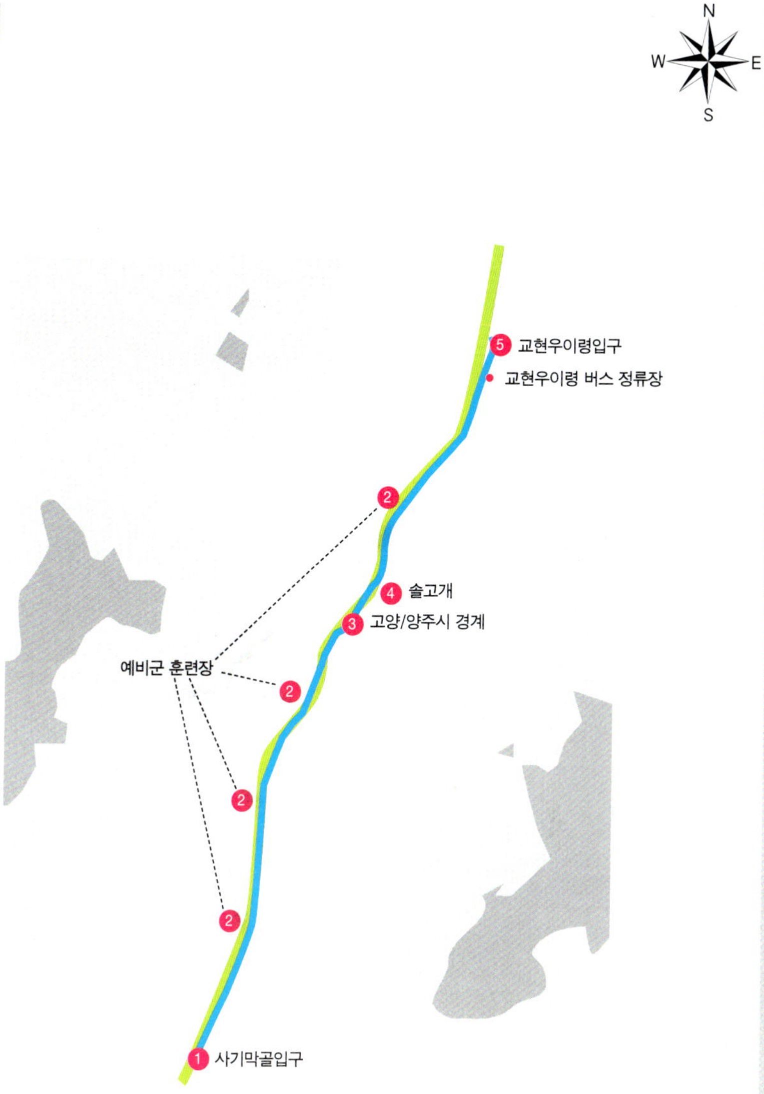

- 5 교현우이령입구
- 교현우이령 버스 정류장
- 2
- 4 솔고개
- 3 고양/양주시 경계
- 2 예비군 훈련장
- 2
- 2
- 1 사기막골입구

Information

북한산 둘레길 탐방안내센터	02-900-8585
교현 탐방지원센터	031-855-6559
총거리	2.7km
총소요시간	1시간 20분
총소요칼로리	208kcal
난이도	초급

Restaurant & Cafe

두부고을

교현우이령 입구 버스정류장 앞에 있는 두부요리전문점. 정식명칭은 오봉산 옛날 두부고을이고 순두부와 청국장 같이 간단히 먹을 수 있는 것과 두부버섯전골 같이 날 잡아야 먹을 수 있는 메뉴가 있다. 두부버섯전골의 경우 식당에서, 버섯을 자라던 용기채로 가져와 즉석에서 가위로 잘라 전골에 넣어준다.

메뉴 해물순두부, 청국장 각 6천원, 두부고을정식 8천원, 두부버섯전골 소 2만2천원
위치 양주시 장흥면 교현리 342, 교현우이령 입구 버스정류장 앞   **전화** 031-829-5673

풍년고을

두부고을 건너편에 있는 식당으로 식당이름에서 부터 두부고을과 라이벌 식당임을 짐작할 수 있다. 직접 만든 두부를 가지고 순두부, 청국장 등 두부요리와 오리훈제, 오리탕 등 보신요리까지 취급하고 있다. 더구나 국산 연천 콩만을 사용한다니 두부의 고소함이 상당할 듯 하다.

메뉴 순두부, 청국장 각 6천원 내외, 오리훈제, 오리탕 4만원 내외
위치 양주시 장흥면 교현리, 두부고을 건너편   **전화** 010-6523-5238

다솜미술관/갤러리 카페

두부고을 옆 거창농원 안에 있는 미술관 겸 갤러리 카페. 거창농원에서 카페 가는 길에는 여러 조각품들이 놓여있어 야외조각공원을 방불케 하고 한적한 농원을 걷는 기분도 괜찮다. 다솜미술관 겸 갤러리 카페는 붉은 벽돌의 2층 양옥집을 개조한 것으로 안에 들어가 보니 벽에 유화작품이 걸려있다. 처음에는 카페 안에 사람이 없어 그림 구경하기다 머쓱한데 시간이 지나자 조용한 갤러리 카페를 아는 사람들 몇몇이 들어와 자리를 잡고 차를 마신다. 그림을 구경하고 커피를 시키니 주인장은 혼자만의 사색을 방해하지 않으려는 듯 조용히 커피만 놓고 간다. 주말이 아니라면 갤러리 카페를 온전히 혼자서 즐길 수 있는 곳.

메뉴 커피, 차 각 6천원 내외
위치 양주시 장흥면 교현리, 두부고을 옆 거창농원 안   **전화** 031-829-1178

생칡즙 · 익모초

풍년고을에서 남쪽으로 조금 가면 보이는 생칡즙 · 익모초 등을 파는 비닐하우스. 칡은 한방에서 갈근이라 부르며 발한과 해열에 효과가 있는 것으로 알려져 있고, 익모초(益母草)는 무월경, 생리통, 산후 출혈 등 주로 여성 질환에 좋고 습진, 가려움증 등에도 효과가 있는데 매우 쓴맛으로 유명하다. 북한산 둘레길을 걸으며 몸이 허함을 느꼈다면 이곳에 들러 칡즙이나 익모초즙을 한잔하는 것은 어떨까. 아울러 숙취해소에 좋은 헛개나무도 취급하여 주당들이 관심을 가져볼만 하다.

메뉴 칡즙, 익모초 각 1봉 1천원, 칡즙 30봉 2만원, 헛개나무, 벌나무, 마즙
위치 양주시 장흥면 교현리, 풍년고을 남쪽

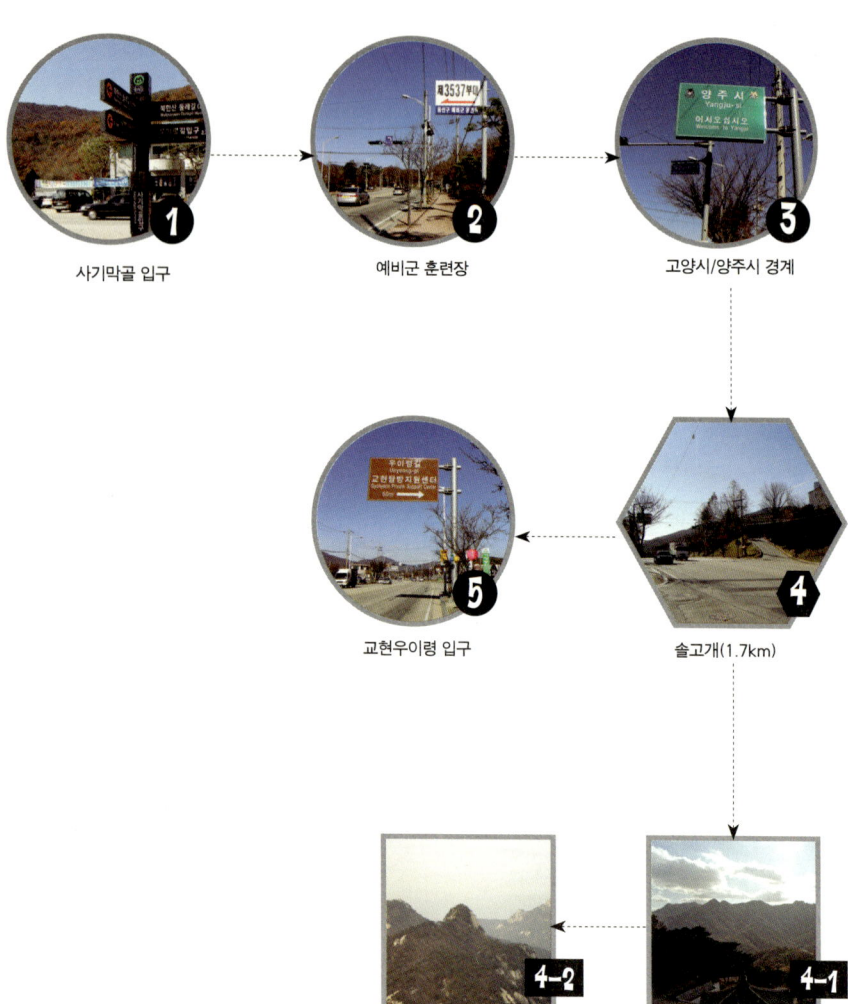

전체적으로 상장능선과 송추남능선 사이 양주와 우이동을 잇는 숲길로 이루어진 코스. 1968년 1.21 사태 이후 오랫동안 폐쇄된 까닭에 자연이 잘 보존되어 있어 걷기에 최적의 조건을 갖추고 있다. 하지만 교현우이령 입구를 출발하자마자 보이는 군부대 시설은 아직도 우이령이 옛 상처를 완전히 씻지 못하고 있음을 보여줘 안타깝다. 북쪽으로 보이는 여성봉과 오봉은 우이령길을 걷는 내내 눈을 즐겁게 하고 석굴암에서는 미처 보지 못했던 남쪽 상장능선을 한눈에 볼 수 있다. 우이령을 넘어 우이동유원지로 내려가는 길은 편안하고 수풀이 우거져 절로 콧노래가 나온다.

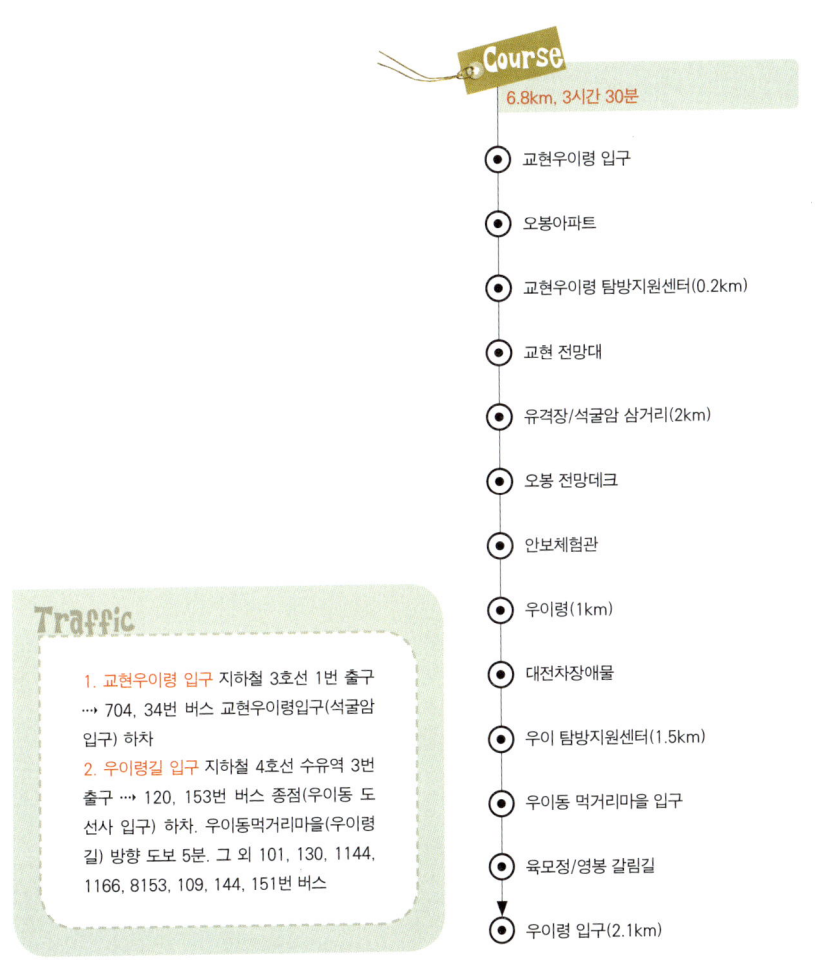

Course 6.8km, 3시간 30분

- 교현우이령 입구
- 오봉아파트
- 교현우이령 탐방지원센터(0.2km)
- 교현 전망대
- 유격장/석굴암 삼거리(2km)
- 오봉 전망데크
- 안보체험관
- 우이령(1km)
- 대전차장애물
- 우이 탐방지원센터(1.5km)
- 우이동 먹거리마을 입구
- 육모정/영봉 갈림길
- 우이령 입구(2.1km)

Traffic

1. **교현우이령 입구** 지하철 3호선 1번 출구 ⋯▸ 704, 34번 버스 교현우이령입구(석굴암 입구) 하차.
2. **우이령길 입구** 지하철 4호선 수유역 3번 출구 ⋯▸ 120, 153번 버스 종점(우이동 도선사 입구) 하차. 우이동먹거리마을(우이령길) 방향 도보 5분. 그 외 101, 130, 1144, 1166, 8153, 109, 144, 151번 버스

Walking & Trekking Spot

교현 전망대

교현우이령 입구에서 교현 탐방지원센터를 지나 처음 만나는 전망대. 교현 전망대란 이름은 저자가 붙인 이름이다. 교현 전망대에서는 북쪽으로 도봉산의 여성봉과 오봉(560m) 등이 있는 송추 남능선을 볼 수 있다. 남쪽으로는 산비탈이 가까이 있어 실감하지 못하나 상장능선이 이어진다. 바로 앞개울에는 시원한 물을 흘러, 발을 담그고 싶은 충동이 인다.

오봉산 석굴암(石窟庵)

교현 전망대를 지나 한동안 걸으면 군 유격장으로 쓰이는 넓은 땅이 보이고 이곳에서 우이령과 석굴암으로 가는 길이 갈라진다. 양주 오봉산 석굴암은 신라 문무왕 때 의상대사가 창건했고 고려 공민왕 때 나옹선사가 3년간 정진했다고 전해지는 사찰이다. 오

봉산 자락 석굴암에서 보는 상장능선과 북한산 정경이 아름답고 해마다 가을에 열리는 단풍음악제가 유명한 곳. 13)우이령길에서 석굴암을 빼놓으면 앙꼬 빠진 찐빵이다! 꼭 들러보자.

오봉 전망데크
오봉 전망데크는 북쪽 도봉선 오봉이 가장 잘 보이는 곳에 조성된 전망대다. 오봉에는 다섯 총각에 관한 전설이 내려오는데 옛날 다섯 명의 총각이 예쁜 아가씨에게 장

가가기 위해 상장능선에서 건너편 능선(송추남능선)으로 바위 던지기 시합을 해서 오봉이 생겼다고 한다. 오봉 외에 오봉 서쪽으로 여성봉, 동쪽으로 우이암이 있는 우이능선이 보인다. 오봉 전망데크 옆 황갈색의 비석은 1966년 6월에서 1967년 10월까지 우이령에서 사방공사한 것으로 기록되어 있다. 사방공사는 산비탈에서 길로 흙더미가 쏟아지지 않도록 산비탈을 정비하는 것을 말한다.

안보체험관

1968년 1월21일 북에서 내려온 김신조 일당이 침입해 세워진 벙커를 개조한 안보체험관. 김신조 일당은 우이령을 지나 북악산으로 침투했으

나 도중에 경찰과 군인과의 교전으로 대부분 사살되었다. 둥근 안보체험관에 들어가면 1층과 2층에 안보에 관한 자료가 전시되어 있다.

우이령(牛耳嶺)

경기도 양주와 서울 강북구 우이동을 이었던 옛길. 주로 양주의 농민들이 우이령을 넘어 서울로 농산물이나 땔감을 팔러 지났다. 1968년 1.21사태 이후 우이령길이 폐쇄됐다가 2009년 7월 탐방객수 제한을 조건으로 개방되었다. 우이령길은 오랫동안 폐쇄된 까닭에 자연이 원형 그대로 보존되어 있어 걷기 코스로는 최상의 조건을 가지고 있다.

대전차장애물

우이령 정상에 있는 전차 방어 콘크리트 장애물. 우이령길이 북쪽에서 볼 때 서울로 진입하는 가장 빠른 길이어서 유사시 적 전차의 출입을 막기 위한 콘크리트 장애물이 설치되어 있다. 대전차장애물 주위에는 한국전쟁 당시 미군에 의해 우이령길이 넓혀져 작전도로

가 되었다는 표지가 있어 전쟁의 상흔을 느끼게도 한다. 대전차장애물 옆 작은 시멘트 비석은 한국전쟁 당시 미군이 우이령을 작전도로로 개통시킨 것을 전하고 있다.

W&T Plus

우이령길 탐방예약제

우이령길은 자연생태보호를 위해 인터넷과 전화를 통한 탐방예약제를 실시하고 있다. 교현 500명, 우이 500명 등 1일 1천명으로 탐방객을 제한한다. 우이령길 입장은 09:00~14:00, 퇴장시간은 16:00까지. 북한산 국립공원 우이령 탐방신청 http://www.knps.or.kr/knpshp/visit/reservation/uir.jsp란이나 교현 탐방지원센터 031-855-6559, 우이 탐방지원센터 02-998-8365로 신청하면 된다. 주말이나 공휴일에는 조기 마감되니 미리 신청해야 하고 방문당일 신분증을 지참해야 한다. 교현 탐방지원센터의 경우, 여유인원에 따라 당일현장입장을 실시하고 있으나 그때마다 상황이 달라지므로 인터넷 예약을 하는 것이 바람직하다.

Course Map

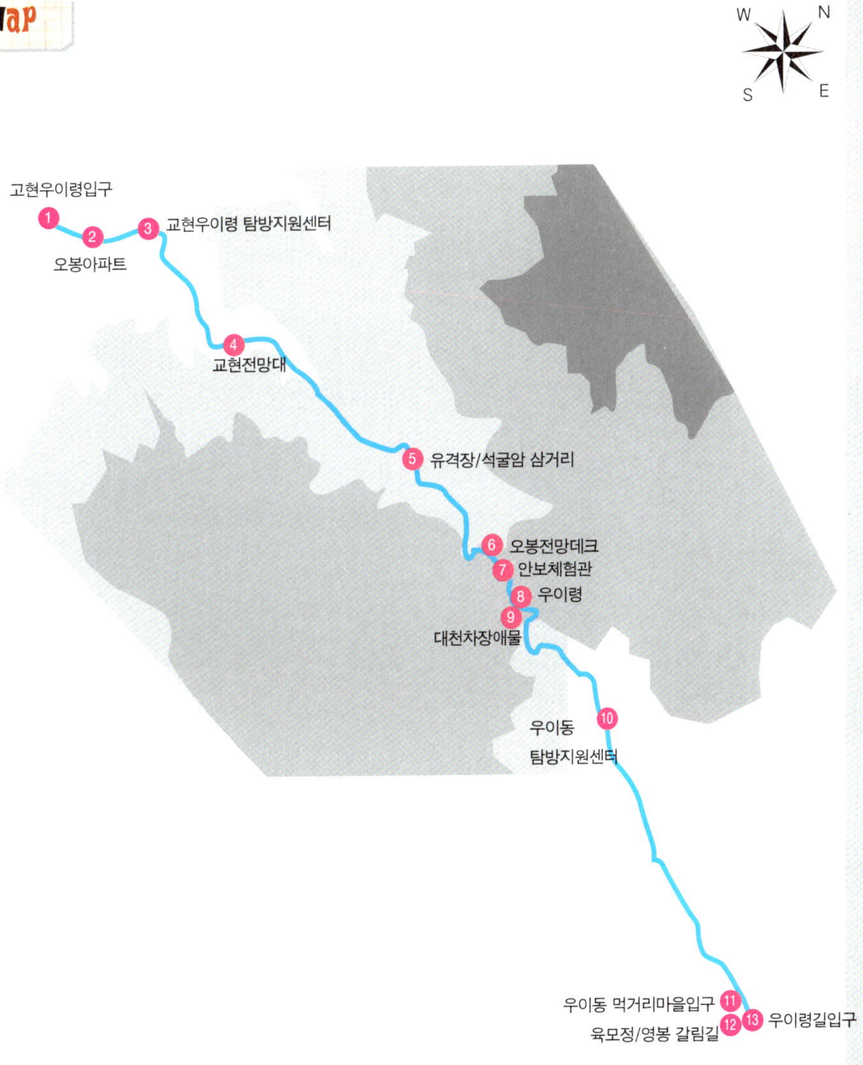

- ① 고현우이령입구
- ② 오봉아파트
- ③ 교현우이령 탐방지원센터
- ④ 교현전망대
- ⑤ 유격장/석굴암 삼거리
- ⑥ 오봉전망데크
- ⑦ 안보체험관
- ⑧ 우이령
- ⑨ 대천차장애물
- ⑩ 우이동 탐방지원센터
- ⑪ 우이동 먹거리마을입구
- ⑫ 육모정/영봉 갈림길
- ⑬ 우이령길입구

 Information

북한산 둘레길 탐방안내센터	02-900-8585
교현 탐방지원센터	031-855-6559
우이 탐방지원센터	02-998-8365
총거리	6.8km
총소요시간	3시간 30분
총소요칼로리	546kcal
난이도	초급

Restaurant & Cafe

미림산장

예전 서울의 대표적인 피서지인 우이동유원지 내에 있는 전형적인 산아래 식당. 우이동유원지의 명성이 예전 보단 못하나 아직도 한여름이면 물가 자리를 구하기 힘들다. 사람 수에 따라 2~3만원 정도 예산을 잡으면 토종닭에 더덕구이, 부침개 등을 푸짐하게 먹을 수 있다. 커다란 상을 머리에 이고 오는 아저씨의 묘기를 보는 것도 색다르다.

메뉴 한정식, 왕갈비, 토종닭, 오리로스, 더덕구이
위치 강북구 우이동 292, 우이동먹거리마을 내   전화 02-993-3330

백란

미림산장에서 우이령 입구로 조금 내려간 곳에 있는 산아래 식당. 여느 식당처럼 한정식, 토종닭, 오리탕은 기본. 그중에서 한정식을 저렴하고 푸짐하게 내고 있어 눈길을 끈다. 한 끼 식사로 토종닭이나 오리탕이 부담스럽다면 백란의 한정식을 찾아보는 것은 어떨까.

메뉴 한정식 1인분 1만2천원, 토종닭, 오리탕
위치 강북구 우이동, 우이동먹거리마을 내   전화 02-993-7745

산에는 꽃이 피네

우이동먹거리마을 앞, 영봉/육모정 갈림길에 있는 산아래 식당. 우이동 유원지 내에 있는 식당보다는 간단히 먹을 수 있는 메뉴가 있어 반갑다. 다양한 산채가 나오는 산채비빔밥이나 구수한 목살콩비지, 시골 어머니 손맛이 느껴지는 시골청국장은 한 끼 식사로 적당하다. 북한산 둘레길을 걸었거나 산행을 한 뒤에는 파전에 동동주나 막걸리를 마시기도 좋은 곳.

메뉴 산채비빔밥, 목살콩비지, 시골청국장, 파전, 동동주
위치 강북구 우이동 210-1, 우이동먹거리마을 앞   **전화** 02-998-7776

조기천 양고기

우이동 식당가에서 색다른 먹거리를 원한다면 찾아볼만한 양고기전문점. 흔하지 않은 양고기를 한국 사람의 입맛에 맞게 조리하여 내놓고 있다. 간단한 곰탕부터 갈비찜정식, 허브양념갈비까지 다양한 메뉴가 있어 양고기를 색다르게 맛볼 수 있다.

메뉴 해장국, 곰탕 각 5천원, 갈비찜정식 7천원, 목심, 허브양념갈비 각 9천5백원
위치 강북구 우이동 4-1, 우이령길 입구 아래   **전화** 02-900-3339

석굴암(0.7km)

육모정(0.9km)/
영봉(3.5km)

우이령 입구(2.1km)

우이 탐방지원센터(1.5km)

우이동 먹거리마을 입구

육모정/영봉 갈림길

enjoy walking!

먹고 쉬고 걸으며
여유를 만나다.

북한산 오름길

북한산 오름길은 크게 북한산과 도봉산으로 나눌 수 있다. 북한산에는 백운대, 만경대, 인수봉과 같이 북한산을 대표하는 세 봉우리가 있어 옛날에는 삼각산으로 불리기도 했다. 북한산은 북한산의 연봉들을 따라 북한산성이 쌓여 북쪽에서 침입하는 적을 막는 역할을 했고 북한산성 안에는 행궁(지)이 있어 위급 시 임금이 대피할 수 있도록 했다. 도봉산에는 자운봉, 만장봉, 선인봉과 같이 도봉산을 대표하는 봉우리가 있고 자운봉에서 북쪽 사패산 쪽으로는 깎아지른 암벽능선인 포대능선으로 유명하다. 북한산과 도봉산을 구분하자면 우이령길을 사이로 북한산은 남쪽, 도봉산은 북쪽이다.

백운대 코스

Traffic

1. **백운 탐방지원센터** 지하철 4호선 수유역 3번 출구 ⋯➤ 120, 153번 버스 종점(우이동 도선사 입구) 하차. 버스 종점에서 도선사광장까지 도보 20분. 그 외 101, 130, 1144, 1166, 8153, 109, 144, 151번 버스 우이동 도선사 입구 하차.

도선사광장의 백운대 탐방지원센터에서 백운대까지는 돌길과 하루재 같은 언덕길이 섞여있는 코스. 백운대 코스는 북한산을 오르는 가장 대표적인 코스이다. 백운대 탐방지원센터에서 산으로 오르면 바로 조막돌로 다져놓은 돌길이 나타난다. 혹자는 돌길이 미끄러지지 않아 좋다고 하고 다른 혹자는 무릎이 아파 싫다고도 하는데 북한산 자체가 화강암이 많은 돌산이어서 바닥에 돌이 많은 것은 어쩌면 당연한 일이다. 돌길을 걷다가 처음 만나게 되는 하루재는 이름과 달리 쉬엄쉬엄 오르다보면 무리 없이 오를 수 있고 언덕에 올랐으니 그 다음은 내리막으로 북한산경찰산악구조대까지 이어진다. 이곳에서 한숨을 돌린 뒤 발걸음을 옮겨 백운대피소를 지나 위문에 도착하면 백운대 정상이 멀지 않다. 위문에서 백운대까지는 아찔한 바위길이나 철계단과 쇠줄이 잘 설치되어 있어 누구라도 정상에 다다를 수 있다.

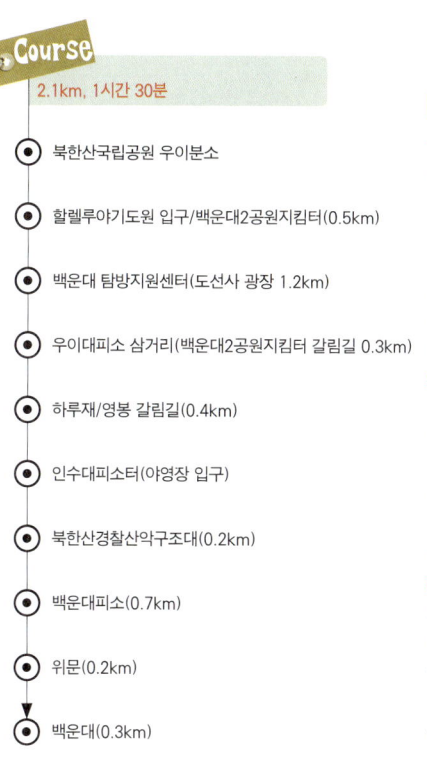

Course
2.1km, 1시간 30분

- 북한산국립공원 우이분소
- 할렐루야기도원 입구/백운대2공원지킴터(0.5km)
- 백운대 탐방지원센터(도선사 광장 1.2km)
- 우이대피소 삼거리(백운대2공원지킴터 갈림길 0.3km)
- 하루재/영봉 갈림길(0.4km)
- 인수대피소터(야영장 입구)
- 북한산경찰산악구조대(0.2km)
- 백운대피소(0.7km)
- 위문(0.2km)
- 백운대(0.3km)

※ **하산 코스**

1. 백운대 탐방지원센터(도선사 광장) 방향
1.9km, 1시간 20분, 336kcal
백운대→위문(0.3km)→백운대피소(0.2km)→북한산경찰산악구조대(0.7km)→하루재/영봉 갈림길(0.2km)→우리대피소삼거리(백운대2공원지킴터 갈림길 0.4km)→백운대 탐방지원센터(도선사 광장 0.3km) [→할렐루야기도원 입구/백운대2공원지킴터(1.2km)→북한산국립공원 우이분소(0.5km)]

2. 용암문-도선사 방향
2.8km, 2시간, 504kcal
백운대→위문(0.3km)→노적봉(0.6km)→용암문(0.6km)→도선사(1.1km)→용암문공원지킴터→도선사광장(0.2km) [→할렐루야기도원 입구/백운대2공원지킴터(1.2km)→북한산국립공원 우이분소(0.5km)]

3. 대서문-북한산성 탐방지원센터 방향
3.8km, 2시간 30분, 630kcal
백운대→위문(0.3km)→대동문 갈림길(0.1km)→약수암 터(0.5km)→대동사→원효봉 갈림길(0.6km)→보리사(등운각 0.7km)→대서문→북한산성 탐방지원센터(1.6km)

Walking & Trekking Spot

하루재

백운대 탐방지원센터에서 산을 오르기 시작해 백운대 2공원지킴터 갈림길을 지난 뒤에 나오는 고개가 하루재다. 재가 높아 오르는 데 하루가 걸린다고 해서 붙여진 이름. 예전에는 전차 종점인 돈암동에서 미아리고개를 넘어 수유동을 거쳐 우이동까지 온 뒤 본격적인 산행이 시작되었을 것이니 시간이 꽤 걸렸을 것이다. 더구나 우이동에서 도선사광장까지는 지금처럼 도로가 아닌 산길이어서 더욱 오르는데 시간이 소요되었을 듯. 우이동에서 도선사광장까진 약 1.5km. 하루재에서 북동쪽으로 오르면 영봉, 남서쪽으로 오르면 현재 자연휴식년제 중인 깔딱고개, 서쪽으로 가면 백운대 방향이다.

북한산경찰산악구조대

백운대피소와 하루재 사이에 있었던 인수대피소는 근년에 철거되었고 그 대신 인수대피소 조금 위에 북한산경찰산악구조대가 자리 잡고 있다. 물론 경찰산악구조대는 산장역할을 하지 않으나 지나는 길에 들러 잠시 쉬어갈 수는 있다. 북한산경찰산악구조대는 북한산 일대에서 벌어지는 산악사고에 대비해 언제든 신속한 출동을 준비하고 있고, 북한산 등산정보를 들을 수도 있다(02-904-4360).

백운대피소

북한산에 남은 유일(?)한 대피소 겸 산장. 위문을 얼마 남겨두지 않은 거리에 자리 잡은 백운대피소에서는 국수 같은 간단한 음식이나 비스킷 등을 팔고 있어 먹거리 준비 없이 온 사람들에게 환영을 받고 있다. 갑작스런 북한산의 기상변화시 잠시 들러 안정을 취하고 가기 좋은 곳.

위문(衛門)

백운대와 만경대 사이에 있는 암문으로 북한산성의 여러 암문 중 하나. 해발 725m에 있어 북한산 암문 중 가장 높은 곳에 위치해 있다. 일명 백운동암문이라고도 한다. 누대가 있고 규모가 큰 대문과 달리 누대가 없고 규모가 작은 암문(暗門)은 성곽의 후미진 곳에 위치해 비상시 물자보급통로나 군사들의 출입로로 사용되었다.

백운대(白雲臺)

인수봉, 만경대와 함께 북한산을 대표하는 봉우리로 강북구와 고양시의 경계에 위치해 있다. 높이는 837m이고 화강암 암반이 노출된 봉우리는 멀리서도 확연히 눈에 띄고 백운봉이라고도 한다. 백운대 정상에 서면 북으로 도봉산의 오봉과 자운봉, 만장봉, 신선봉, 동으로 수락산, 불암산, 서로 구파발, 송추 일대, 남으로 북한산 연봉들이 한눈에 들어온다. 백운대로 오르는 기점은 동쪽의 우이동 백운대 탐방지원센터, 서쪽의 진관내동 북한산성 탐방지원센터, 효자동 밤골공원지킴터 등이 있다.

북한산 3·1운동 암각문

백운대 정상 태극기 게양대 옆 바닥에 새겨진 글귀가 보인다. 이 글귀는 독립운동가 정재용선생이 3·1운동의 역사적 사실을 후대에 전하기 위해 기록한 것이다. 암각문의 내용은 독립선언문이 기미년 2월 최남선 선생에 의해 작성됐고 3월1일 탑골공원에서 자신이 독립선언만세를 외쳤다는 것이다. 정재용선생은 실제 3월1일 전날 밤 서울역에서 100장의 독립선언서를 원산교회에 보내주고 남은 1장을 가지고 3월1일 탑골공원에서 이를 낭독했다.

인수봉(仁壽峰)

백운대 북쪽에 있는 거대한 화강암 암봉으로 백운대, 만경대와 함께 북한산의 주봉 중 하나다. 높이는 810m로 한국에서 가장 유명한 암벽등반 중심지라고 할 수 있다. 인수봉은 장비를 갖춘 전문 암벽등반가들만 오를 수 있다. 백운대에서 거대한 화강암 암봉에 붙은 개미만한 등반가들을 구경하는 것도 특별한 재미다.

만경대(萬景臺)

백운대 남동쪽에 있는 봉우리로 백운대, 인수봉과 함께 북한산 주봉 중 하나다. 높이는 800m로 만경봉, 만수봉, 국망봉이라고도 불린다. 국망봉이란 이름은 조선 초 무학대사가 한양도성 자리를 찾을 때 이곳에 올라 살펴봤다는 것에서 유래된 것. 만경대 정상은 거대한 바위로 된 백운대, 인수봉과 달리 큰 바위가 갈라진 잔 바위가 많은 게 특징으로 고려시대인 1375년 우왕 1년에 큰 비로 봉우리가 무너진 기록이 있고 조선시대인 1597년 선조 30년에도 산에서 우레와 같이 우는 소리가 들렸다는 것으로 보아 또 한차례 봉우리가 무너진 것으로 추측된다.

Restaurant & Cafe

아구와 코다리찜

우이동 버스종점 아래에 있는 횟집 느낌의 한식집. 수조가 있고 깔끔한 횟집 분위기는 아니나 나오는 음식은 횟집에서 보던 것과 비슷하다. 물론 메뉴도 횟집에서 보던 것이 많이 있으나 가격이 적당해 주문하는데 부담이 적다. 음식 맛은 대체로 깔끔하여 입맛에 맞고 접대를 하는 주인장도 친절하다.

메뉴 동태찌개, 생선구이 각 6천원, 코다리찜 1인분 8천원, 아귀찜 중 2만5천원
위치 강북구 우이동 버스종점 아래   전화 02-987-8687

시인의 마을

북한산국립공원 탐방지원센터 중에는 시집이나 책을 빌려볼 수 있는 시인 마을이 있다. 산행 중에 잠시 짬을 내어 시의 세계에 빠져보자는 취지일 것이다. 그 때문일까 우이동에는 예전부터 이생진, 임보, 채희문, 홍해리 같은 시인과 문인들이 많이 살고 있다고 하고 우이동 도봉도서관에서는 매달 마지막 토요일 우이동 시낭송회가 열리기도 한다. 우이동 버스종점 아래 시인의 마을은 카페 겸 호프지만 시를 아는 사람들이 모여 즐거운 한때를 보는 곳. 우이동의 왁자지껄한 식당가도 좋지만 통기타 음악이 흐르는 시인의 마을에서 맥주 한잔을 놓고 걷기와 산행을 정리해 보는 것은 어떨까.

메뉴 커피, 맥주, 칵테일, 위스키, 샌드위치, 돈가스
위치 강북구 우이동 버스종점 아래

송원보쌈칼국수

오랜만에 북한산 둘레길 걷기와 산행을 한 뒤 출출해졌다면 영양보충을 위해 찾기 좋은 보쌈집. 잘 삶아진 돼지수육이 먹음직하고 싱싱한 굴은 미각을 돋운다. 돼지수육과 함께 먹을 채소는 쌈밥집 채소를 연상시킬 정도로 다양하고 푸짐하다. 아울러 각자 한 그릇씩 나오는 들깨우거지 된장국은 고기의 느끼함을 일시에 가시게 한다. 보쌈과 함께 팥칼국수도 별미다.

메뉴 칼국수 6천원, 보쌈 소 2만6천원
위치 강북구 우이동 버스종점 아래   전화 02-905-2223

금천옥

경기도 소래읍에서 소머리국밥으로 이름을 날리던 45년 전통의 설렁탕집. 소래 소머리국밥집이 본점이고 우이동 금천옥이 분점정도 되겠다. 진한 소뼈 육수에 살살 녹는 소고기 수육은 금세 밥 한 그릇을 비우게 한다.

메뉴 설렁탕 6천원, 갈비탕 9천원, 도가니탕 1만2천원, 접시수육 2만5천원
위치 강북구 우이동 5-1, 송원보쌈칼국수 건너편   전화 02-904-5191/02-904-5193

Course Map

1. 북한산국립공원 우이분소
2. 할렐루야기도원입구
3. 백운대 탐방지원센터
4. 우이대피소 삼거리
5. 하루재/영봉갈림길
6. 인수대피소터
7. 북한산경찰산악구조대
8. 백운대피소
9. 위문
10. 백운대

Information

북한산국립공원 우이분소	02-997-8365
총거리	2.1km
총소요시간	1시간 30분
총소요칼로리	378kcal
난이도	중급

W&T Plus

영봉-육모정 고개(우이능선)

하루재에서 백운대로 가는 길과 영봉으로 가는 길이 갈라진다. 하루재에서 얼마간 가파른 바윗길을 오르면 높이 604m의 영봉에 다다른다. 만경대에서 영봉을 지나 육모정 고개를 잇는 구간은 우이능선으로 불리기도 한다. 영봉에서는 남쪽으로 인수봉의 모습이 가장 잘 보이고 그 뒤로 이어진 북한산 연봉들의 모습도 일품이다. 북쪽으로는 육모정 고개, 상장능선이 보이고 멀리 도봉산 오봉, 자운봉, 신선봉, 만장봉까지 눈에 들어온다. 백운탐방지원센터에서 하루재를 거쳐 가는 길이나 우이동먹거리마을 입구를 지나 영봉/육모정으로 가는 갈림길, 우이동먹거리마을 안 월벽교 옆 샛길로 올라갈 수 있다.

Course 2.3km, 1시간 30분, 378kcal, 초급 코스
[북한산국립공원 우이분소 →할렐루야기도원 입구/백운대2공원지킴터(0.5km)→] 백운탐방지원센터→백운대2공원지킴터 갈림길(0.3km)→하루재(0.4km)→영봉(0.3km)→육모정 고개(1.3km)

하산코스 1.3km, 1시간, 252kcal
육모정 고개→용덕사→법안사 갈림길→육모정공원지킴터(1.3km)〈→(우이동먹거리마을 내 월벽교/→우이동먹거리마을 입구 육모정/영봉 갈림길)〉

Visual Course

북한산국립공원 우이분소

할렐루야기도원 입구/백운대2공원지킴터 (0.5km)

백운대 탐방지원센터(도선사 광장)

인수대피소터(야영장 입구)

하루재/영봉 갈림길(0.4km)

우이대피소 삼거리
(백운대2공원지킴터 갈림길 0.3km)

북한산경찰산악구조대(0.2km)

백운대피소(0.7km)

위문(0.2km)

영봉(0.3km)

육모정고개(1.3km)

백운대2공원지킴터
(1.5km)

대동문/대서문

백운대(0.3km)

W&T TiP

북한산

강북구 우이동과 은평구 진관동 사이에 위치한 산으로 강북구, 성북구, 종로구, 도봉구, 은평구, 경기도 고양시, 양주시 등과 접해있다. 예부터 백두산, 금강산, 묘향산, 지리산 등과 함께 다섯 개의 큰 산인 오악(伍嶽)으로 꼽혔다. 북한산은 서울에서 불과 10여km 밖에 떨어져 있지 않아 서울 같은 대도시 사람들의 귀한 쉼터가 되고 있다. 이 때문에 1983년에 도봉산과 더불어 북한산이 국립공원으로 지정보호되고 있다.

북한산(北漢山)이란 이름은 옛서울의 명칭인 한성(漢城) 북쪽에 있는 산이라 붙여진 것이고 북한산의 옛 이름은 삼각산(三角山)이다. 삼각산이라 불리게 된 까닭은 북한산의 주봉인 백운봉(백운대 836.5m), 인수봉(810.5m), 만경봉(만경대 799.5m)의 세 봉우리(삼각)가 있기 때문이다. 그래서 지금도 북한산 자락의 산사에 가보면 삼각산 OO사라고 적힌 것을 볼 수 있다.

북한산의 봉우리는 백운대, 인수봉, 만경대의 세 주봉을 중심으로 북쪽으로 영봉과 상장봉, 서쪽으로 염초봉, 원효봉, 남쪽으로 용암봉, 시단봉, 보현봉, 문수봉이 있다. 다시 문수봉을 중심으로 북서쪽으로 나한봉, 나월봉, 증취봉, 용혈봉, 의상봉 등이 이어진다. 이렇듯 백운대에서 시작해 남쪽으로 이어진 봉우리가 문수봉을 거쳐 북서쪽으로 이어져 원효봉에 이르는 원형을 형성하고 있는데 이들 연봉을 따라 쌓은 것이 북한산성이다. 북한산성 안에는 북한동 마을과 행궁 터 등이 있다.

대표적인 북한산 봉우리들

원효봉(505m), 염초봉(662m), 백운대(백운봉 837m), 인수봉(810m), 만경대(만경봉, 국망봉 800m), 노적봉(716m), 영봉(604m), 상장봉(534m), 용암봉(617m), 시단봉(640m), 문필봉, 장군봉, 석가봉(칼바위 정상), 비봉(560m), 보현봉(714m), 형제봉(462m), 문수봉(727m), 승가봉, 향로봉(535m),

족두리봉(수리봉 370m), 나한봉(706m), 나월봉(635m), 증취봉(593m), 용혈봉(581m), 용출봉(571m), 의상봉(485m), 응봉(333m)

대표적인 북한산 능선들
원효선, 사기막능선(숨은벽능선), 밤골능선(염초봉능선), 상장능선, 우이능선, 백운봉주능선, 산성주능선, 북장대능선(노적봉능선), 진달래능선, 칼바위능선, 형제봉능선, 대성능선, 남장대능선, 비봉능선, 향로봉능선, 사자능선, 족두리봉 남능선, 족두리봉 북서능선, 용출봉능선, 나월봉능선, 의상능선, 기자촌능선

대표적인 북한산 바위들
사모바위(비봉능선), 코끼리바위(향림단 약수터부근), 족두리바위(만경대와 하루재 사이), 해골바위(영봉과 육모정 사이), 병풍바위(노적봉과 용암봉 사이), 우이암(우이동), 두꺼비바위(국녕사 오른쪽 산비탈), 칼바위(칼바위능선)

대표적인 북한산 계곡들
우이계곡(우이동), 구천계곡(수유동), 정릉계곡(정릉), 구기계곡(구기동), 평창계곡(평창동), 진관사계곡(진관동), 삼천사계곡(진관동), 북한산성계곡(진관내동), 효자리계곡(효자동)

대표적인 북한산 폭포들
구천폭포(수유동), 개연폭포(북한동), 동령폭포(세검정/평창동)

ⓞ2 소귀천 코스

Traffic

1. **소귀천공원지킴터** 지하철 4호선 수유역 3번 출구 ⋯▶ 120, 153번 버스 종점(우이동 도선사 입구) 하차. 버스 종점에서 할렐루야기도원 안으로 들어가 다리 건너 소귀천계곡을 조금 올라가면 있다. 도보 20분. 그 외 101, 130, 1144, 1166, 8153, 109, 144, 151번 버스 우이동 도선사 입구 하차.

계곡길과 능선길이 절반씩 섞여 있고 능선길은 북한산성을 따라 가는 산성길인 코스. 소귀천공원지킴터는 할렐루야기도원 안으로 통하는 길을 지나 다리를 건너 조금 올라간 곳에 있고 길은 이내 소귀천계곡길로 이어진다. 가을 소귀천계곡길이 최고의 풍경을 보여주나 가을이 아니면 어떠하랴. 계곡길의 끝에는 웅장한 대남문이 우뚝 서 있고 이제부턴 북한산성을 따라가는 길로 동장대를 거쳐 곡장을 보고 나면 어느새 목적지인 용암문에 다다른다. 용암문에서 도선사가 있는 용암문공원지킴터까지는 내려가는 발걸음이 가볍고, 하산 후 도선사를 지나치면 소귀천 코스를 봤다고 할 수 없으니 꼭 도선사를 둘러보시라.

Course

3.9km, 2시간 30분

- 북한산국립공원 우이분소
- 할렐루야기도원 입구/백운대2공원지킴터(0.5km)
- 소귀천공원지킴터
- 용천수
- 용담수
- 진달래능선 갈림길 하(0.7km)
- 소귀천계곡
- 진달래능선 갈림길 상(1.5km)
- 대동문(0.2km)
- 동장대(0.5km)
- 곡장
- 북한산대피소(0.8km)
- 용암문(0.2km)

※ 하산 코스

1.1km, 1시간, 126kcal

용암문→용암문공원지킴터(1.1km) [→백운대 탐방지원센터(도선사 광장)→할렐루야기도원/백운대2공원지킴터(1.2km)→북한산국립공원 우이분소(0.5km)]

Walking & Trekking Spot

소귀천계곡

진달래능선과 용암문-도선사 길 사이에 있는 계곡으로 물줄기는 대동문 부근에서 발원한다. 소귀천은 우이천(牛耳川)이란 한자말을 풀어쓴 것이다. 소귀천계곡은 북쪽 하루재 부근에서 발원한 물줄기와 할렐루야기도원 부근 무당골에서 합쳐져 우이계곡을 이룬다. 소귀천계곡은 물줄기가 작고 잔잔해 아이들이 물장구치기 좋고 가을이면 진달래능선 북쪽 사면에 드는 단풍이 일품이다.

대동문(大東門)

북한산 북한산성의 14개 성문 중 하나로 1711년 숙종 37년 산성을 쌓을 때 함께 만들어졌다. 동쪽 성문으로 동장대와 보국문 사이에 위치하고 산 아래에서 보면 진달래능선이 끝나는 해발 430m 지점에 자리 잡고 있다. 대동문 문루에 서면 동쪽으로 우이동과 수유동 일대, 서쪽으로 북한산성 안 방향, 북쪽으로 동장대, 남쪽으로 보국문 방향 풍경이 확연히 들어온다. 현재의 문루와 여장은 1993년에 복원한 것. 여장(女墻) 장은 문루에 밖 낮은 담장으로 군사들이 몸을 은폐하며 공격과 수비를 하기위해 만들었다.

동장대(東將臺)

북한산성 축조 당시 있었던 북장대, 동장대, 남장대 등 3곳의 군사지휘소 중 하나. 용암문과 대남문 사이 시단봉(柴丹峯) 위에 위치해 있고 2층 망루로 되어 있어 동서남북 조망이 좋다. 장대(將臺)는 장군이 군졸을 지휘하던 곳을 말한다. 소실되어 없어진 것을 1996년 복원하였다.

곡장(曲墻)

동장대에서 산성을 따라 조금 가니 언덕으로 삐쭉 나온 산성을 볼 수 있는데 이를 곡장이라고 한다. 산성을 쌓을 때 적의 침입에 대비하여 산성의 일부를 굴곡지게 하여 공격과 수비에 용이하게 만든 것이다. 곡장은 대개 전망 좋은 언덕에 설치하므로 곡장에 서면 주위를 조망하기 좋다.

북한산대피소

용암문과 동장대 사이에 있는 능선 넓은 곳에 있었던 대피소. 지금은 대피소 건물이 철거되고 그늘막과 화장실이 있는 쉼터로 변모하였다. 북한산대피소에서는 북쪽으로 용암문, 남쪽으로 동장대, 서쪽으로 태고사 방향으로 갈 수 있다.

용암문(龍巖門)

북한산성 축조시 만들어졌던 6개의 암문 중의 하나. 용암봉 아래 있어 용암봉암문으로도 부르고 산성 안과 우이동을 연결한다. 성문과 암문을 구별하는 방법은 문루가 성문에는 있고 암문에는 없으며, 문 모양이 성문은 둥근 홍예형(虹預形), 암문은 사각의 방형(方形)이라는 것이다. 용암문 위의 여장은 1996년에 복원한 것이다.

도선사(道詵寺)

신라 말 862년 경문왕 2년에 고승 도선에 의해 창건된 사찰. 도선은 이곳의 산세가 1천년 뒤 말법시대에 불법을 다시 일으킬 곳이라 여겨 절을 세웠다고 한다. 1903년에는 고종의 명으로 혜명스님이 대웅전을 중건했고 1904년 국가기원도량으로 지정되었다. 도선의 예언 때문인지 근년에 도선사는 북한산 사찰을 대표하는 대사찰로 거듭났다. 대웅전 뒤에 있는 도선사 마애불입상은 서울시 유형문화재 제34호로 도선이 큰 바위를 갈라 조각했다고 전해진다. 해마다 부처님 오신 날이나 입시철이 되면 마애불입상 앞에서 기원을 드리는 사람들이 많다.

Restaurant & Cafe

토속음식점 산
할렐루야기도원 아래 항아리와 장승, 나뭇가지 등으로 꾸며진 전형적인 산아래 식당. 백운대나 소귀천계곡으로 갈 때 옆을 지나게 되는데 저녁 무렵 연통으로 나오는 장작 때는 연기는 산행으로 허기진 배를 더 고파지게 한다. 간단한 된장찌개부터 파전, 닭백숙까지 다양한 메뉴가 있고 커피, 유자차 같은 음료 메뉴도 많다.
메뉴 산정식 된장찌개 5천원, 매생이해장국 6천원, 닭백숙 4만원, 오리탕 4만5천원
위치 강북구 우이동, 할렐루야기도원 아래

산촌장작구이
토속음식점 산에서 우이계곡을 따라 내려오면 북한산국립공원 우이분소 아래 건너편에 있는 고기구이전문점. 주로 단체손님이 많은 곳으로 간단한 식사보다는 삼겹살, 오리, 소갈비 같은 고기구이를 취급한다. 오가면 흘러나오는 고기냄새는 발걸음을 자연스레 음식점 안으로 이끈다.
메뉴 도토리묵 1만원, 삼겹살 9천원, 오리장작구이 3만5천원, 소왕갈비 2만5천원
위치 강북구 우이동, 북한산국립공원 우이분소 아래 건너편 **전화** 02-997-5085

산두부집

산아래 식당만큼 많은 식당이 산부두 식당인데 저마다 직접 만든 두부로 맛을 낸다고 하니 믿어볼 밖에. 산두부집 역시 맛있는 두부요리를 한다고 알려진 집이다. 두부요리의 기본이 되는 콩비지, 순두부, 청국장 등은 깔끔한 맛을 내고 정결한 반찬은 어머니 손맛이 난다. 간단히 식사하려면 콩비지, 순두부, 여럿이 왔다면 두부보쌈이나 두부해물전골을 시키면 될 듯 하다.

메뉴 콩비지, 순두부, 청국장 각 6천원, 두부보쌈, 두부해물전골 중 각 2만5천원
위치 강북구 우이동, 산촌장작구이 아래 **전화** 02-903-3532

술 익는 고을

양옥건물에 나무지붕을 달고 항아리와 장승으로 옛 멋을 낸 민속주점 겸 식당. 황태국밥, 산채비빔밥 같은 간단히 먹을 수 있는 메뉴와 닭백숙, 오리탕 같은 몸보신 메뉴까지 다양하게 갖추고 있다. 산채비빔밥은 항아리 뚜껑에 원형으로 깔아놓은 오색 채소가 예뻐 미처 고추장을 넣고 비벼먹기 꺼려지나 보리밥과 함께 쓱쓱 비벼놓으면 사각거리는 것이 산채비빔밥의 제 맛을 느낄 수 있다.

메뉴 황태국밥, 산채비빔밥 각 5천원, 돼지 참나무장작구이 1만2천원, 닭백숙 3만5천원
위치 강북구 우이동 182-5, 산두부집 아래 우이동 버스종점 못 미쳐. **전화** 02-904-9256

Course Map

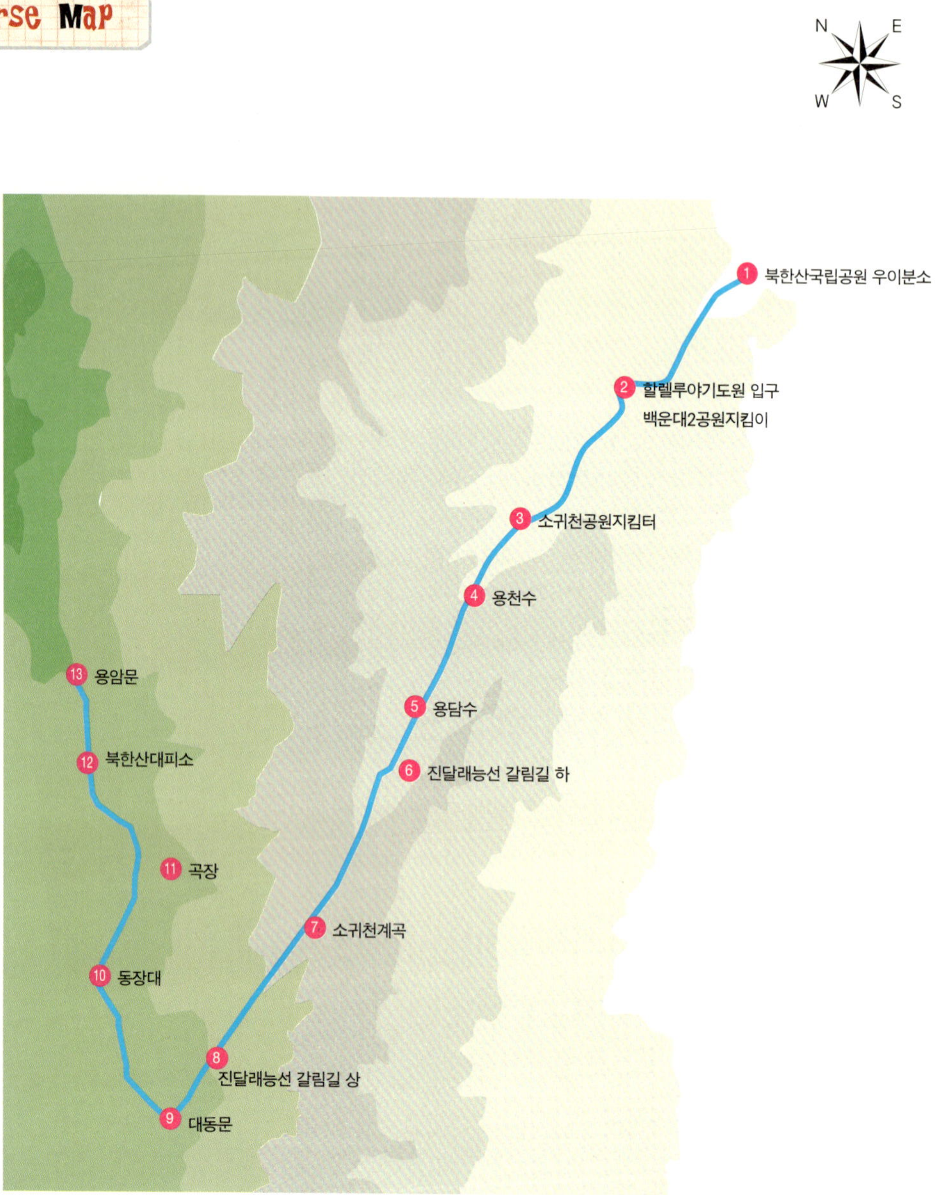

① 북한산국립공원 우이분소
② 할렐루야기도원 입구 / 백운대2공원지킴이
③ 소귀천공원지킴터
④ 용천수
⑤ 용담수
⑥ 진달래능선 갈림길 하
⑦ 소귀천계곡
⑧ 진달래능선 갈림길 상
⑨ 대동문
⑩ 동장대
⑪ 곡장
⑫ 북한산대피소
⑬ 용암문

 **Information**

북한산국립공원 우이분소	02-997-8365
총거리	3.9km
총소요시간	2시간 30분
총소요칼로리	630kcal
난이도	중급

W&T Plus

백두산 랜드

우이동 도선사 입구 버스종점 건너편에 있는 사우나. 정식명칭은 백두산 랜드이나 건물 상단에 백두산 한증막 사우나, 입구에 백두산 비취, 자수정 랜드라고 헷갈리게 적혀있다. 산행 후 따뜻한 물로 샤워하고 사우나 하는 것 만큼 즐거운 일이 또 있을까. 여기에 시원한 식혜나 맥주 한잔을 하면 더할 나위가 없다. 사우나로 부족한 사람은 장작불가마에서 몸을 지져도 좋고 그래도 풀리지 않는다면 지압을 받아도 좋으리라.

요금 성인 5천원 위치 강북구 우이동 18-40, 우이동 도선사 입구 버스종점 건너편 전화 02-995-7676

노적봉

만경봉(만경대) 서남쪽에 있는 볼록한 봉우리로 높이는 716m. 노적봉(露積峰)이란 이름은 생긴 모양이 볏단을 쌓아놓은 노적가리와 비슷하다고 하여 붙여진 것. 노적봉에는 임진왜란 당시 보살이 현신하여 왜군을 물리치게 해주었다는 전설이 전해진다.

Course
1) 백운대 탐방지원센터/북한산성 탐방지원센터 방향
   백운대 탐방지원센터(우이동)/북한산성 탐방지원센터(은평구 진관동)-위문-만경대-노적봉
2) 용암문공원지킴터 방향
   도선사-용암문공원지킴터-용암문-노적봉

보국문/수유분소(북한산
둘레길탐방안내센터)

노적봉(0.6km)

진달래능선(0.2km)

태고사 방향

용암문(0.2km)

진달래능선

동장대(0.5km)

곡장

북한산대피소(0.8km)

소귀천 코스 225

W&T Tip

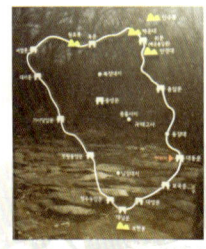

북한산성

삼국사기에 보면 132년 백제 개루왕 5년에 북한산성을 쌓았다는 기록이 있다. 북한산성은 당시 하남위례성을 도읍으로 삼았던 백제가 북방 경계를 위해 쌓은 것이었다. 그 후 11세기 초 거란의 침입 때 고려 태조의 재궁을 옮겨온 일이 있고 1232년 고려 고종 19년에는 이곳에서 몽고군과 전투를 벌이기도 했다.

조선시대에 들어 임진왜란과 병자호란을 겪으며 한양도성을 방비할 북방산성의 중요성이 부각되어 1711년 숙종 37년 불과 6개월 만에 현재의 모습으로 산성을 쌓았다. 산성은 훈련도감, 금위영, 어영청이 삼분하여 쌓았는데 훈련도감은 수문 북쪽에서 용암봉, 금위영은 용암봉에서 보현봉, 어영청은 보현봉에서 수문까지를 담당했다.

북한산성길을 걷거나 북한산성 안에 들어가 본 사람은 누구나 높은 산봉우리로 둘러싸인 북한산성이 천혜의 요새임을 깨닫게 된다. 북한산성 안에는 넓은 땅과 행궁, 창고, 여러 개의 개울과 우물, 많은 승병까지 있어 장기간 머물 수 있었다. 하지만 고집스레 한양도성을 고집한 사람들로 인해 북한산성은 고려 이후 북방 방비나 피난처로 한 번도 사용된 적이 없었다. 조선 말 외세의 도전에 맞서 북한산성으로 자리를 옮겨 대항했으면 어땠을까 하는 생각이 든다.

북한산성의 길이는 7,620보(步), 정확히는 12.7km이고 산성 안 면적은 200백만여 평에 달한다. 산성에는 성문과 암문 합하여 13개에 수문 1개를 더하여 총14개의 문이 있었고 장군의 지휘소인 장대가 3곳, 임금이 머물 수 있는 행궁이 1곳, 승병이 있는 사찰은 사찰 11곳에 암자 2곳하여 총 13곳, 창고가 8곳, 우물이 99곳, 저수지가 26곳이 있었다. 이쯤이면 북한산 안에 마련된 작은 신도시였다고 할 수 있다.

북한산성 성문 : 대서문(당시 주출입문), 중성문, 대남문, 대동문, 대성문, 북문
북한산성 암문 : 가사당암문, 부왕동암문, 청수동암문, 보국문, 용암문, 위문, 서암문(시구문)
북한산성 수문 : 수문(현재, 수해로 소실됨)
북한산성 행궁 : 태고사에서 대남문 방향 오른쪽, 내외저전, 부속건물이 120여간
북한산성 삼군문 : 훈련도감(노적사 북쪽 위), 어영청(대성암 일대), 금위영(행궁터 위 왼쪽)
북한산성 군량창고 : 상창(행궁 오른쪽), 중창(증흥사 앞), 하창(대서문 안), 호조창(행궁 앞) 등 총 14여간, 2만6천석 보관가능.
북한산성 장대 : 동장대(시단봉), 남장대(나한봉 동북봉), 북장대(중성문 서북봉)
북한산성 13사찰 : 증흥사(당시 중심사찰), 태고사, 서암사, 보국사, 부왕사, 국녕사, 진국사, 용암사, 보광사, 원각사, 상운사, 원효암, 봉성암

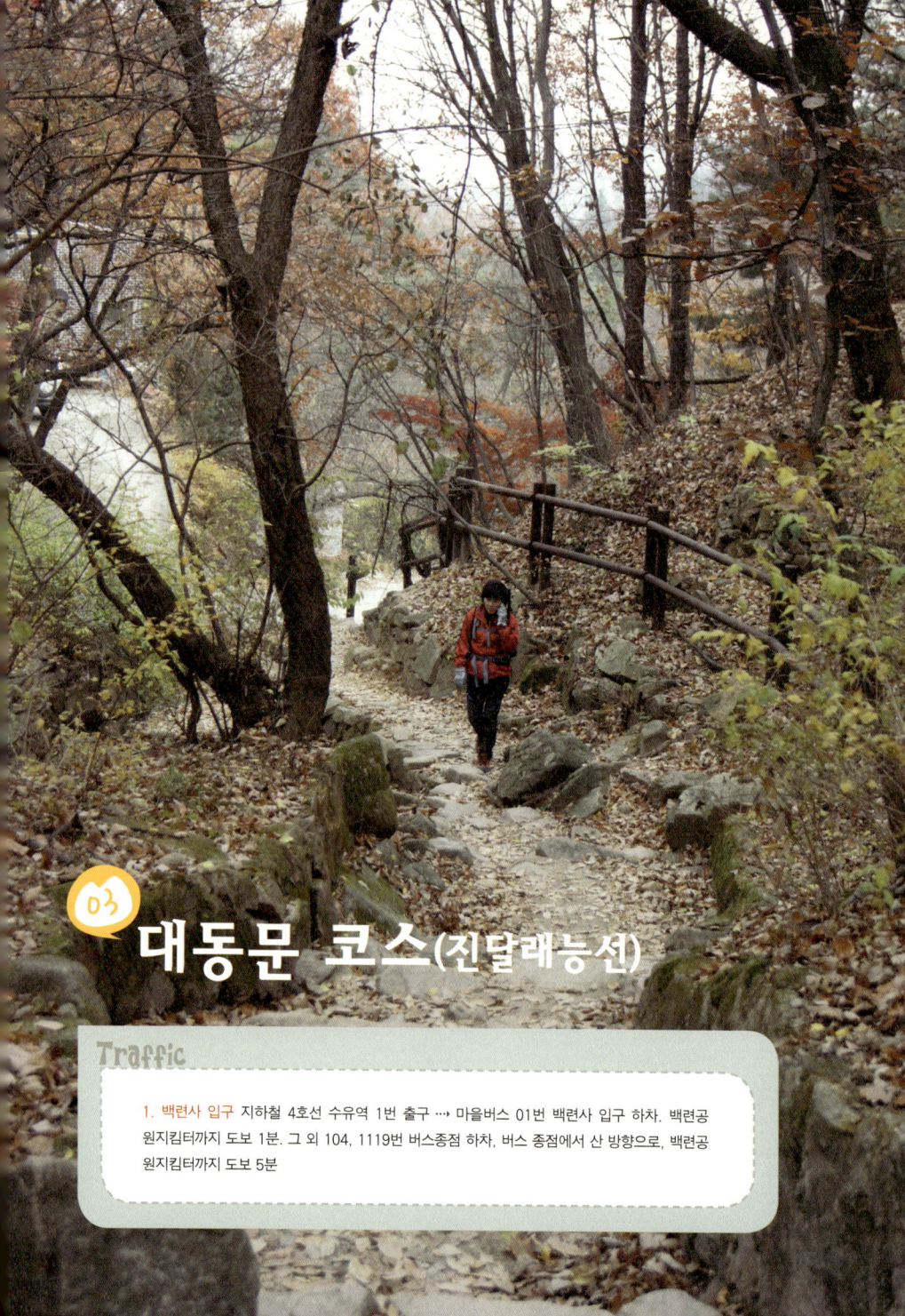

03 대동문 코스 (진달래능선)

Traffic

1. **백련사 입구** 지하철 4호선 수유역 1번 출구 → 마을버스 01번 백련사 입구 하차. 백련공원지킴터까지 도보 1분. 그 외 104, 1119번 버스종점 하차, 버스 종점에서 산 방향으로, 백련공원지킴터까지 도보 5분

약간의 오르막 산길과 대부분의 능선길로 이루어진 코스. 백련공원지킴터를 출발하자마자 대동문코스는 북한산 둘레길 02)순례길의 끝부분과 만나고 조금 더 산으로 올라가니 김창숙 선생과 양동일 선생의 묘소가 있다. 길에서 조금 산으로 올라가야 묘소가 나오는데 그냥 지나치지 말고 독립 운동가이신 두 분 선생의 묘소에 들렀다 가자. 발걸음을 산으로 향하니 백련사라는 조금한 절이 보이고 절을 지나쳐 산으로 올라가면 진달래능선이다. 진달래능선은 이름 그대로 진달래가 만발한 봄에 오르는 것이 제격이나 단풍이 드는 가을에도 풍경이 꽤 아름답다. 능선은 그리 어렵지 않게 지날 수 있고 북쪽으로 백운대와 만경대, 인수봉, 도봉산의 자운봉, 신선봉, 만장봉을 보며 오르다보면 어느새 대동문에 다다른다. 사통팔달 대동문에서는 남쪽으로 보국문, 북쪽으로 동장대, 서쪽으로 행궁터, 동쪽으로 진달래능선 등 어느 쪽으로도 갈 수 있다.

Course
2.8km, 1시간 10분

- 백련공원지킴터
- 쉼터 앞/02)순례길 갈림길(0.1km)
- 쉼터 위/02순례길 갈림길(0.1km)
- 김창숙 선생묘
- 양일동 선생묘
- 백련사(0.4km)
- 우이동 갈림길(0.5km)
- 진달래능선
- 수유분소 갈림길(1.1km)
- 소귀천계곡 갈림길(0.3km)
- 아카데미하우스 갈림길(0.2km)
- 대동문(0.1km)

※ 하산 코스

1. 백련공원 방향 : 2.8km, 1시간 10분, 294kcal
대동문→아카데미하우스 갈림길(0.1km)→소귀천계곡 갈림길(0.2km)→수유분소 갈림길(0.3km)→진달래능선→우이동 갈림길(1.1km)→백련사(0.5km)→양일동 선생묘→김창숙 선생묘→쉼터 위/02순례길 갈림길(0.4km)→쉼터 앞/02)순례길 갈림길(0.1km)→백련공원지킴터(0.1km)

2. 소귀천계곡 방향 : 2.4km, 1시간, 252kcal
대동문→아카데미하우스 갈림길(0.1km)→소귀천계곡 갈림길(0.2km)→소귀천계곡→진달래능선 갈림길(1.4km)→소귀천공원지킴터(0.7km)

3. 아카데미하우스 방향 : 2.1km, 1시간, 252kcal
대동문→아카데미하우스 갈림길(0.1km)→구천폭포(1.4km)→칼바위능선 갈림길(0.1km)→아카데미 탐방지원센터(0.5km)

4. 수유분소 방향 : 1.9km, 1시간, 252kcal
대동문→아카데미하우스 갈림길(0.1km)→소귀천계곡 갈림길(0.2km)→수유분소 갈림길(0.3km)→운가사(0.6km)→수유분소(0.7km)

Walking & Trekking Spot

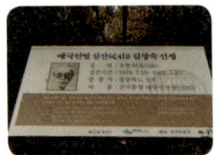

김창숙 선생묘

김창숙 선생은 유학자 겸 독립운동가, 정치가로 호는 심산(心山)이다. 1905년 광무 9년 외교권박탈, 통감부 설치 등을 주 내용으로 하는 을사조약이 체결되자 서울로 올라가 항의하는 상소를 올렸고 이 때문에 옥고를 치렀다. 1921년 중국으로 건너가 서로군정서를 조직, 군사흥보위원장을 맡아 활약했고 1925년 임시정부 의정원 부의장에 당선되기도 했다.

양일동 선생묘

양일동 선생은 독립운동 겸 정치가로 호는 현곡(玄谷)이다. 일제하인 1930년 중동학교 재학 시 광주학생운동 동조시위로 퇴학을 당했다. 1932년 중국에서 남화한인청년동맹에 가입, 활동하였고 일본으로 건너가 동경 조선동흥노동동맹에 가입, 신문발행으로 항일의식을 고취하였다.

백련사(白蓮寺)

김창숙 선생묘와 양일동 선생묘를 보고 체육시설이 있는 곳을 지나 산길을 오르니 길가에 작은 사찰이 보인다. 1930년 이은순 여사에 의해 창건되었다는 백련사. 바람에 흔들리는 풍경소리가 들리는 대웅전과 독성각, 산신각, 관음전 등

사찰 건물이 있어 지나는 사람의 발걸음을 잡아끈다. 진달래능선에는 약수터가 없으므로 이곳 약수터에서 물을 떠가는 것이 좋다.

진달래능선

수유동 백련사에서 대동문에 이르는 능선으로 봄이면 진달래가 만발해 진달래능선이란 이름이 붙여졌다. 능선에 서면 북쪽으로 백운대와 만경대, 인수봉이 손에 잡힐 듯하고 더 북쪽으로는 도봉산의 자운봉과 신선봉, 만장봉이 한눈에 들어온다. 진달래는 진달래목 진달래과의 낙엽관목으로 4월경 꽃이 잎보다 먼저 피고 꽃으로는 화전이나 진달래술(두견주)을 만들어 먹기도 한다.

대동문(大東門)

북한산 북한산성의 14개 성문 중 하나로 1711년 숙종 37년 산성을 쌓을 때 함께 만들어졌다. 동쪽 성문으로 동장대와 보국문 사이에 위치하고 산 아래에서 보면 진달래능선이

끝나는 해발 430m 지점에 자리 잡고 있다. 대동문 문루에 서면 동쪽으로 우이동과 수유동 일대, 서쪽으로 북한산성 안 방향, 북쪽으로 동장대, 남쪽으로 보국문 방향 풍경이 확연히 들어온다. 현재의 문루와 여장은 1993년에 복원한 것이다. 여장(女牆)은 문루 밖 낮은 담장으로 군사들이 몸을 은폐하며 공격과 수비를 하기위해 만들었다.

Course Map

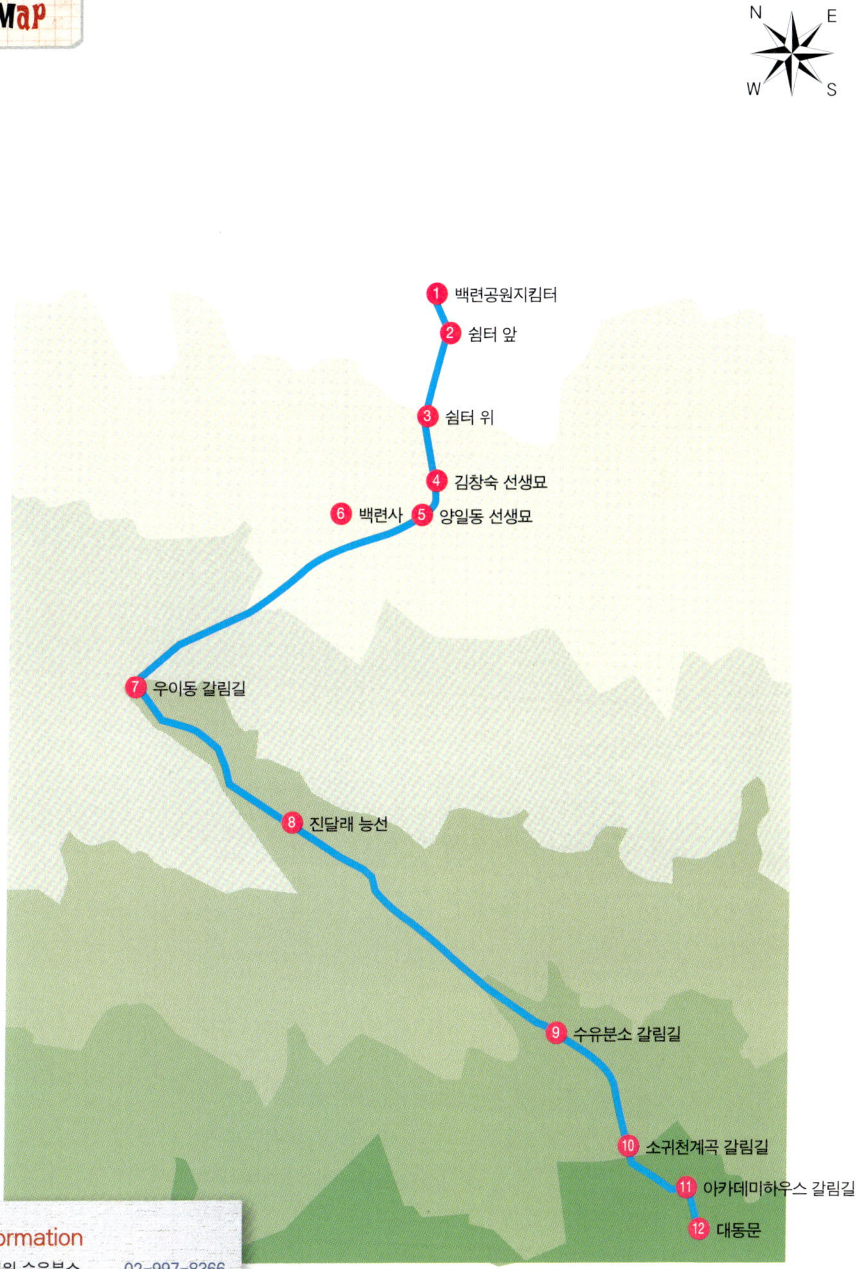

1. 백련공원지킴터
2. 쉼터 앞
3. 쉼터 위
4. 김창숙 선생묘
5. 양일동 선생묘
6. 백련사
7. 우이동 갈림길
8. 진달래 능선
9. 수유분소 갈림길
10. 소귀천계곡 갈림길
11. 아카데미하우스 갈림길
12. 대동문

Information

북한산국립공원 수유분소	02-997-8366
수유 탐방지원센터	02-900-8085
총거리	2.8km
총소요시간	1시간 10분
총소요칼로리	294kcal
난이도	초급

Restaurant & Cafe

도봉산갈비

백련사 입구 버스정류장에서 한 정거장 아래 104, 1119번 버스종점 건너편에 있는 고기구이전문점. 한우생등심이 조금 부담스럽다면 뉴질랜드산 왕통갈비나 도봉산갈비를 선택해도 좋을 듯하고 간단하게 점심특선으로 뚝배기불고기정식이나 사골우거지탕을 시키는 것도 좋다. 음식 맛은 대체로 깔끔하고 음식이 정결하게 나와 손님을 데리고 오기도 좋다.

메뉴 뚝배기불고기정식, 누룽지된장 각 5천원, 갈비곰탕 8천원, 갈비찜정식 1만2천원
위치 강북구 수유동, 104, 1119번 버스종점 건너편   **전화** 02-902-0977~8

농우 오리마을

도봉산갈비 바로 위에 있는 오리고기전문점. 오리하면 산아래 식당에서 주로 취급하는 메뉴지만 아카데미 하우스 가는 길가에 있는 전문음식점 농우에서 먹는 오리요리는 색다르게 느껴진다. 오리를 젓가락이 아닌 왠지 포크로 먹어야할 것 같은 느낌. 오리고기가 싫은 사람은 제주산 생삼겹살을 맛보아도 좋다.

메뉴 오리로스 3만3천원, 오리주물럭 3만5천원, 오리훈제 3만8천원, 차돌/삼겹살 1만원
위치 강북구 수유동, 도봉산갈비 위   **전화** 02-999-6233, 02-905-3500

곤드레 이야기

곤드레의 정확한 이름은 고려엉겅퀴로 초롱꽃목 국화과의 여러해살이풀이다. 곤드레에는 비타민 탄수화물, 단백질, 비타민 A, 칼슘 등이 많아 예부터 한방에서 지혈, 소염, 이뇨작용, 해열 등에 좋다고 했고 민간에서 부인병 약으로 썼다. 한국에서는 주로 강원도에서 많이 나 곤드레 밥하면 강원도향토음식을 떠올리게 된다. 곤드레 밥은 곤드레 나물을 넣고 지은 밥에 양념간장이나 볶은 된장을 넣고 비벼먹거나 김에 싸서 먹는다.

메뉴 곤드레나물밥 7천원, 숯불돈제육, 숯불돈불고기 각 1만2천원, 능이한방닭백숙 4만원
위치 강북구 수유동 535-55, 백련사 입구 건너편   **전화** 02-994-5075

전광수 커피하우스

수유동 백련사 입구 건너편에 있는 모던한 분위기의 커피전문점. 신선한 커피만을 제공한다는 의미로 종류별 커피원두 볶은 날짜를 게시하고 있다. 점심시간이나 주말에는 의외로 사람들이 많아 북적여 조용한 대화를 하긴 어렵다. 평일이라면 향긋한 커피 한 잔 놓고 건너편 진달래능선 산자락을 무심히 바라보는 재미가 있다.

메뉴 아메리카노, 에스프레소 더블, 카페라떼, 카푸치노, 캐러멜 마키아또 각 5천원 내외
위치 강북구 수유동 535-76, 백련사 입구 건너편   **전화** 02-991-0233

Visual Course

백련공원지킴터

쉼터 앞/순례길 갈림길(0.1km)

쉼터 위/순례길 갈림길(0.1km)

백련사(0.4km)

양일동 선생묘

김창숙 선생묘

우이동 갈림길(0.5km)

진달래능선

수유분소(북한산 둘레길탐방안내센터 0.7km)
운가사(0.6km)

04 보국문 코스

> **Traffic**
>
> **1. 정릉계곡 입구** 지하철 4호선 길음역 3번 출구 ⋯▶ 143. 110B번 버스 종점(정릉 청수장) 하차. 정릉 주차장 지나 정릉계곡 입구까지 도보 5분. 그 외 110A, 162, 1020, 1113번 버스 종점(정릉 청수장) 하차.

계곡길과 산길이 절반씩 있는 코스. 정릉계곡 입구를 출발하면 길옆으로 물 맑기로 유명한 정릉계곡을 보며 산으로 오를 수 있다. 산행이 힘든 사람은 정릉계곡길 초입의 자연탐방로를 산책해도 좋다. 산길을 걸으면 어느덧 작은 언덕을 만나고 언덕을 넘으니 넓적바위가 보인다. 넓적바위에서 잠시 숨을 고른 뒤 보국문 방향으로 향한다. 가는 길에 영천과 보국문 밑샘이 있어 갈증을 해소해주고 시원한 바람이 불어 이마의 땀을 닦아줄 무렵 목적지인 보국문에 다다른다. 보국문에서 내려다보는 서울시내 모습이 멋지다.

Course
2.5km, 1시간 20분

- 정릉 탐방지원센터
- 자연탐방로 입구/형제봉 삼거리 갈림길
- 북한산국립공원사무소 갈림길
- 자연탐방로/대성문 갈림길(0.2km)
- 제2휴게소
- 정릉계곡
- 넓적바위/칼바위능선 갈림길(1.1km)
- 영천
- 보국문 밑샘
- 깔딱고개
- 보국문(1.2km)

※ 하산 코스

1. 정릉 방향 : 2.5km, 1시간 20분, 336kcal
보국문→깔딱고개→넓적바위/칼바위능선 갈림길(1.2km)→정릉계곡→제2휴게소→자연탐방로/대성문 갈림길(1.1km)→북한산국립공원사무소 갈림길→자연탐방로 입구/형제봉 삼거리 갈림길→정릉 탐방지원센터(0.2km)

2. 대성문 방향 : 2.8km, 1시간 30분, 378kcal
보국문→대성문(0.6km)→일선사 갈림길(0.8km)→형제봉 갈림길(0.2km)→평창공원지킴터(1.2km)

3. 대동문/아카데미하우스 방향 : 2.7km, 1시간 30분, 378kcal
보국문→대동문(0.6km)→아카데미하우스 갈림길(0.1km)→구천폭포(1.4km)→칼바위능선 갈림길(0.1km)→아카데미 탐방지원센터(0.5km)

Walking & Trekking Spot

정릉계곡

형제봉과 칼바위능선 사이에 있는 계곡으로 우이계곡, 북한산성계곡과 함께 북한산을 대표하는 계곡이자 유원지. 정릉이란 이름은 이성계의 계비인 신덕왕후 강(康)씨의 정릉이 아리랑고개 부근에 있어 붙여진 이름이다. 예부터 물이 맑아 청수(淸水)라 불렸고 정릉계곡 입구에 청수라는 이름을 딴 요정 청수장이 있었다. 현재, 계곡 안에 있던 식당이나 수영장 등이 철거되어 자연 그대로 복원되었고 계곡보호를 위해 계곡 휴식년제를 실시하고 있다.

청수장(淸水莊)

북한산 둘레길 04)솔샘길이 지나는 정릉주차장 앞 청수장은 1910년 일본인 별장으로 세워졌고 광복 후 서울을 대표하는 사교장, 요정으로 변모했다. 정비석의 소설 자유부인에서 교수부인 오선영이 외간남자와 춤을 추던 곳이 청수장이었고 지금은 리모델링되어 북한산국립공원 탐방안내소로 쓰이고 있다. 북한산국립공원 탐방안내소 옆에 세워진 작은 동판에 이곳에 청수

장이 있었음을 전하고 있다.

정릉계곡 자연탐방로

정릉계곡을 따라 조성된 북한산의 나무와 꽃, 새, 동물 등을 관찰하고 학습할 수 있는 자연탐방로. 자연탐방로 입구에서 청수교까지 숲이 전하는 희망메시지길(420m)과 살한이교 부근부터 시작해 청수교를 건너 청수천을 따라 올라가는 자연과 하나되는 동감의 길(526m) 등 두 개의 탐방로가 있다. 각 탐방로에는 북한산의 자연에 대한 안내판이 있어 살아있는 자연공부가 된다.

넓적바위

졸졸졸 흐르는 물소리를 들으며 정릉계곡을 따라 산길을 오르는 기분이 상쾌하다. 어느덧 산길은 낮은 언덕으로 향하고 숨을 고르며 오르니 계곡을 가로지르는 다리가 보인다. 다리 건너에는 3m 남짓 되는 넓은 바위가 있는데 이것이 넓적바위다. 특이하게 생기지도 않은 바위는 길가에 자리를 잡고 보국문과 칼바위능선 방향을 안내하는 역할을 하고 있다.

보국문(報國門)

형제봉능선과 칼바위능선 사이에 있는 보국문은 북한산성 6개의 암문 중 하나다. 동쪽으로 대동문, 서쪽으로는 대성문 사이에 위치해 남쪽으로 정릉과 북쪽으로 산성 안 행궁터와 연결된다. 보국문에서는 가까운 정릉은 멀리 서울 시내가 한눈에 들어오는 좋은 조망터이기도 하다.

형제봉(兄弟峯)

정릉계곡 서쪽에 있는 것이 형제봉능선으로 두 개의 봉우리가 있어 형제봉이라 불린다. 형제봉의 높이는 467m이고 형제봉 능선을 따라 내려가면 북악산과 연결된다. 형제봉능선 서쪽은 평창동이고 북한산 둘레길 05)명상길이 형제봉능선 중단을 가로질러 지난다.

칼바위능선

정릉계곡 동쪽에 있는 것이 칼바위능선으로 칼처럼 가파른 바위길이 있어 칼바위능선이라 불린다. 북한산 둘레길 04)솔샘길이 칼바위능선 하단 칼바위공원지킴터부근을 지나고 보국문과 대동문 사이 산성길에 칼바위능선의 상단이 된다. 칼바위능선 상단부근에는 칼바위능선의 정상인 칼바위가 있다.

Course Map

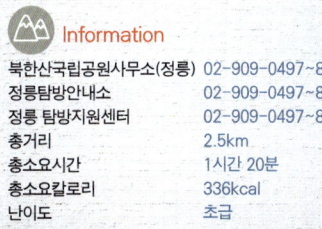

Information

북한산국립공원사무소(정릉)	02-909-0497~8
정릉탐방안내소	02-909-0497~8
정릉 탐방지원센터	02-909-0497~8
총거리	2.5km
총소요시간	1시간 20분
총소요칼로리	336kcal
난이도	초급

Restaurant & Cafe

청수만남

정릉주차장 지나 정릉계곡 입구에 있는 산아래 식당. 평일 낮 시간에는 불이 꺼져 영업을 하지 않는 듯 보이나 저녁시간이나 주말에는 손님들로 북적인다. 청국장, 콩비지 같은 간단한 식사메뉴부터 토종닭, 오리탕 같은 몸보신메뉴까지 다양하게 구비하고 있다.

메뉴 청국장, 콩비지, 각 5천원, 산채비빔밥 6천원, 도토리묵 1만원, 토종닭, 오리탕
위치 성북구 정릉4동, 정릉계곡 입구   **전화** 02-942-6543

청수장

정릉주차장 앞 북한산탐방안내소 건물에 있던 옛 사교장 겸 요정. 청수장의 이름을 딴 산아래 식당. 2층 현대식 건물로 깔끔한 분위기를 자랑하고 있고 파전에 막걸리 한잔을 하거나 토종닭백숙 같은 몸보신요리를 맛보기에 좋다. 넓은 좌석이 있어 단체손님으로 찾기도 좋다.

메뉴 산채비빔밥, 돌솥비빔밥 각 6천원, 토종닭백숙 3만5천원, 오리한방백숙 4만원
위치 성북구 정릉4동, 정릉계곡 입구   **전화** 02-909-2053

돼지할머니네

정릉주차장 가기 전 북한산탐방안내소 건너편에 있는 산아래 식당. 평일 낮엔 한가한 듯 보여도 저녁시간이나 주말이면 식당 앞까지 사람들로 붐빈다. 산행 전 해장국이나 국밥 같은 간단한 식사나 산행 후 파전에 막걸리 한잔하기 좋은 곳.

메뉴 해장국 5천원, 순대국밥, 감자국밥 각 6천원, 머리고기 소 1만2천원, 족발 2만3천원
위치 성북구 정릉4동 822-54, 북한산탐방안내소 건너편   **전화** 02-918-8198

둘레길 송희네

북한산 둘레길이 인기를 끌면서 하나둘 둘레길이란 이름을 쓴 식당이 나타나고 있다. 둘레길 송희네는 정릉 청수장 버스종점 부근에 있는 분식집. 산행이나 둘레길 걷기 전 김밥을 준비하면 좋은 곳. 산행 후 입맛이 없을 때 매콤한 떡볶이를 맛보는 것도 좋다.

메뉴 김밥, 오뎅, 떡볶이, 고기만두
위치 성북구 정릉4동, 정릉 청수장 종점부근   **전화** 02-943-2116

Visual Course

1. 정릉 탐방지원센터
2. 자연탐방로 입구/형제봉 삼거리 갈림길
3. 북한산국립공원사무소 갈림길
4. 자연탐방로/대성문 갈림길(0.2km)
5. 제2휴게소
6. 정릉계곡
7. 넓적바위/칼바위능선 갈림길(1.1km)
8. 영천
9. 보국문 밑샘

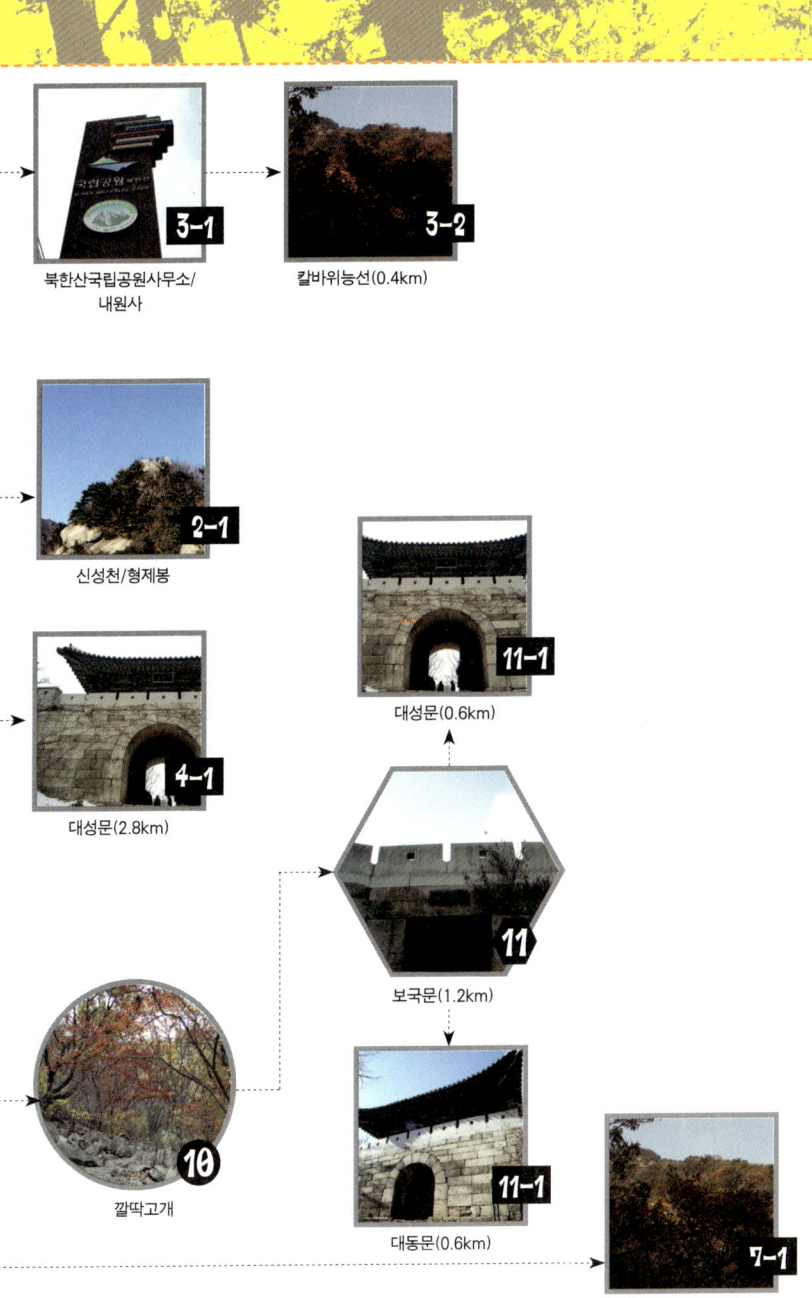

보국문 코스 247

사모바위 코스

> **Traffic**
>
> 1. 구기 탐방지원센터 ① 지하철 4호선 길음역 3번 출구 ⋯➔ 7211번 버스 구기터널 앞, 한국고전번역원 하차, 이북5도청 방향 길 건너 오른쪽 샛길, 구기 탐방지원센터까지 도보 10분.
> ② 지하철 3, 6호선 불광역 2번 출구-7022, 7211번 버스 구기터널 지나 구기터널 앞, 한국고전번역원 하차. 그 외 0212번 버스 이용.

계곡길과 고갯길, 능선길이 다양하게 섞여있는 코스. 구기 탐방지원센터를 출발해 구기계곡을 따라 오르면 맑고 시원한 구기계곡물이 발길을 잡고 조금 더 오르니 승가사 갈림길이 있는 넓은 쉼터가 나온다. 산을 자주 오지 않는 사람이라면 대남문을 거쳐 가는 것보다 짧은 승가사 방향으로 올라가는 것이 낫다. 산길은 어느덧 대남문을 향하고 대남문 바로 아래 문수암 갈림길을 만난다. 대남문을 갔는데 경치가 끝내주는 문수암을 가지 않으면 산행을 하지 않은 것과 같으니 꼭 산비탈에 아스라이 서 있는 문수암을 보고 대남문으로 향한다. 대남문에서 청수동암문까지는 가벼운 능선길. 청수동암문에서 승가봉까지가 오르내림이 있는 힘든 길이나 이곳만 지나면 승가봉에서 사모바위까지는 능선길. 대남문에서 승가봉, 사모바위 구간은 북으로 북한산성 일대와 남으로 서울시내 조망이 좋은 곳이니 시간을 두고 머물며 경치를 감상하는 것이 바람직하다.

Course
4.3km, 3시간

- 구기 탐방지원센터
- 구기계곡
- 승가사 갈림길(0.8km)
- 고개
- 문수암 갈림길(1.5km)
- 고개
- 대남문(0.3km)
- 청수동암문(0.3km)
- 승가봉
- 사모바위(1.4km)

※ 하산 코스

1. 구기 탐방지원센터 방향 : 4.3km, 3시간, 756kcal
사모바위→승가봉→청수동암문(1.4km)→대남문(0.3km)→고개→문수암 갈림길(0.3km)→고개→승가사 갈림길(1.5km)→구기 탐방지원센터(0.8km)

2. 승가사-구기 탐방지원센터 방향 : 2.3km, 1시간 20분, 336kcal
사모바위→승가사 갈림길(0.3km)→승가사 삼거리(0.5km)→승가사 갈림길(0.7km)→구기 탐방지원센터(0.8km)

3. 승가사-승가공원지킴터 방향 : 2.6km, 1시간 30분, 378kcal
사모바위→승가사 갈림길(0.3km)→승가사 삼거리(0.5km)→승가공원지킴터(1.3km)

Walking & Trekking Spot

구기계곡

문수봉 아래에서 발원한 샘물이 비봉능선과 보현봉에서 이어진 사자능선 사이에 만든 계곡. 계곡 바닥이 넓은 암반이어서 상류에서 내려오는 물이 맑고 깨끗하다. 이 때문일까 구기계곡에는 1급수에서만 산다는 버들치가 서식하고 있다. 계곡물이 고여 있는 곳을 잘 살펴보면 버들치가 하늘하늘 물속에서 움직이는 것을 볼 수 있다.

승가사(僧伽寺)

신라시대인 756년 경덕왕 15년에 승려 수태가 창건했다. 승가사라는 이름은 당나라 고종 때 천복사에서 대중을 가르쳤던 승가를 존경하는 뜻에서 붙여졌다고 한다. 1422년 세종 4년에 7종파를 합해 선종과 교종, 양종으로 나눌 때 선종에 속했고 조선 후기 불교부흥운동의 중심지가 되기도 했다. 절의 뒤편 산기슭에는 커다란 자연석을 깎아 만든 보물 제215호 마애석불석가여래좌상이 장엄하고 마애석불로 가는 길에 있는 석굴암에 보물 제1000호 승가사석조승가대사상이 신비롭게 자리 잡고 있다.

문수암(文殊庵)

고려시대인 1109년 예종 4년 당대 뛰어난 서예가를 말하는 신품사현(神品四賢)중 한명으로 알려진 탄연이 창건하였다. 그가 문수암 석굴암에서 수도하던 중 문수보살을 본 뒤 암자를 짓고 문수암이라 이름 지었다. 문수암은 양양 오대산 상원사, 고성 문수사와 함께 한국 3대 문수성지다. 문수암은 예부터 유명인과의 인연이 많은 사찰이기도 한데 대웅전의 문수보살상은 명성황후, 석가모니불은 영친왕의 부인이었던 이방자 여사가 모신 것이라고 하고 이승만 대통령의 어머니가 이곳에서 백일기도 한 후 이승만대통령을 낳았다는 얘기도 전해진다. 문수봉 기슭에 있는 문수암은 흡사 산기슭에 매달린 듯 아찔한 풍광을 자랑해 경치를 조망하기에 매우 좋다.

대남문(大南門)

1711년 숙종 37년 북한산성 축조시 세워진 6개의 성문 중 하나로 산성 남쪽에 있는 성문이다. 위치상으로는 청수동암문과 대성문 사이 문수봉 동쪽에 있고 소남문으로 불리기도 했다. 문수봉에서 비봉 능선을 따라가면 탕춘대성과 연결된다. 대남문의 문루는 소실된 것을 1991년에 복원한 것이다. 북한산성 성문 중 남으로 서울 시내조망과 북으로 북한산성 안의 조망이 가장 좋은 곳. 북으로는 멀리 백운대와 인수봉, 만경대까지 손에 잡힐 듯하다.

청수동암문(清水洞暗門)

1711년 숙종 37년 북한산성 축조시 세워진 7개의 암문 중 하나. 문수봉과 의상능선의 나한봉 사이에 위치해 있다. 한양도성과 연결된 탕춘대성이 북한산 비봉능선의 향로봉과 닿고 비봉능선은 문수봉과 이어져 청수동암문에 다다르게 된다. 청수동암문에서 산성 안으로 향하면 남장대터와 행궁터로 이어지고 밖으로는 비봉능선이 한눈에 보인다.

사모바위

비봉능선에서 북동쪽에 있는 바위로 한 여인을 사모한 남자의 전설이 담겨있다. 조선 인조 때 청나라의 침략으로 병자호란이 일어나자, 사랑하던 여인이 있던 남자는 전쟁에 나간다. 전쟁 후, 남자는 사랑하던 여인이 청나라에 끌려갔다가 부정을 탔다고 고향에 돌아오지 못한 채 홍은동 주변에서 모여 산다는 것을 알게 된다. 남자는 홍은동 일대를 뒤지지만 끝내 여인을 발견하지 못하고 그녀를 그리워하다가 사모바위가 되었다고 한다. 사모바위는 제일 큰 바위 옆에 작은 바위가 견장처럼 있다고 해서 장군바위로도 불린다.

Course Map

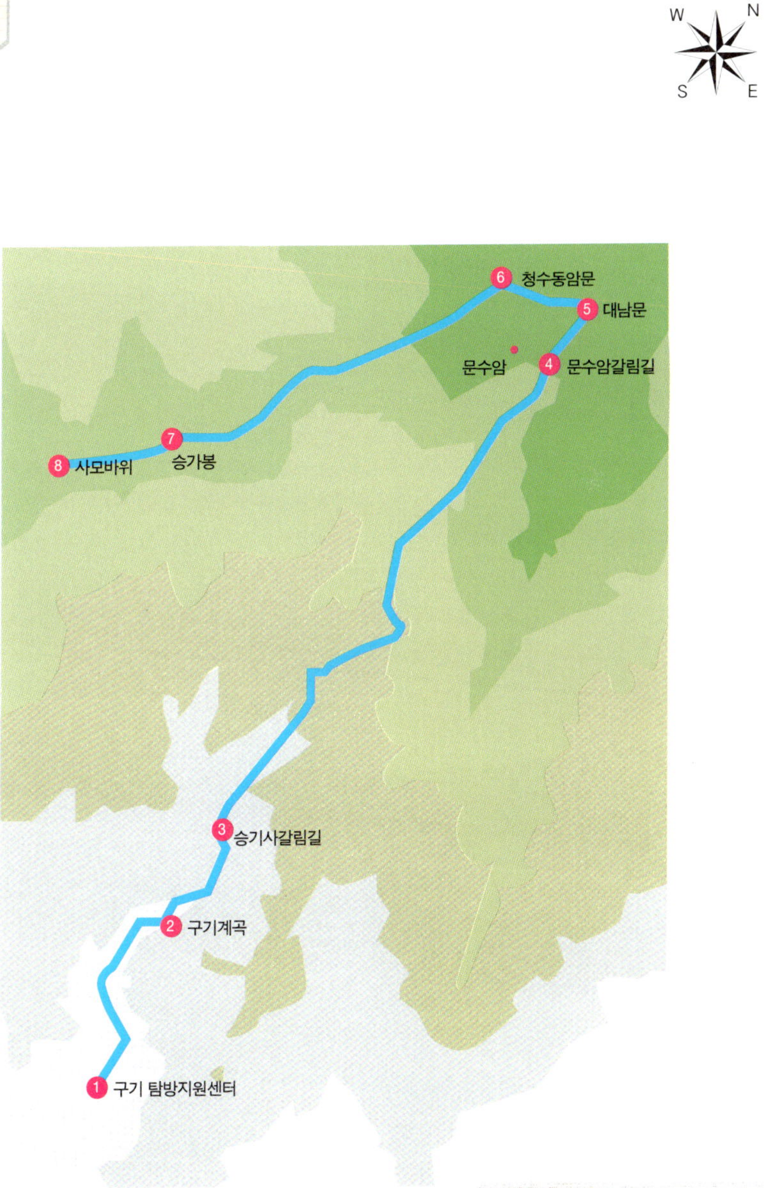

- ① 구기 탐방지원센터
- ② 구기계곡
- ③ 승기사갈림길
- ④ 문수암갈림길
- ⑤ 대남문
- ⑥ 청수동암문
- ⑦ 승가봉
- ⑧ 사모바위

문수암

 **Information**

북한산국립공원 구기분소	02-379-7043
구기 탐방지원센터	02-379-7043
총거리	4.3km
총소요시간	3시간
총소요칼로리	756cal
난이도	중급

Restaurant & Cafe

능금산장

구기 탐방지원센터 바로 아래 있는 산아래 식당. '족구장과 주차장, 300석 완비' 선전문구가 전형적인 산아래 식당이나 구기동의 산아래 식당들은 다른 곳에 비해 새 건물(?)이어서 깔끔한 분위기를 연출하는 것이 특징이다. 간단한 순두부, 청국장백반 같은 식사 메뉴에서부터 토종닭백숙, 오리로스 같은 몸보신 메뉴까지 다양하다. 사람들이 몰리는 주말에는 식당 안이 왁자지껄하다.

메뉴 순두부, 청국장 각 5천원, 토종닭백숙, 닭볶음탕 각 4만원, 오리로스 4만원
위치 종로구 구기동, 구기 탐방지원센터 아래   **전화** 02-379-8178~9

원대로 가든

능금산장 바로 아래 있는 산아래 식당. 2층 양옥건물이어서 산 속이 아닌 도심에 있는 식당처럼 보인다. 하지만 취급하는 메뉴는 도토리묵, 묵밥, 달백숙, 오리탕 같은 전형적인 산아래 식당 메뉴들이다. 사람들이 몰리는 주말이면 식당 앞에서 보란 듯이 장작불에 삼겹살을 구워, 지나다니는 산행객들을 괴롭게 하고 있다.

메뉴 도토리묵, 묵밥, 김치전골, 닭백숙, 닭볶음탕, 오삼불고기, 오리불고기
위치 종로구 구기동, 구기 탐방지원센터 아래   **전화** 02-391-5292

옛골 토성

능금산장에서 구기계곡 건너편에 있는 참나무바베큐 전문식당. 우이동유원지와 도봉산 입구 등에 있는 대형 체인식당으로 오리고기가 주 메뉴. 최근 구기점에는 2002년 한일월드컵에서 한국팀 감독을 맡았던 거스 히딩크가 다녀가기도 했단다. 오리훈제는 초벌구이가 되어 있어 석쇠에서 태울 일이 없고 대형체인점답게 정결한 반찬은 오리고기와 함께 먹기 좋다.

메뉴 옛골모듬(오리훈제, 갈비살) 4만2천원, 토성모듬(오리훈제, 삼겹살, 갈비살) 4만5천원, 소갈비살 2만4천원
위치 종로구 구기동 8, 능금산장에서 계곡 건너 편   **전화** 02-395-6177

산장휴게실

원대로 가든에서 조금 내려온 곳에 허름한 모습의 산정휴게실. 파전에 막걸리 같은 기본 메뉴에 열무비빔밥 또는 녹두전+막걸리+두부 같은 세트메뉴도 있다. 세련된 이웃식당보다 허름한 분위기를 보고 찾아오는 손님도 많다. 산장휴게실 1층에는 같은 이름의 구멍가게가 있어 산행 시 과자나 빵, 음료 같은 먹거리를 준비할 수도 있다.

메뉴 해장국, 잔치국수, 열무국수, 열무비빔밥 또는 녹두전+막걸리+두부 세트 각 1만원
위치 종로구 구기동, 원대로 가든 아래   **전화** 02-379-3381

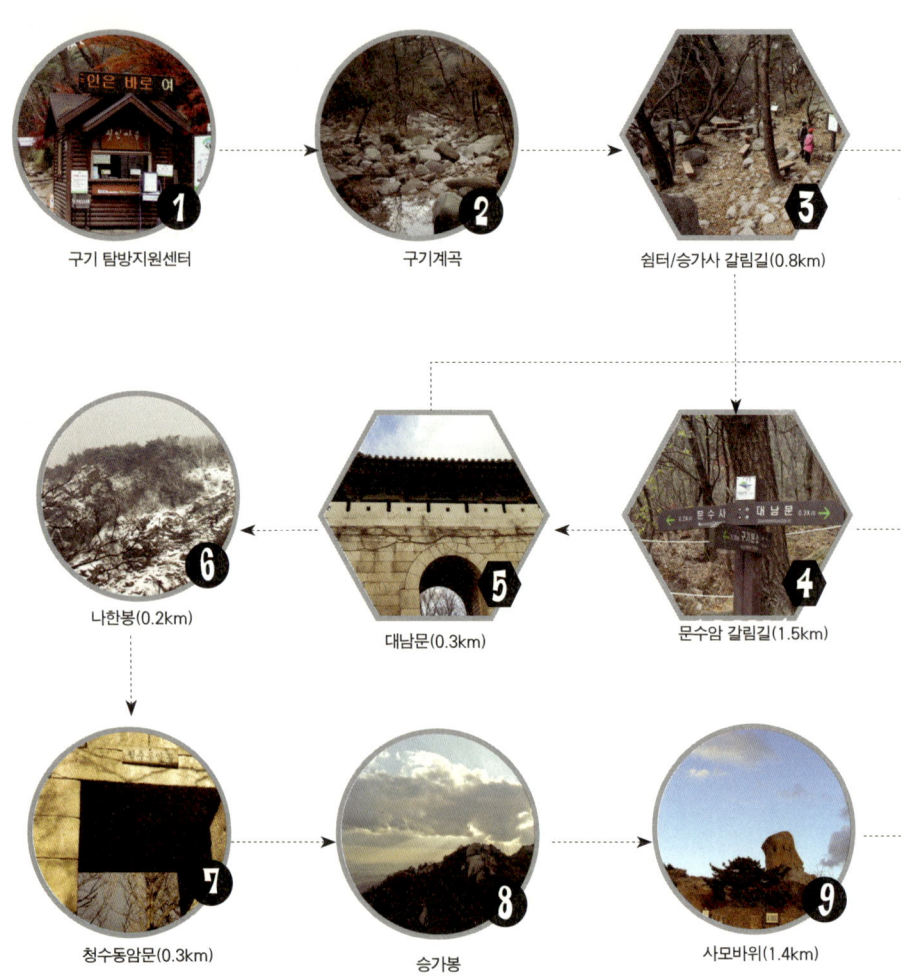

승가사(0.9km)

대성문(0.4km)

문수암

승가사 갈림길(0.4km)

비봉(0.3km)

사모바위 코스 257

06 비봉 코스

Traffic

1. 비봉 탐방지원센터 ① 지하철 3호선 경복궁역 3번 출구 ⋯▶ 0212번 버스 이북5도청 하차. 청운양로원 왼쪽 길, 비봉휴게소 지나 도보 5분.
② 지하철 4호선 길음역 3번 출구-7211번 버스 구기터널 앞, 한국고전번역원 하차, 이북5도청 방향 청운양로원 왼쪽 길, 비봉휴게소 지나 도보 15분.
③ 지하철 3, 6호선 불광역 2번 출구-7022, 7211번 버스 구기터널 지나 구기터널 앞, 한국고전번역원 하차.

초입에 약간의 계곡이 있지만 전체적으로 오르막 산길로 되어 있는 코스. 비봉 탐방지원센터를 출발하여 조금 걸으면 길가 목정굴 안내판이 보인다. 조선 순조의 탄생비화가 있는 목정굴을 지나치는 것은 비봉코스에 있어서 앙꼬 빠진 찐빵 격이다. 커다란 바위 아래 석굴에 있는 목정굴을 살펴보고 비봉으로 향해도 늦지 않다. 목정굴을 지나니 금산사 앞. 금선사는 좁은 계곡에 위치해 계곡기슭에 건물이 있는 것이 독특하고 계곡 안이라 밖에서는 금선사가 보이지 않으니 은둔의 사찰인 셈이다. 잔돌이 있는 산길은 비봉으로 향하고 어느덧 비봉능선에 선다. 비봉능선에서는 비봉이 멀지 않고 비봉 앞에 서면 남으로 평창동과 구기동, 북으로 응봉과 의상능선, 백운대 등이 한눈에 보인다.

※ **하산 코스**

1. 비봉 탐방지원센터 방향 : 1.6km, 1시간 20분, 336kcal
비봉(남쪽)→향로봉/비봉 갈림길(0.3km)→상명대 갈림길(0.5km)→금선사 앞(0.5km)→목정굴→비봉 탐방지원센터(0.3km)

2. 구기 탐방지원센터 방향 : 2.4km, 1시간 30분, 378kcal
비봉(북쪽)→사모바위→승가사 갈림길(0.4km)→승가사 앞(0.5km)→승가사 갈림길(0.7km)→구기 탐방지원센터(0.8km)

Walking & Trekking Spot

목정굴(木精窟)

비봉 탐방지원센터를 조금 지나면 왼쪽으로 샛길이 나온다. 샛길을 조금 올라가니 커다란 바위굴에 꾸며진 법당이 보이는데 이곳이 목정굴이다. 목정굴은 금선사가 중창되는 계기를 만들었는데, 때는 조선 정조시대로 거슬러 올라간다. 정조는 슬하에 세자가 없어 고민하던 중 한수북녘에 두문불출 수행하고 있는 승려 농산이 있음을 알게 되고 그에게 세자탄생을 위한 기도를 부탁한다. 농산은 목정굴에서 100일 동안 관음기도를 하고 입적한 뒤, 정조는 장차 순조가 되는 세자를 얻게 되었다고 전해진다. 농산의 입적과 함께 순조로의 환생이 이루어진 것이다.

금선사(金仙寺)

조선말 무학대사에 의해 창건되었다고 전해지고 1791년 조선 정조 때 목정굴에서 벌어진 태자탄생비화로 인해 중창되었다. 현 목정굴은 1996년에 복원되어 수월관음보살을 봉안하고 있고 지금도 순조의 탄신제를 지내고 있다. 금선사는 좁은 계곡에 위치해 대웅전과 반야전 같은 건물들이 평지에 있지 않고 계곡

기슭에 있는 것이 독특하다. 이 때문에 금선사를 거닐다보면 깊은 산중에 들어온 느낌을 갖게 한다. 요즘 구기동이 산 중으로 올라와서 그렇지 조선시대에는 이곳이 실제 첩첩산중이었다.

<u>**향로봉**(香爐峯)</u>

비봉능선의 남서쪽 끝에 위치한 봉우리로 높이는 535m. 향로봉 남쪽 기슭에 고려시대 사찰인 향림사가 있어서 향림봉이라 불렸고 봉우리가 3개여서 삼지봉이라 불리기도 했다. 향림사는 현재 향로봉 남쪽기슭에 터만 남아 있다. 향로봉과 연결된 탕춘대성은 한양도성이 지나는 인왕산과 이어진다. 향로봉의 남서쪽에는 족두리봉이 있어 비봉능선의 마지막 용솟음을 자랑하고 있기도 하다.

<u>**비봉**(碑峯)</u>

비봉능선의 중심이 되는 봉우리로 높이는 560m. 비봉이란 이름은 정상에 신라 진흥왕 순수비가 있었기 때문에 붙여졌다. 현재 정상에 있는 비는 모조품이고 진품은 국립중앙박물관에 소장되어 있다. 북한산 남쪽에 있는 비봉에서는 남쪽으로 가깝게는 평창

동과 구기동, 멀리는 북악산과 너머 서울시내의 모습까지 한눈에 볼 수 있다. 북쪽으로는 가깝게는 응봉능선, 멀리는 의상능선, 더 멀리는 백운대까지 볼 수 있는 전망의 요지이다.

북한산 신라진흥왕순수비 (北漢山新羅眞興王巡狩碑)

비봉 정상에 있던 비로 신라시대인 555년 진흥왕 16년, 진흥왕이 이곳을 돌아본 뒤 세운 것으로 국보 제3호다. 진흥왕이 북한산 일대를 돌아본 것은 당신 백제 땅이었던 한성 부근을 차지하고 나서의 일이다. 비문의 내용은 진흥왕이 이곳을 돌아본 것과 수행한 인물들의 이름을 나열한 것으로 보인다. 1816년 순조 16년과 이듬해 김정희가 비문을 읽은 뒤에 세상에 알려지기 시작했다. 현재 비봉 정상에 있는 비는 모조품이고 진품은 국립중앙역사물관에 있다.

Course Map

Information

북한산 국립공원 구기분소	02-379-7043
비봉 탐방지원센터	02-379-7043
총거리	1.6km
총소요시간	1시간 20분
총소요칼로리	336kcal
난이도	중급

Restaurant & Cafe

비봉 휴게소

비봉 탐방지원센터를 내려와 제일 먼저 만나게 되는 산아래 식당. 천막을 쳐놓은 마당에서 해물부추전과 함께 막걸리를 마시면 산행의 피로가 일시에 가시는 듯하다. 주말이면 장작불에 삼겹살 굽는 연기가 퍼져 지나는 사람의 군침을 돌게 한다. 먹거리를 준비하지 못했다면 이곳에서 생수나 김밥을 살 수도 있다.

메뉴 해물부추전, 파전, 도토리묵, 삼겹살, 토종닭백숙, 닭볶음탕
위치 종로구 구기동, 비봉 탐방지원센터와 청운양로원 사이   전화 02-396-9329

이조 국시방

비봉 탐방지원센터를 내려오는 길에는 비봉 휴게소 외에 식당이 적은 편. 이조 국시방은 한국고전번역원 부근에 있는 국수집이나 도토리묵이나 두부김치 같은 간단한 술안주 거리도 취급하고 있다. 산행 후 입맛이 없다면 이곳에 들러 열무국수나 잔치국수 한그릇 먹는 것도 좋다.

메뉴 열무국수, 잔치국수 각 4천원, 바지락칼국수, 도토리묵, 두부김치, 해물파전
위치 종로구 구기동 123-1, 한국고전번역원 부근   전화 02-379-9080

이조 갈비

한국고전번역원 부근에 있는 고기구이 전문점. 돼지불고기나 한우 갈비를 전문으로 하는 고기구이 전문점이나 간단히 해장국이나 갈비탕을 먹기에도 좋다. 해장국나 냉면 등에는 한우 육수를 사용해 맛이 담백하고 구수한 것이 특징이다. 반찬들도 깔끔하고 맛이 있다.

메뉴 전통해장국 6천원, 갈비탕 8천원, 돼지갈비 1만원, 소불고기 2만5천원
위치 종로구 구기동 124-1, 한국고전번역원 부근　　**전화** 02-379-8080

Visual Course

목정굴

금선사

상명대(2km)

향로봉(0.3km)

진관공원지킴터(2.3km)

07 북한산성 코스

Traffic

1. **북한산성 탐방지원센터** 지하철 3호선 구파발역 1번 출구 ⋯→ 704, 34번 버스 북한산 입구 하차. 북한산성 탐방지원센터까지 도보 5분

계곡길과 도로, 산길, 암벽길이 적절히 섞여 있는 코스. 북한산성 탐방지원센터에서 대서문까지는 북한산성계곡길, 자연탐방로, 도로 등 3가지 길이 있어 취향대로 선택해 갈 수 있고 대서문에서 북한동까지는 널찍한 도로이다. 북한동에서 위문까지는 오르막 산길이 이어지고 약천사터 부근부터는 돌밭길이 위문까지 연결된다. 북한산성 탐방지원센터에서 위문까지는 오르는 길에 뒤를 돌아보면 남쪽에 의상능선, 북쪽에 원효봉과 염초봉이 눈에 들어와 산행이 지루할 새가 없다. 위문에서 백운대까지는 아슬아슬한 암벽길이나 쇠줄과 철계단이 잘되어 있어 조심하면 누구라도 백운대 정상에 오를 수 있다. 백운대 정상에서는 북으로 인수봉, 멀리 도봉산의 오봉, 자운봉, 남으로 북한산의 연봉들, 서로 염초봉과 원효봉, 동으로 만경대, 노적봉, 멀리 수락산, 불암산까지 잘 조망할 수 있어 좋다.

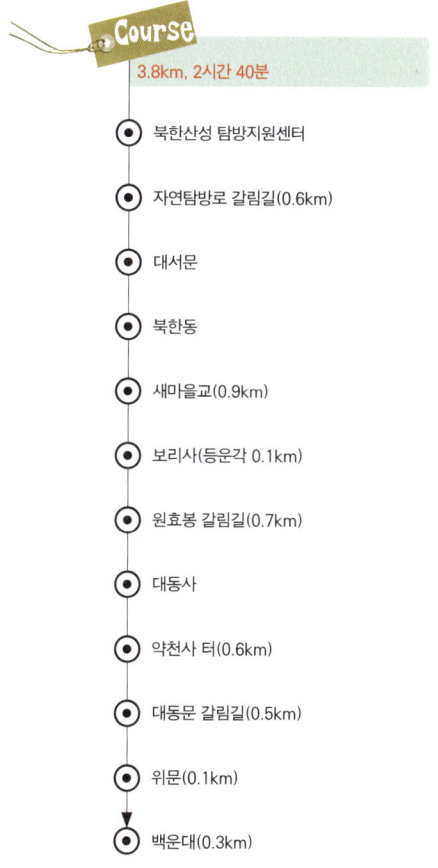

Course
3.8km, 2시간 40분

- 북한산성 탐방지원센터
- 자연탐방로 갈림길(0.6km)
- 대서문
- 북한동
- 새마을교(0.9km)
- 보리사(등운각 0.1km)
- 원효봉 갈림길(0.7km)
- 대동사
- 약천사 터(0.6km)
- 대동문 갈림길(0.5km)
- 위문(0.1km)
- 백운대(0.3km)

Walking & Trekking Spot

북산산성 계곡

북한산성 탐방지원센터에서 조금 올라가면 북한산성계곡 탐방로와 숲길 탐방로, 도로가 나온다. 그중에서 북한산성 계곡탐방로로 향하면 맑고 시원한 물이 흐르는 북한산성계 곡을 구경하며 대서문까지 오를 수 있다. 북한산성계곡은 북한산 내의 백운대, 국녕 사, 중흥사, 부왕사 방향에서 흘러내려 온 개울이 모여 가장 규모가 크고 길며 풍부 한 수량을 자랑하고 있다. 북한산성 계곡 위에 수문이 있었는데 조선말 발생한 수해 로 소실되었다.

대서문(大西門)

1711년 숙종 37년 북한산성 축조시 만들어진 서쪽 성문이 자 북한산성의 정문이다. 의상봉과 원효봉 사이 북한산성 계곡 바로 남쪽 언덕에 위치하고 있다. 북한산성의 6개의 성문 중 가장 낮은 곳에 있는 성문이기도 하다. 대서문을 통과해 산성 안으로 들어 가면 예부터 사람들이 살던 북한동이다.

수문(水門)

1712년 숙종 38년 중성문, 시구문과 함께 북한산성의 방비를 보완하고자 북한산성계곡에 세운 수문이다. 대서문과 시구문 사이의 계곡에 위치했으나 1915년 8월 발생한 수해로 인해 소실되었다.

북한동

대서문 안쪽에 있는 자연부락으로 전하는 이야기로는 삼국시대부터 사람들이 살았다고 한다. 1711년 숙종 37년 북한산성이 축조된 뒤에는 산성 안 행궁과 창고, 군영지, 사찰 등이 신설되었으므로 꽤 큰 마을을 이뤘을 것으로 짐작된다. 현재 북한동에는 60여 호의 가옥과 약30만평의 사유지가 있으나 점차 국립공원 내 개인가옥을 줄여가는 추세여서 조만간 북한동이 사라질 위기에 처해있다.

위문(衛門)

백운대와 만경대 사이에 있는 암문으로 북한산성의 7개의 암문 중 하나다. 해발 725m에 있어 북한산 암문 중 가장 높은 곳에 위치해 있다.

일명 백운동암문이라고도 한다. 누대가 있고 규모가 큰 대문과 달리 누대가 없고 규모가 작은 암문(暗門)은 성곽의 후미진 곳에 위치해 비상시 물자보급통로나 군사들의 출입로로 사용되었다.

백운대(白雲臺)

인수봉, 만경대와 함께 북한산을 대표하는 봉우리로 강북구와 고양시의 경계에 위치해 있다. 백운봉이라고도 하며 높이는 836m다. 화강암 암반이 노출된 봉우리는 멀리서도 확연히 눈에 띈다. 백운대 정상에 서면 북으로 도봉산의 오봉과 자운봉, 만장봉, 신선봉, 동으로 수락산, 불암산, 서로 구파발, 송추 일대, 남으로 북한산 연봉들이 한눈에 들어온다. 백운대로 오르는 기점은 동쪽의 우이동 백운대 탐방지원센터, 서쪽의 진관내동 북한산성 탐방지원센터, 효자동 밤골공원지킴터 등이 있다.

urse Map

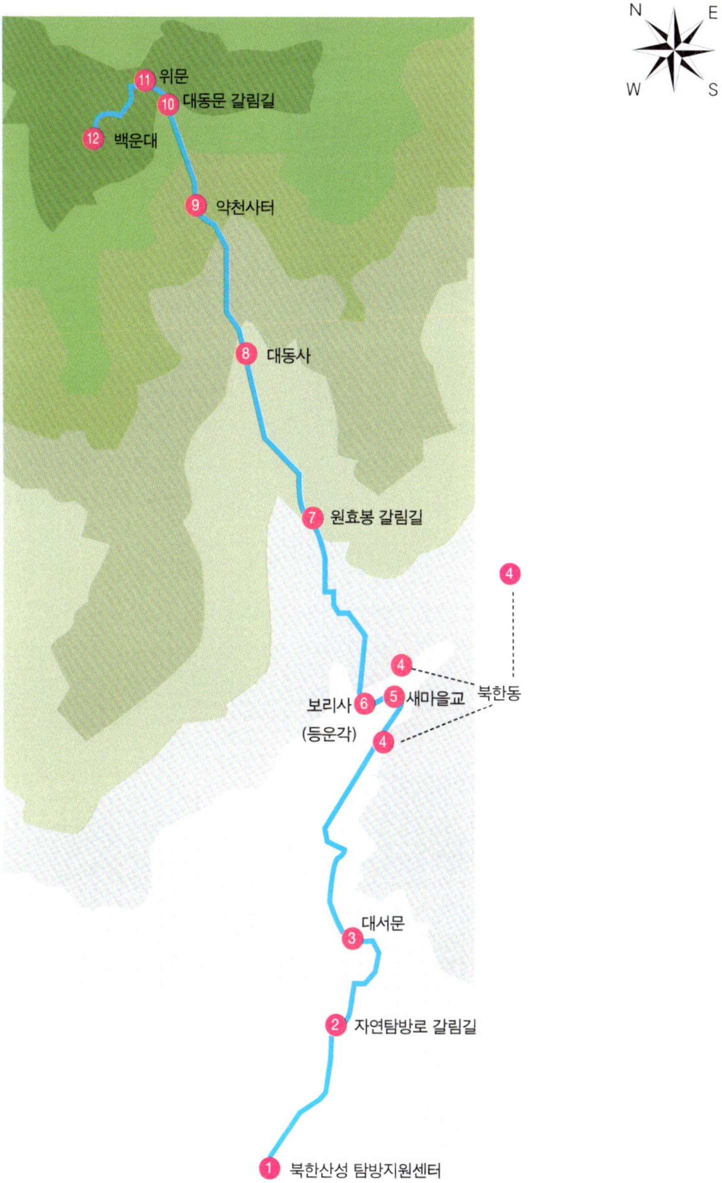

- 11 위문
- 10 대동문 갈림길
- 12 백운대
- 9 약천사터
- 8 대동사
- 7 원효봉 갈림길
- 4
- 4
- 6 보리사 5 새마을교 북한동
- (등운각)
- 4
- 3 대서문
- 2 자연탐방로 갈림길
- 1 북한산성 탐방지원센터

 **Information**

북한산국립공원 북한산성분소	02-357-9698
북한산성 탐방지원센터	02-357-9698
총거리	3.8km
총소요시간	2시간 40분
총소요칼로리	672kcal
난이도	중급

Restaurant & Cafe

팔경정

북한산성 탐방지원센터 북쪽 신식당가 중 제일 산 쪽에 있는 식당. 신식당가는 예전에 산성안 북한동에 있던 식당들이 이전하거나 새로운 식당이 개업하며 생긴 식당가이다. 신식당가 뒤로는 북한산성계곡이 흐르고 계곡 건너에는 허름한 산아래 식당들이 있다. 팔경정은 새 건물로 이전한 산아래 식당이나 너무 깔끔한 분위기 때문에 도심의 고급 식당 느낌이 난다. 곤드레나물밥은 곤드레를 넣고 한 밥에 된장이나 간장으로 간을 해 먹는 것을 말한다.

메뉴 손만두 국 6천원, 곤드레나물밥 8천원, 만두버섯전골 3만원, 한방닭백숙 3만8천원
위치 은평구 진관동 266-9, 북한산성 신식당가 북한산성 탐방지원센터 부근   **전화** 02-387-5902

미담

둘레길주막이라 홍보하고 있는 신식당가의 식당. 주막이라 하기에는 새로 지은 건물이 세련되어 보여 양식을 파는 레스토랑일 것만 같다. 걷기나 산행을 마친 뒤, 각종 전이나 생선구이 도토리묵을 놓고 막걸리 한잔하기 좋은 곳이다. 허름한 분위기가 아니어서 막걸리를 마셔도 와인을 마시는 느낌이 난다.

메뉴 도토리수제비, 명이나물보쌈 각 5천원, 참살이도토리세트 2만5천원
위치 은평구 진관동, 팔경정 서쪽   **전화** 02-354-1313

북한산성

북한산성 구, 신식당가에서 유일하게 조개 수족관이 있는 식당. 조개구이, 생선구이 알탕 등 해산물 요리를 주로 하지만 능이닭/오리백숙 같은 몸보신 메뉴도 하고 있다. 여기에 세계최초 발명특허 800℃ 완전무공해 직화구이라는 거창한 이름의 삼겹살스테이크도 취급하고 있다. 근처 식당가 중 유일하게 육해공 요리를 한 곳에서 맛볼 수 있는 곳이다.

메뉴 조개구이, 생선구이, 알탕, 해물순두부, 통삼겹스테이크, 해물된장, 능이닭/오리백숙
위치 은평구 진관동 278-8, 신식당가 중간   전화 02-387-1178

갤러리 레스토랑 보라

진관동 북한산 입구이자 신식당가 입구에 있는 3층짜리 갤러리 레스토랑. 1~3층에 이르는 건물외관에는 한 소녀의 모습이 프린트되어 있어 찾기 쉽다. 갤러리 레스토랑이란 이름과 달리 취급하고 있는 메뉴는 산아래 식당에서 볼 수 있는 파전, 녹두전, 도토리묵 같은 음식들이다. 물론 술안주 외 커피나 음료도 취급하고 있으나 왠지 파전에는 원두커피보다 자판기 커피가 더 어울리는 듯 하다.

메뉴 파전, 녹두전, 도토리묵, 김치찌개, 배다리막걸리, 수제돈가스
위치 은평구 진관동, 신식당가 입구

W&T Plus

Course : 2.5km, 1시간 30분, 378kcal, 초급코스
북한산성 탐방지원센터/효자동→자연탐방로 갈림길(0.6km)→대서문→북한동→새마을교(0.9km)→보리사(등운각 0.1km)→원효봉 갈림길(0.7km)→상운사→북문(0.5km)→원효봉(0.2km)

하산 코스 : 2.3km, 1시간 30분, 378kcal
원효봉→원효암→서암문(1.3km)→효자농원(0.5km)→효자동 마을금고 버스정류장(0.5km)게 보인다.

상운사(祥雲寺)

신라시대 원효대사가 삼천사와 함께 창건한 것으로 알려지고 있다. 조선시대인 1722년 경종 2년 승병장 회수가 중창하면서 노적사로 이름을 바꾼 적이 있고, 1813년 순조 13년 승병장 태월과 지청이 중건하며 현재의 이름을 갖게 되었다. 위 기록에서 알 수 있듯이 1711년 북한산성이 축조된 이래 상운사에는 많은 승병장이 머물렀다. 한때 130여 칸의 건물이 있었으나 6.25전쟁을 거치며 대부분 소실되었고 현재의 건물들은 후에 다시 지은 것이 많다.

북문(北門)

조선시대인 1711년 숙종 37년 북한산성이 축조될 때 만들어진 북쪽 성문. 원효봉과 백운대로 향하는 염초봉 사이에 위치하고 있고, 북으로는 장흥과 양주, 남으로는 북한산성 안과 통한다. 현재 북한산성의 성문 중 유일하게 문루가 복원되지 못한 상태로 남아 있다.

원효봉(元曉峯)

백운대 서쪽에 있는 봉우리로 백운대에서 염초봉을 지나 봉긋하게 솟아있다. 높이는 505m. 달걀 모양의 봉우리는 흡사 노적봉과 비슷해 혼동이 되기도 한다. 원효봉이란 이름은 상운사를 창건한 원효가 상운사 뒤 바위에서 좌선을 했다고 해서 붙인 듯. 원효봉에는 상운사 외 원효대사가 수도를 했다는 원효암이 있어 원효대사 인연이 깊은 봉우리라 할 수 있다. 원효봉 정상에서는 동으로 염초봉과 백운대, 만경대, 노적봉, 남으로 의상봉과 의상능선, 문수봉, 보현봉, 북으로 밤골능선과 사기막능선, 상장능선, 오봉, 자운봉 등이 한눈에 들어온다.

원효사(元曉寺)

신라시대 원효대사가 창건한 것으로 전하고 있고, 조선시대 북한산성이 축조된 후 승병장 성능에 의해 중창되었다. 6.25전쟁 시 많은 건물이 소실되었고 현재의 건물은 1955년 재건된 것이다. 대웅보전 지나 안쪽의 커다란 바위 밑 샘은 원효대사가 지팡이로 구멍을 낸 것이라 한다. 원효사에서는 원효의 라이벌이었던 의상대사의 전설이 서려있는 의상봉이 가깝게 보인다.

서암문(西暗門)

조선시대인 1711년 숙종 37년 북한산성이 축조될 때 만들어진 암문. 사각의 다른 암문과 달리 둥근 홍예 모양을 하고 있어 특이하다. 서암문의 다른 이름은 시구문(屍軀門)으로 북한산성 내에서 발생한 시체가 나가던 문이란 뜻. 그 때문일까. 서암문을 나서면 효자동이 나오는데 이곳에 효자동 공설묘지가 있다.

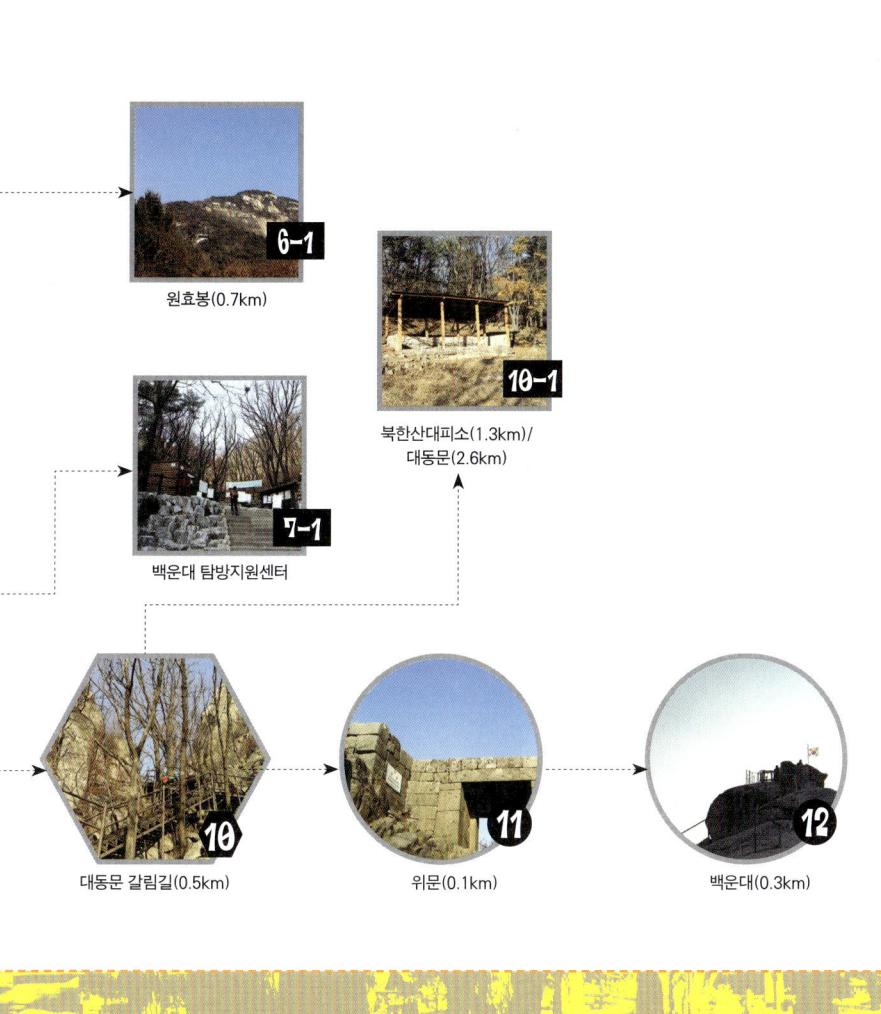

대남문 코스

> **Traffic**
>
> 1. **북한산성 탐방지원센터** 지하철 3호선 구파발역 1번 출구 ⋯▸ 704, 34번 버스 북한산 입구 하차. 북한산성 탐방지원센터까지 도보 5분

계곡길과 산길이 절반씩 섞여 있는 길이고 중간에 성문과 사찰, 행궁 터 등 유적이 즐비한 역사탐방코스. 북한산성 탐방지원센터를 출발해 얼마 가지 않아 북한산성 주문인 대서문에 다다르고 대서문에서 북한동을 거쳐 대남문 방향으로 향하면 산성 안의 성문인 중성문을 만나게 된다. 중성문을 보고 북한산성이 방비를 충실한 이중산성임을 알게 되고 중성문을 지나면 승병의 활동을 엿볼 수 있는 북한승도절목과 선정비군을 보게 된다. 이들 북한산성을 방어하던 승려들은 중흥사나 태고사 등에 속했고 중흥사를 지나니 승병 외 북한산성을 방어하던 정식군사들이 주둔하던 금위영, 어영청 유영지가 나타난다. 이들 유영지 옆에는 임금이 전란 시 피신하던 행궁 터, 창고 등이 있어 북한산성이 조선시대 작은 신도시였음을 느끼게 한다.

Course
5.5km, 3시간

- 북한산성 탐방지원센터
- 도로
- 의상봉 갈림길
- 대서문
- 북한동
- 새마을교(1.5km)
- 의상봉 갈림길(0.6km)
- 중성문(0.6km)
- 부왕동암문 갈림길(0.6km)
- 북한승도절목·선정비군
- 산영루터
- 중흥사터
- 북한산대피소 갈림길(0.4km)
- 청수동암문 갈림길(0.4km)
- 경리청상창터
- 행궁터
- 대동문 갈림길(0.3km)
- 보국문 갈림길
- 금위영 유영지
- 어영청 유영지/대성문 갈림길/대성암(0.6km)
- 대남문(0.5km)

※ 하산 코스

1. 구기 탐방지원센터 방향 : 2.6km, 1시간 30분, 378kcal
대남문→고개→문수암 갈림길(0.3km)→고개→승가사 갈림길(1.5km)→구기 탐방지원센터(0.8km)

Walking & Trekking Spot

중성문(中城門)

조선시대인 1711년 숙종 37년 북한산성을 축조한 다음해인 1712년에 만들어진 성문으로 북한산성 안에 있다. 적의 공격으로 비교적 낮고 평탄한 곳에 있는 북한산성의 주문인 대서문이 뚫릴 경우 중성문으로 산성 안의 행궁이나 창고를 방어할 수 있게 한 것. 중성문 양옆으로 영취봉과 증봉 방향으로 약 200여 미터의 성벽이 있었다. 중성문의 단층문루는 19세기 말 소실된 것을 근년에 복원했다.

부왕동암문(扶旺洞暗門)

조선시대인 1711년 숙종 37년 북한산성 축조시 만들어진 암문이다. 의상능선의 중취봉과 나월봉 사이에 있고 원각문으로도 불린다. 부왕동암문이란 이름은 북한산성 축조와 동시에 산성 안에 세워진 부왕사에서 유래된 것이다. 원각문이란 것은 부왕동암문 바로 아래 원각사 터가 있기 때문이다. 부왕동암문에서는 산성 안의 모습은 물론 남서쪽으로 길게 늘어선 응봉능선, 북동쪽으로 길게 늘어선 만경대에서 시단봉(동장대)에 이르는 능선이 한눈에 들어온다.

북한승도절목(北漢僧徒節目)·선정비군(善政碑群)

중성문에서 계곡을 따라 올라간 곳에 널찍한 암반에 적힌 글이 있고 여기저기 쓰러진 비석들이 보인다. 암반에 적힌 글은 북한승도절목으로 1885년 철종 5년에 기록된 것인데 북한산성 내 승도(승병) 대장인 팔도도총섭의 교체에 따른 폐단을 없애 산성수호에 최선을 다하자는 내용이다. 쓰러진 비석들은 선정비들로 역대 산성관리를 맡았던

수성대장격인 총융사의 선정과 업적을 기리는 비석들이다. 이곳의 선정비는 대부분 19세기에 세워진 것으로 암반에 새긴 것까지 포함에 총 21기가 있다.

산영루(山影樓) 터

북한승도절목·선정비군에서 멀지 않은 계곡 가에 산영루 터가 있었다. 산영루는 1711년 숙종 37년 북한산성 축조 시 세워진 정자다. 인근 중흥사와 태고사, 부왕사에서 들려오는 풍경 소리와 북한산성계곡에 흐르는 물소리를 들으며 풍류를 즐겼을 정자는 20세기 초에 소실된 것으로 추정된다. 한때 다산 정약용도 이곳에 들러 산영루에서의 정취를 시로 남긴 적이 있다.

중흥사(重興寺)터

조선시대인 1711년 숙종 37년 북한산성 축조 시 산성을 경비할 승병을 위한 13개의 사찰을 두었는데 중흥사는 태고사와 함께 기존에 있던 사찰이고 나머지 11개는 신설된 것이다. 중흥사는 고려 초에 창건되었고 북한성성이 축조된 이후인 1713년 숙종 39년 중건되어 136칸에 달하는 대사찰이 되었다. 고려 말 고승 원증국사, 보우가 중흥사 주지였고, 조선시대 임진왜란 시 전국 승군을 총지휘하는 본부가 설치되기도 했다. 현재는 1904년 8월의 화재와 1915년의 수해로 인해 사찰 대부분이 소실되어 폐허로 남아 있다.

태고사(太古寺)

고려 1341년 충혜왕 복위 2년 보우가 중흥사에 있을 때 창건했다. 태고사 경내에는 보물 제611호인 태고사 원증국사탑비와 보물 제749호인 원증국사 부도탑이 남아 있는데 원증국사는 태고사를 창건한 보우를 말한다. 원증국사탑비는 커다란 거북이 등 위에 세워진 탑으로 높이가 3.42m에 달하고 보우의 부도탑인 까닭에 탑의 내용은 보우의 출생에서 입적까지를 소상하게 적고 있다. 보우 입적 3년 후인 1385년 우왕 11년에 건립되었다. 원증국사 부도탑은 기단위로 탑신을 올리고 독특한 머리장식을 한 것이 특징이다.

경리청상창(經理廳上倉)터

1711년 숙종 37년 북한산성 축조 후 전란을 대비해 양곡을 보관하던 경리청상청이란 창고가 있던 자리다. 창고 63칸, 내아 12칸, 집사청 3칸, 군관청 4칸, 서원청 4칸 규모였고 성내사두를 총괄하는 관성소가 있었고 행궁을 관리하던 관성장이 근무하던 곳이었다. 이외에 상창 옆 어공미를 보관하던 호조창, 중흥사 앞 중창, 대서문 안 하창, 성 밖에는 탕춘대 안쪽에 평창이 있었다.

행궁(行宮)터

중흥사 터에서 대남문 방향으로 조금 올라간 곳에 행궁터가 있다. 행궁이란 전란 시 임금이 임시로 머무는 거처를 말한다. 1711년 숙종 37년 5월 북한산성 축조 시 건립되기 시작하여 내외전 124칸 규모로 이듬해 5월 완공하였다. 평상시에는 북한산문고를 두고 실록 같은 서적을 보관하였고 역대 왕 중에는 숙종과 영조가 찾은 기록이 있다. 1915년 8월 수해로 폐허가 된 이후 방치되고 있다.

대성문(大成門)

조선시대인 1711년 숙종 37년 북한산성 축조 시 만들어진 성문으로 임금이 출입하던 문이다. 보국문과 대남문 사이에 있고 폭 3.7m, 높이 4m로 북한산성 성문 중 가장 크다. 대성문 남쪽으로 보현봉과 형제봉 능선으로 이어진다. 정릉에서 대성문으로 오를 수 있으나 꽤 가파르고 힘들어 실제 임금이 출입하진 않은 것으로 보인다. 북한산성의 주문이자 지대가 낮은 곳에 있는 대서문으로 출입해 행궁까지 오가지 않았을까.

금위영 유영지(禁衛營 留營址)

훈련도감, 어영청과 함께 북한산성을 쌓았던 금위영의 주둔지로 금영, 금창으로도 불렸다. 금위영은 조선후기 오군영의 하나로 훈련도감, 어영청과 함께 국왕 호위와 한양도성 방비임무를 담당했다. 이곳에 금위영 유영지가 설치된 것은 금위영이 북한산성 축조 시 용암봉에서 보현봉까지 산성을 쌓았고 이후 이 구간의 산성을 관리하기 위해서였다. 근처에 북한산성금 소동문에 있던 금위영을 현 보국사 아래로 이전한 것을 알리는 위영이건기비가 남아 있다.

어영청 유영지 (御營廳 留營址)

훈련도감, 어영청과 함께 북한산성을 쌓았던 어영청의 주둔지로 어영, 어창으로도 불렸다. 어영청은 조선후기 오군영의 하나이자 훈련도감, 금위영과 함께 삼군문의 하나로 국왕 호위와 한양도성 방비임무를 담당했다. 이곳에 어영청 유영지가 설치된 것은 어영청이 북한산성 축조 시 보현봉에서 대서문 부근 수문까지 산성을 쌓았고 이후 이구간의 산성을 관리하기 위해서였다. 삼군문의 하나인 훈련도감은 중성문 북동쪽 노적봉 아래에 있었다.

대남문 (大南門)

조선시대인 1711년 숙종 37년 북한산성 축조 시 만들어진 성문으로 남쪽에 있어 남문이라 불린다. 문수봉과 보현봉 북쪽 능선 사이, 대성문과 청수동암문 사이에 자리잡고 있다. 대남문에 서면 북으로 백운대와 인수봉, 만경대, 남으로 평창동과 구기동, 북악산, 서울시내가 한눈에 보인다. 북한산에서 대성문과 함께 서울시내를 조망하기 가장 좋은 곳이다.

Restaurant & Cafe

가야밀냉면·칼국수

북한산성 입구 남쪽 구식당가에 있는 밀면과 칼국수 전문점. 밀면은 부산, 경남지역에서 많이 먹는 향토음식으로 더운 한여름에 맛보면 좋다. 밀면과 칼국수를 전문으로 하는 식당이지만 북한산 아래에 있는 식당이어서 토종닭백숙, 닭볶음탕, 오리탕 등 몸보신 메뉴도 취급한다.

메뉴 밀냉면, 비빔냉면, 해물칼국수, 해물수제비 각 6천원 내외
위치 은평구 진관동 277-17, 북한산성 입구 구식당가
전화 02-356-5546~7

대관령 황태해장국

시원한 밀면이나 따끈한 칼국수가 당기지 않는다면 진한 국물이 우러난 황태해장국은 어떨까. 여럿이 왔다면 황태구이나 황태전골을 시켜도 좋을 듯. 황태 요리외 닭백숙이나 닭볶음탕, 오리백숙 같은 몸보신 메뉴도 맛볼 수 있다.

메뉴 황태해장국, 만둣국 각 6천원,
　　 황태구이 소 1만8천원, 황태전골 소 2만5천원
위치 은평구 진관동, 북한산성 입구 구식당가 중간
전화 02-386-0606

형재갈비

북한산성 입구 구식당가 끝에서 뒤로 가면 나오는 고기구이전문점. 왁자지껄한 식당가의 소란스러움 대신 고급 식당의 조용함을 찾는다면 한번쯤 가볼 만한 곳이다. 도심의 고급 고기구이전문점에 비해 가격이 비싸지 않고 양이 많으며 맛도 좋다.

메뉴 왕갈비탕 8천원, 돼지왕구이 1만2천원,
　　 멍석구이 1만3천원, 소왕갈비 2만5천원
위치 은평구 진관동, 북한산성 입구 구식당가에서
　　 버스정류장 방향
전화 02-353-5455

사람과 산 포장식당

구기 탐방지원센터 아래 식당가를 지나 한국고전번역원 방향으로 걸어가면 골목 가에 포장을 친 식당이 보인다. 한쪽에는 사람과 산이라는 등산용품 상점 간판이 있다. 포장마차가 아닌 포장식당이나 분위기는 야외에 있는 포장마차 느낌이다. 식사를 하기보다는 산행 후 간단히 막걸리 한잔을 기우릴 수 있는 곳이다. 겨울이면 식당 안 장작 난로의 불빛이 따듯해 보인다.

메뉴 김밥, 라면, 비빔국수, 김치찌개, 해물파전, 부추전, 닭볶음탕
위치 종로구 구기동, 구기 탐방지원센터 아래 식당가 지나 골목

가는 골

평일 낮에는 불이 꺼져있어 장사를 하지 않는 듯 보이지만, 저녁 시간이나 주말에는 사람들로 북적이는 식당. 식사보다는 술자리를 위한 식당이라고 하는 것이 좋겠다. 산행 후 파전에 막걸리나 골뱅이 무침에 생맥주 한잔하기 좋은 곳.

메뉴 콩나물라면, 사누키우동 각 4천원, 도토리묵 1만원, 섞어찌개, 오삼불고기 각 3만원
위치 종로구 구기동, 구기 탐방지원센터 아래 식당가 지나 골목   **전화** 02-391-2233

Course Map

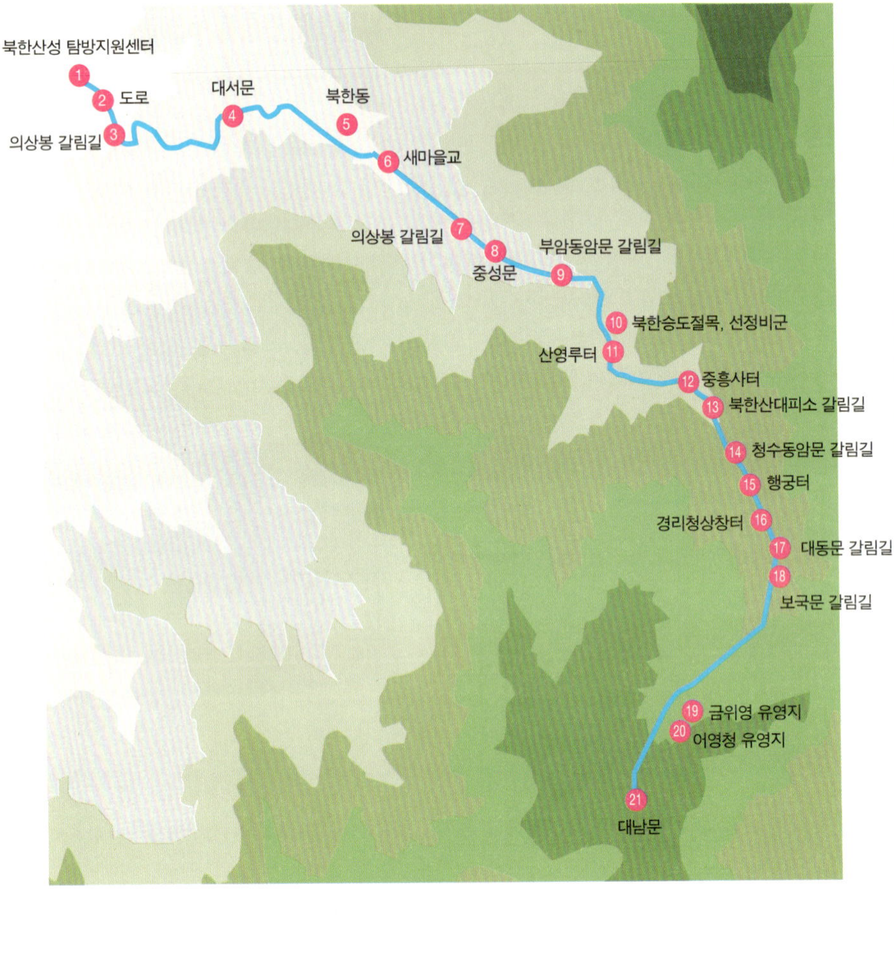

1. 북한산성 탐방지원센터
2. 도로
3. 의상봉 갈림길
4. 대서문
5. 북한동
6. 새마을교
7. 의상봉 갈림길
8. 중성문
9. 부암동암문 갈림길
10. 북한승도절목, 선정비군
11. 산영루터
12. 중흥사터
13. 북한산대피소 갈림길
14. 청수동암문 갈림길
15. 행궁터
16. 경리청상창터
17. 대동문 갈림길
18. 보국문 갈림길
19. 금위영 유영지
20. 어영청 유영지
21. 대남문

Information

총거리	5.5km
총소요시간	3시간
총소요칼로리	756kcal
난이도	고급

W&T Plus

장군봉

장군봉(將軍峯)은 중흥사 터 서쪽에 있는 암봉으로 일명 파랑새바위라 불린다. 고려 우왕 당시 이곳에 주둔하던 최영장군이 북한산성의 전신인 중흥성을 개축하였다는 데에서 장군봉이란 이름이 생겼다. 장군봉과 구암봉 사이에 중흥사가 위치하고 있다.

W&T TIP

북한산 능선

1. 백운봉 주능선길
백운대에서 시작해 위문, 대동문, 대남문을 거쳐 비봉에 이르는 북한산 대표능선으로 길이는 약 8km. 백운봉으로 오르는 가장 짧은 코스는 우이동에서 하루재를 거쳐 오르는 약 5km의 코스이고 그 다음은 진관동 북한산성 입구에서 대서문을 거쳐 오르는 약 5km의 코스가 있다. 백운봉 주능선길 중간에서는 정릉에서 보국문을 거쳐 백운봉으로 향하는 약 7.5km의 코스, 구기동에서 대남문을 거쳐 백운봉으로 향하는 약 10km의 코스 등이 있다.

Course 약 8km, 2시간 30분, 630kcal
백운대-위문-용암문-동장대-대동문-보국문-대성문-대남문-청수동암문-사모바위-비봉

2. 산성주능선길
북한산 북한산성의 위문에서 대동문을 거쳐 대남문에 이르는 코스로 길이는 약 6km. 백운봉과 대남문에서 비봉까지를 빼면 백운봉 주능선길과 같다. 전 북한산성 성문을 도는 북한산성 14성문 종주코스는 진관동 북한산성 입구의 수문지에서 출발해 서암문, 북문, 위문, 대동문, 대남문을 거치고 의상능선의 부왕동암문, 기사당암문을 지나 대서문에 이르는 코스로 길이는 약 13km다. 산성주능선길이 비교적 평탄한 길이라면 북한산성 14성문 종주코스 중 청수동암문에서 가사당암문까지의 의상능선길은 꽤 오르내림이 있는 험난한 길이다.

Course
1) 산성주능선길 : 약 6km, 2시간, 504kcal
위문-용암문-동장대-대동문-보국문-대성문-대남문
2) 북한산성 14성문 종주길 : 약 13km, 8~9시간 소요
수문지(진관동 북한산성 입구)-서암문-북문-위문-용암문-동장대-대동문-보국문-대성문-대남문-청수동암문-부왕동암문-가사당암문-중성문-대서문

3. 우이능선길
만경봉에서 하루재, 영봉을 거쳐 육모정고개까지의 능선으로 길이는 약 2.4km. 실질적으로는 위문에서 하루재, 영봉을 거쳐 육모정고개로 향한다.

Course 약 2.4km, 1시간 30분, 378kcal
만경봉-위문-백운대피소-북한산경찰산악구조대-하루재-영봉-육모정고개

4. 북장대능선(노적봉능선)길

노적봉에서 서쪽으로 향해 북장대지를 거쳐 보리사(등운각)에 이르는 코스로 길이는 약 2.5km다. 보리사 뒷란 좌측에 훈련도감 유영지가 있다. 현재 보리사에서 노적봉으로 향하는 출입통제구간이어서, 노적봉에서 서쪽으로 향하다가 북장대지를 보고 방향을 바꿔 남쪽 노적사로 하산한다.
Course 약 2.5km, 1시간 30분, 378kcal
위문-노적봉-북장대지-보리사(위문-노적봉-북장대지-노적사)

5. 남장대능선길

청수동암문에서 북서쪽에 있는 715봉에서 북쪽으로 이어져 남장대지, 행궁터를 거쳐 행궁터 갈림길에 이르는 코스로 길이는 약 1.5km다. 의상능선과 대동문에서 대남문에 이르는 산성능선 사이에 위치해 의상능선을 가장 잘 조망할 수 있다. 아울러 북쪽 백운봉과 만경대, 노적봉을 바라보며 산행할 수 있는 곳이기도 하다. 능선 중간의 남장대는 의상능선의 산성과 대동문에서 대남문에 이르는 산성능선을 모두 조망할 수 있는 곳에 세워졌으나 현재는 터만 남아있다.
Course 약 1.5km, 30분, 126kcal
청수동암문-715봉-남장대터-행궁터-행궁터 갈림길

6. 진달래능선길

진달래공원지킴터에서 백련사 갈림길, 운가 갈림길을 거쳐 대동문에 이르는 코스로 길이는 약 2.5km. 진달래능선의 북쪽 할렐루야기도원을 지나 소귀천계곡에서 능선에 이르는 길과 능선 남쪽 백련사에서 능선에 이르는 길 등이 있다. 진달래가 피는 봄의 풍경이 아름답고 능선에서 보는 백운봉과 만경대, 인수봉이 멋지다. 멀게는 도봉산의 모습도 눈에 들어온다. 진달래공원지킴터로 향하는 지장암 기점은 북한산국립공원 우이분소와 할레루야기도원 입구 중간의 샛길이다.
Course 약 2.5km, 1시간 30분, 378kcal
(북한산국립공원 우이분소-지장암 기점-)진달래공원지킴터-백련사 갈림길-운가 갈림길-소귀천길과 진달래길 합류점-대동문

7. 칼바위능선길

정릉동 칼바위공원지킴터에서 화계사 갈림길, 냉골, 정릉계곡 갈림길, 칼바위정상을 거쳐 대동문과 보국문 사이 산선주능선 칼바위갈림길에 이르는 코스로 길이는 약 2.5km. 칼날처럼 날카로운 바위길이 연속된다고 하여 칼바위능선이라는 이름이 붙여졌다. 칼바위능선 남서쪽으로 보현봉과 형제봉능선, 북쪽으로 진달래능선, 백운봉, 만경대, 인수봉 등이 한눈에 보인다.

Course 약 2.5km, 2시간, 504kcal
칼바위공원지킴터-화계사 갈림길-냉골/정릉계곡 갈림길-칼바위 정상-칼바위 갈림길(산성주능선)

8. 대성능선길

정릉 탐방지원센터에서 청수천, 삼봉사 갈림길, 영취사를 거쳐 형제봉능선 합류점까지의 코스로 길이는 약 2.3km. 북악공원지킴터, 형제봉공원지킴터에서 형제봉능선을 지나 대성능선 상단과 만나는 지점이 형제봉능선 합류점. 형제봉능선 합류점에서 북쪽으로 향하면 대성문이 나오기 때문에, 출발지인 정릉탐방지원센터에서는 오른쪽 보국문 방향이 아닌 왼쪽 대성문 방향으로 오르면 대성능선이 된다. 북동쪽으로 칼바위능선과 남쪽으로 형제봉능선이 가깝게 있어 시야가 좋지 않고 첩첩산중을 지나는 느낌이 든다.

Course 2.3km, 1시간 30분, 378kcal
정릉 탐방지원센터-청수천-삼봉사 갈림길-영취사-형제봉능선 합류점

9. 형제봉능선길

1) 형제봉능선길

형제봉공원지킴터에서 구복암, 형제봉 정상, 평창동 갈림길, 대성능선 합류점을 거쳐 대성문에 이르는 코스로 길이는 약 3.1km. 원래 대성능선 합류점에서 일선사, 보현봉을 거쳐 대남문으로 가야하지만 보현봉으로 오는 길이 매우 가파르고 현재 자연휴식년으로 통행이 금지되어 있어 대성문 방향으로 오른다. 동쪽으로 대성능선, 서쪽으로 사자능선, 북쪽으로 보현봉, 남쪽으로 평창동 지나 북악산까지 사방팔방이 잘 조망된다.

Course 약 3.1km, 2시간, 504kcal
형제봉공원지킴터-구복암-형제봉 정상(큰 형제봉)-작은 형제봉-평창동 갈림길-대성능선 합류점-일선사 갈림길-대성문

2) 형제봉동릉길

북악공원지킴터와 국민대공원지킴터, 정릉 탐방지원센터에서 영불사 부근 동릉, 형제봉 정상, 평창동 갈림길, 대성능선 합류점을 거쳐 대성문에 이르는 코스. 형제봉동릉길의 정 코스는 북악공원지킴터에서 오

는 길로 길이는 약 3.4km. 형제봉동릉에서는 형제봉능선을 가장 가깝게 볼 수 있다.
Course : 약 3.4km, 2시간 30분, 630kcal
북악공원지킴터/국민대공원지킴터-정릉 탐방지원센터(신성천 방향)-동릉-형제봉 정상-평창동 갈림길-대성능선 합류점-대성문

10. 비봉능선길
문수봉에서 승가봉, 사모바위, 비봉을 거쳐 향로봉에 이르는 코스로 길이는 약 2.2km. 북쪽으로 의상능선과 응봉능선이 분기되고 남쪽으로 북악산과 서울시내의 모습을 조망할 수 있다. 문수봉에서 승가봉으로 가는 길이 험해 청수동암문으로 돌아가는 것만 빼면 대체로 평탄하여 누구나 쉽게 지날 수 있는 코스다.
Course 약 2.2km, 1시간 30분, 378kcal
문수봉-청수동암문-승가봉-사모바위-비봉-향로봉

11. 응봉(매봉)능선길
비봉능선 상의 사모바위에서 응봉, 333봉을 거쳐 삼천사 탐방지원센터에 이르는 코스로 길이는 약 2.4km. 북동쪽으로 의상능선, 서쪽으로 은평뉴타운, 남쪽으로 북악산, 서울 시내가 잘 조망되는 길로 의상능선의 험한 바윗길과 달리 비교적 편안한 능선길이라고 할 수 있다. 의상능선 남서쪽에서 있어 의상능선을 가장 잘 볼 수 있는 곳이기도 하다. 응봉능선은 1968년 김신조 사건으로 28년 동안 폐쇄되었다가 지난 1996년 개방되었다. 당시 응봉능선의 출발지인 사모바위에서 김신조 일당이 하루 동안 머물러 김신조 바위라고 부르기도 한다.
Course 2.4km, 1시간 30분, 378kcal
사모바위-응봉-333봉-삼천사 탐방지원센터

12. 사자능선길
보현봉에서 383봉, 308봉을 거쳐 구기터널삼거리 부근 232봉에 이르는 코스로 길이는 약 2.5km. 보현봉 일대가 자연휴식년제로 통행이 금지되어 실제 다닐 수 있는 곳은 평창동 윗마을에서 사자능선을 올라

구기터널 쪽으로 하산하는 정도이다. 동쪽으로 형제봉능선, 서쪽으로 향로봉과 족두리봉이 한눈에 들어온다.
Course 약 1km, 40분, 168kcal
평창동 윗마을-232봉-구기터널 방향 구기동

13. 향로봉북능선길
향로봉에서 향로봉북능선, 진관사를 거쳐 진관공원지킴터에 이르는 코스로 길이는 약 2.2km. 북동쪽으로 응봉능선이 가까이 있고 서쪽으로는 은평구 뉴타운이 보인다. 향로봉에서 남쪽으로 탕춘대성이 인왕산까지 이어지고 인왕산에서는 한양도성이 남산, 낙산, 북악산 등을 거치며 서울시내를 감싼다.
Course 약 2.2km, 1시간 30분, 378kcal
향로봉-향로봉북능선-진관사-진관공원지킴터

14. 향로봉북서능선(기자촌능선)길
향로봉에서 향로봉북서능선을 거쳐 은평구 기자촌공원지킴터에 이르는 코스로 길이는 약 1.9km. 북쪽으로 향로봉북능선이 가까이 있고 그 뒤로 응봉능선이 보이며, 남쪽으로 족두리봉이 있다. 서쪽으로 은평뉴타운을 내려다보며 하산하는 코스다.
Course 약 1.9km, 1시간 30분, 378kcal
향로봉-향로봉북서능선-기자촌공원지킴터

15. 족두리봉능선길
1) 족두리봉 북서릉길
불광중학교 동쪽에서 족두리봉 북서릉을 거쳐 족두리봉에 이르는 코스로 길이는 약 1.5km. 북동쪽으로 비봉능선이 가깝게 보이고 북쪽으로 백운봉과 만경대, 원효봉이 아스라이 시야에 들어온다. 불광중학교 동쪽에서 족두리봉 중단까지는 소나무가 무성한 숲길이나 족두리봉 중단부터 족두리봉 정상까지는 슬랩이라고 하는 넓은 암반이 노출되어 있는 암반길이다. 넓은 암반길의 가장자리는 다소 위험할 수 있으나 주의해서 오르면 무난히 족두리봉 정상에 오를 수 있다.
Course 약 1.5km, 1시간, 252kcal
불광중학교 동쪽-족두리봉북서릉-족두리봉

2) 족두리봉 남서릉길
지하철 6호선 독바위역 부근 대호공원지킴터에서 족두리봉 남서릉을 거쳐 족두리봉에 이르는 코스로 길이는 약 1.2km다. 족두리봉에서는 북동쪽으로 비봉능선, 동쪽으로 탕춘대성, 남쪽으로 인왕산, 서울시내, 서쪽으로 은평뉴타운이 한눈에 들어온다.
Course 약 1.2km, 1시간, 252kcal
(지하철 6호선 독바위역-)대호공원지킴터-족두리봉 남서릉-족두리봉

3) 족두리봉 남릉길
독박골 북한산생태공원 부근 용화사에서 용화사 제1지킴터, 족도리봉 남릉을 거쳐 족두리봉에 이르는 코스로 길이는 약 1km. 동쪽으로 비봉능선, 남쪽으로 가깝게 독바위산이 있고 멀리 인왕산이 보인다. 용화사 외 북악터널 앞에서 용화사공원 제2지킴터를 거쳐 족두리봉으로 올라가는 코스도 있다.

Course 약 1km, 1시간, 252kcal
(독박골 북한산생태공원-)용화사-용화사공원 제1지킴터-족두리봉

16. 의상능선길

문수봉에서 청수동암문, 715봉, 나한봉, 나월봉, 부왕동암문, 증취봉, 용혈봉, 용출봉, 가사당암문, 의상봉을 거쳐 백화사에 이르는 코스로 길이는 약 4km. 북한산성 동쪽의 위문에서 대남문에 이르는 산성주능선에 빗댄다면 산성 서쪽의 청수동암문에서 가사당암문에 이르는 산성부능선 정도라고 할 수 있다. 또는 의상능선에 문수봉, 715봉, 나한봉, 나월봉, 증취봉, 용혈봉, 용출봉, 의상봉 등 8개의 봉우리가 있다고 하여 팔봉이라고도 한다. 능선 중간에 가파른 길을 쇠줄에 의지해 지나야 하는 경우가 있어 주의가 필요하다. 의상능선의 남쪽으로 비봉능선, 북쪽으로 백운봉, 만경대, 노적봉, 동쪽으로 남장대능선이 한눈에 들어온다. 그중 백운봉과 만경대, 노적봉, 염초봉, 원효봉 등 북한산 주봉들의 남쪽 풍경이 가장 잘 조망되는 코스다.

Course 약 4km, 3시간 30분~4시간
문수봉-청수동암문-715봉-나한봉-나월봉-부왕동암문-증취봉-용혈봉-용출봉-가사당암문-의상봉-백화사

17. 나월봉능선길

삼천사 탐방지원센터에서 삼천사, 삼천사계곡, 나월봉능선, 부왕동암문 갈림길을 거쳐 나월봉에 이르는 코스로 길이는 2.4km. 초행자는 부왕동암문 갈림길에서 나월봉으로 향하는 길을 찾기 어려움으로 대개 부왕동암문으로 향해 나월봉으로 간다. 나월봉능선 북쪽으로 의상봉, 용출봉, 용혈봉, 증취봉, 남쪽으로 나한봉, 문수봉이 잘 조망된다.

Course : 약 2.4km, 1시간 30분, 378kcal
삼천사 탐방지원센터-삼천사-삼천사계곡-나월봉능선-부왕동암문 갈림길-부왕동암문-나월봉

18. 용출봉능선길

백화사에서 용출봉능선, 가사당암문을 거쳐 용출봉에 이르는 코스로 길이는 약 2km. 용출봉에서는 북쪽으로 백운봉, 만경대, 노적봉, 원효봉 전경이 잘 보이고 남쪽으로는 용혈봉, 증취봉, 나월봉, 나한봉, 문수봉 등 의상능선이 시야에 들어온다. 가사당암문 안쪽으로는 국녕사, 북한동 마을이 있고 바깥쪽으로는 산 아래 백화사가 있다.

Course : 약 2km, 1시간 30분, 378kcal
백화사-용출봉능선-가사당암문-용출봉

19. 원효능선길
효자동에서 서암문(시구문), 원효암, 원효봉, 북문을 거쳐 염초봉에 이르는 코스로 길이는 약 2.4km. 효자동 마을금고 버스정류장에서 식당 간판이 있는 농원길을 따라 올라간다. 염초봉에서 백운봉에 이르는 길은 험한 암릉으로 전문가가 아니면 지나기 어렵다. 원효능선에서는 남쪽으로 의상봉, 동쪽으로 백운봉, 만경대 등이 한눈에 들어온다.
Course 약 2.4km, 1시간 30분, 378kcal
효자동-서암문-원효암-원효봉-북문-염초봉

20. 밤골능선(염초봉능선)길
밤골공원지킴터에서 사기막골능선 남쪽으로 나란히 올라가는 밤골능선을 거쳐 염초봉에 이르는 코스로 길이는 약 2.5km. 실제로는 염초봉까지 가지 못하고 숨은벽능선 남서쪽 부근까지 갈 수 있다. 밤골능선 남쪽으로 원효봉, 동쪽으로 백운봉, 인수봉을 조망하기 좋다.
Course 약 1.4km, 1시간 252kcal
밤골공원지킴터-밤골능선 중단

21. 사기막(숨은 벽)능선길
사기막골공원지킴터에서 사기막능선, 전망대바위, 대슬랩(크고 넓은 암반), 숨은벽능선을 거쳐 백운봉과 인수봉 사이의 769봉에 이르는 코스로 길이는 약 3km. 숨은벽능선은 원효능선과 인수봉의 설교암릉 사이에 있는 거대한 돌출암릉으로 백운봉과 인수봉 사이에 있어 잘 보이지 않아 붙여진 이름이다. 사기막골에서 전망대바위 숨은벽능선 전 대슬랩까지는 일반인들도 갈 수 있으나 대슬랩에서 숨은벽 정상인 769봉까지는 매우 험해 전문가만이 가능하다. 넓은 전망대바위에서 숨은벽능선을 바라볼 수 있고 그 끝에는 백운봉과 인수봉이 있다.
Course 약 3km, 2시간 30분, 630kcal
사기막골공원지킴터-사기막능선-전망대바위-대슬랩-숨은벽능선-숨은벽 정상 769봉

22. 상장능선길
솔고개에서 상장봉, 상장능선을 거쳐 육모정고개에 이르는 코스로 길이는 약 4.2km. 상장능선 북쪽으로 우이령길, 도봉산 오봉, 남쪽으로 백운봉, 인수봉 등이 보인다. 상장능선은 우이령길과 나란히 위치하고 있어 산 위로 가는 우이령길이라고 생각할 수 있다. 현재는 자연휴식년제로 통행이 금지되어 있다.
Course 약 4.2km, 3시간 30분, 882kcal
솔고개-상장봉-상장능선-육모정고개

09 신선대 코스

> **Traffic**
>
> 1. 도봉 탐방지원센터 : 지하철 1,4호선 도봉산 역…길 건너 도봉산 방향 도보 10분. 그 외 106, 107, 108, 140, 150, 160, 710, 39-1, 39-4, 39-5, 72, 72-3, 133, 경기버스 5, 7, 10, 10-1, 10-3, 36, 36-5, 37, 39 이용 도봉산역 하차.

계곡길과 산길이 섞여 있는 코스. 도봉 탐방지원센터를 출발하자 길옆으로 도봉계곡이 보인다. 계곡은 넓이가 꽤 넓어 한여름이라면 계곡 가에서 시원한 계곡물에 발을 담그기 좋다. 도봉동문과 광륜사, 고산앙지, 도봉서원 등은 신선대 코스에서 만나는 역사문화의 흔적들이다. 그냥 지나치지 말고 들여다보고 가자. 도봉서원을 지나니 본격적인 산길로 도봉대피소를 거쳐 도봉경찰산악구조대와 석굴암 갈림길에 다다르니 종착지인 신선대가 멀지 않다. 이곳부터 경사가 더 심해져 간혹 어지럼증을 호소할 수 있으나 쉬면서 오르면 그리 어려운 길도 아니다. 신선대와 도봉산 정상이 자운봉 중간에서 신선대로 향하는 쇠줄 길을 택하니 곧 사방팔방이 뻥 뚫린 신선대 정상이다.

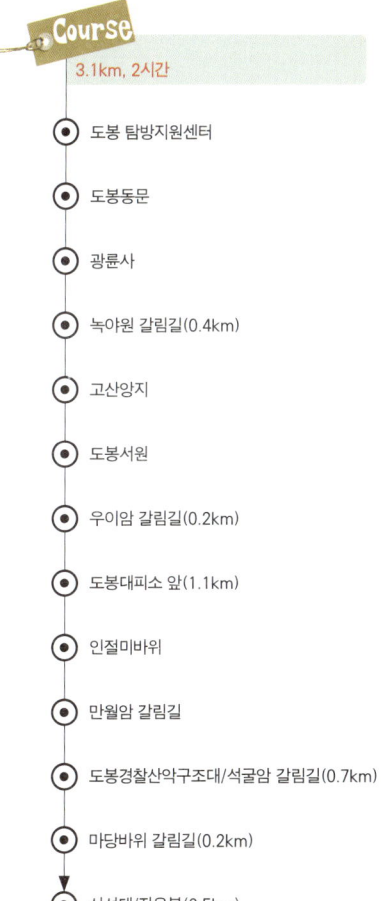

Course
3.1km, 2시간

- 도봉 탐방지원센터
- 도봉동문
- 광륜사
- 녹야원 갈림길(0.4km)
- 고산앙지
- 도봉서원
- 우이암 갈림길(0.2km)
- 도봉대피소 앞(1.1km)
- 인절미바위
- 만월암 갈림길
- 도봉경찰산악구조대/석굴암 갈림길(0.7km)
- 마당바위 갈림길(0.2km)
- 신선대/자운봉(0.5km)

※ 하산 코스

1. 석굴암 방향 : 3.1km 2시간, 504kcal
신선대/자운봉→마당바위 갈림길(0.5km)→도봉경찰산악구조대/석굴암 갈림길(0.2km)→만월암 갈림길→도봉대피소 앞(0.7km)→우이암 갈림길(1.1km)→도봉서원→고산앙지→녹야원 갈림길(0.2km)→광륜사→도봉동문→도봉 탐방지원센터(0.4km)

2. 마당바위, 천축사 방향 : 3.1km, 2시간, 504kcal
신선대/자운봉→마당바위 갈림길(0.5km)→마당바위(0.2km)→천축사(0.2km)→도봉대피소(0.5km)→우이암 갈림길(1.1km)→도봉서원→고산앙지→녹야원 갈림길(0.2km)→광륜사→도봉동문→도봉 탐방지원센터(0.4km)

Walking & Trekking Spot

도봉동문(道峰洞門)

도봉 탐방지원센터를 지나 '북한산국립공원 도봉지구' 비석 옆 바위에 새겨진 우암 송시열의 친필. 당시 선비의 교류의 장이자 학문의 중심이었던 도봉서원에 들어섬을 알리는 것이다. 현재는 도봉서원을 들어섬과 함께 도봉산에 들어섬을 알리는 표석이 되고 있다.

광륜사(廣輪寺)

도봉동문을 지나 길 오른쪽에 있는 사찰. 원래는 조선말 조만영 풍은대원군의 딸인 조대비의 기도처였다. 조대비는 신정왕후로 익종의 비(妃). 헌종이 즉위한 뒤 왕대비가 되고 철종이 승하하자 왕위결정권을 가지게 되어, 흥선대원군의 아들인 고종을 즉위시키고 대왕대비로써 수렴청정 했는데 실질 권력은 흥선대원군이 행사했다. 사찰 안에는 단아한 대웅전이 남쪽을 향하고 있고 요사체에서는 스님의 독경 읽는 소리가 들리는 듯하다.

도봉자연관찰로

광륜사를 지나 쌍줄기 약수터에서 도봉계곡을 따라 도봉대 피소 가기 전까지, 도봉서원에서 계곡 건너 산정약수터 지나 도봉사를 거쳐 도봉 탐방지원센터까지 이르는 길이 도봉자연관찰로이다. 이들 자연관찰로에서는 도봉산의 자연에 대한 설명이 있는 안내판을 보며 도봉산의 계곡과 산, 식물, 동물에 대한 지식을 익힐 수 있다. 산행이 어려운 사람에겐 가볍게 도봉산을 산책할 수 있는 좋은 걷기 코스이기도 하다.

고산앙지(高山仰止)

광륜사 지나 도봉서원 앞 도봉계곡 바위에 있는 김수증의 글씨로 1700년 숙종 26년 7월에 새긴 것이다. 고산앙지는 '높은 산처럼 우러러 사모한다'는 뜻으로 시경에 나오는 글귀다. 도봉서원에 위패가 봉안된 정암 조광조의 학덕을 우러른 것으로 추측되고 있다.

도봉서원

1573년 선조 6년에 건립된 것으로 당시 '도봉(道峯)'이라는 사액을 받았고 1871년 고종 8년 흥선대원군의 서원철폐령에 따라 문을 닫았다. 1903년 다시 단을 열고 향사를 시작했으나 6.25 전쟁 통에 중단되었고 현 건물은 1972년에 복원된 것이다. 단의 오른쪽에 조광조의 위패, 왼쪽에 송시열의 위패가 놓여있고 매년 봄, 가을에 향사를 지내고 있다.

도봉대피소

도봉계곡 상류에 자리 잡고 있는 대피소로 진한 원두커피를 맛볼 수 있다. 여름이면 대피소 앞 계곡에서 발을 담그고 쉬어가기 좋다. 2층에는 한국등산학교가 있어 올바른 등산이 무엇인가 하는 교육도 받을 수 있다.

인절미 바위

도봉대피소에서 석굴암 가는 길에 놓인 인절미를 닮은 바위. 넓적한 바위의 모양이 잘게 썬 인절미를 닮은 것이 신기한데 화강암의 박리현상이다. 한낮에 따가운 햇볕이 바위를 달구고 한밤의 차가운 한기가 바위를 식히기를 반복하면 바위 표면이 갈라지고 벗어지는 박리현상이 벌어진다고.

석굴암(石窟庵)

선인봉 아래 석굴에 있는 사찰. 도봉산의 사찰 중 가장 높은 곳에 위치해 사찰에서 내려다보는 풍경이 멋지고 석굴암의 부처는 신비로운 기운을 준다. 바람이 불면 사찰 건물에 매달린 풍경이 딸랑이고 바람이 고요해지면 바로 위 신선대에서 "야호!"를 외치는 소리가 들려온다. 신선대로 가기 전에 잠시 들르면 좋은 곳이다.

도봉산경찰산악구조대

석굴암 갈림길 아래에는 도봉경찰산악구조대가 있어 위급할 때 도움을 받을 수 있다. 주로 선인봉 같은 암반을 오르다가 사고가 나거나 주말이나

단풍철 몰려든 일반 등산객들이 발목을 삐거나 인대가 늘어나는 경우에 도움을 받을 수 있다. 만약을 대비해 산행 중 길가에 있는 위치 푯말의 번호를 기억해두면 쉽게 위치를 찾을 수 있다.
도봉산경찰산악구조대 전화 02-954-5600

자운봉(紫雲峰)

도봉산의 최고봉으로 높이는 740m. 자운봉의 생김새는 크고 작은 블록을 세워놓은 것처럼 생겼고 근년에는 등반위험 때문에 출입이 금지되어 있다. 자운봉에서 북쪽으로 포대능선, 남쪽으로 만장봉, 신선봉, 신선대, 주봉 등으로 산줄기가 이어지고 주봉에서 남서쪽으로 오봉능선, 남쪽으로 우이암까지 연결된다.

만장봉(萬丈峰)

자운봉 남쪽, 자운봉과 연결된 봉우리로 높이는 718m. 갈라진 암반이 불쑥 솟아 있는 자운봉에 비해 형상이 볼품없다. 만장봉에서 마당바위 아래 천축사는 신라시대인 673년 문무왕 13년 의상대사가 제자를 시켜 창건한 사찰이다. 1398년 조선 태조 이성계가 이곳에서 백일기도를 올린 뒤 절을 개축하여 천축사라 하였다.

선인봉(仙人峰)

만장봉 남쪽, 만장봉과 연결되지 않고 조금 사이가 있는 봉우리로 높이는 709m. 자운봉과 만장봉, 선인봉의 바위틈에 소나무가 자라고 있어 신비함을 주고 있다. 선인봉 아래에는 석굴암이 자리 잡고 있다. 자운봉과 마찬가지로 만장봉, 선인봉도 등반 위험 때문에 출입이 금지되어 있다.

신선대(神仙臺)

자운봉 남쪽에 있는 봉우리로 높이는 725m. 신선대는 자운봉과 주봉 사이에 있어 주봉에서 우이암까지 도봉주능선, 주봉에서 오봉까지 오봉능선을 연결시킨다. 신선대에 오르면 자운봉, 만장봉, 선인봉이 가깝게 보이고 멀리 동쪽으로 수락산, 불암산, 서쪽으로 송추계곡, 북쪽으로 포대능선, 사패산, 남쪽으로 우이암, 북한산 연봉들이 한눈에 들어온다. 이른 아침 자운봉과 신선대에 자욱한 안개라도 끼는 날이면 이승이 아닌 선계에 들어온 느낌을 준다. 자운봉과 신선대 중간에서 쇠줄을 잡고 신선대까지 오를 수 있다.

Course Map

1. 도봉 탐방지원센터
2. 도봉동문
3. 광륜사
4. 쌍줄기약수터 / 녹약원 갈림길
5. 고산양지
6. 도봉서원
7. 우이암 갈림길
8. 도봉대피소 앞
9. 인절미바위
10. 만월암 갈림길
11. 석굴암 / 도봉산경찰산구조대/석굴암갈림길 / 도봉경찰산악구조대
12. 선인봉 / 마당바위 갈림길
13. 만장봉 / 자운봉 / 자운봉앞
14. 신선대/자운봉

Information

북한산국립공원 도봉분소	02-954-2566
도봉 탐방지원센터	02-954-2565
총거리	3.1km
총소요시간	2시간
총소요칼로리	504kcal
난이도	초급

Restaurant & Cafe

산애
도봉 탐방지원센터 아래의 식당은 크게 센터 아래에서 주차장까지 상 식당가와 주차장에서 북한산 역까지 하 식당가로 나눌 수 있다. 산애는 상 식당가에서 도봉계곡 쪽으로 있는 통나무전원식당이다. 식사를 하기보다는 산행 후 간단한 술자리에 더 적합한 곳이다.

메뉴 파전 8천원, 더덕구이 1만원, 두부전골 1만5천원, 닭볶음탕 2만5천, 닭백숙 3만원
위치 도봉구 도봉1동, 도봉산 상 식당가　　　**전화** 02-954-5086

산속의 바다
산애 식당 바로 옆에 있는 토속음식점. 도봉계곡 쪽 야외 200석 좌석을 갖추고 있어 단체 손님에게 적합하다. 간단히 순두부백반 같은 메뉴로 식사를 할 수 있고 산행 후 닭볶음탕이나 닭백숙 같은 몸보신 메뉴로 느긋하게 시간을 보낼 수도 있다. 닭백숙의 경우 조리시간이 걸리므로 미리 전화예약을 하는 것이 시간의 낭비가 없다.

메뉴 순두부 5천원, 두부보쌈 2만원, 닭볶음탕 2만5천원, 닭백숙 3만원
위치 도봉구 도봉1동, 도봉산 상 식당가　　　**전화** 02-955-1240

산두부집

도봉산 상 식당가의 여러 두부집 중 도봉산 원조임을 내세우는 산두부집. 순두부백반이 나오기 전에 애피타이저로 나오는 구수한 콩비지는 오랜 전통의 두부 맛을 선보이고 있다. 두부요리의 가장 기본이 되는 순두부 역시 깊은 맛이 있어 먹을 만하다. 두부요리 외에 닭볶음탕, 닭백숙 같은 메뉴가 없고 간판에 작은 글씨로 단체 사절이라는 문구가 인상적이다.

메뉴 순두부백반 5천원, 두부버섯전골 중 1만5천원, 포두부삼합 2만2천원
위치 도봉구 도봉1동, 도봉산 상 식당가   전화 02-954-1183

던킨 도너츠

도봉산 상 식당가 끝에 있는 도넛 전문점. 인근 산아래 식당에서 매운 닭볶음탕을 맛본 뒤 달콤한 디저트가 생각난다면 들릴만한 곳. 디저트로 달달한 초코 도넛이나 딸기 잼이 들은 도넛 하나 맛보면 입안의 매운 맛이 일시에 사라진다. 여기에 진한 커피향이 일품인 원두커피를 마시면 더 부러울 것이 없다. 야외좌석에서 커피를 마시며 한가롭게 오가는 등산객들을 바라보는 것도 색다른 재미다.

메뉴 커피, 도넛   위치 도봉구 도봉1동, 도봉산 상 식당가

Visual Course

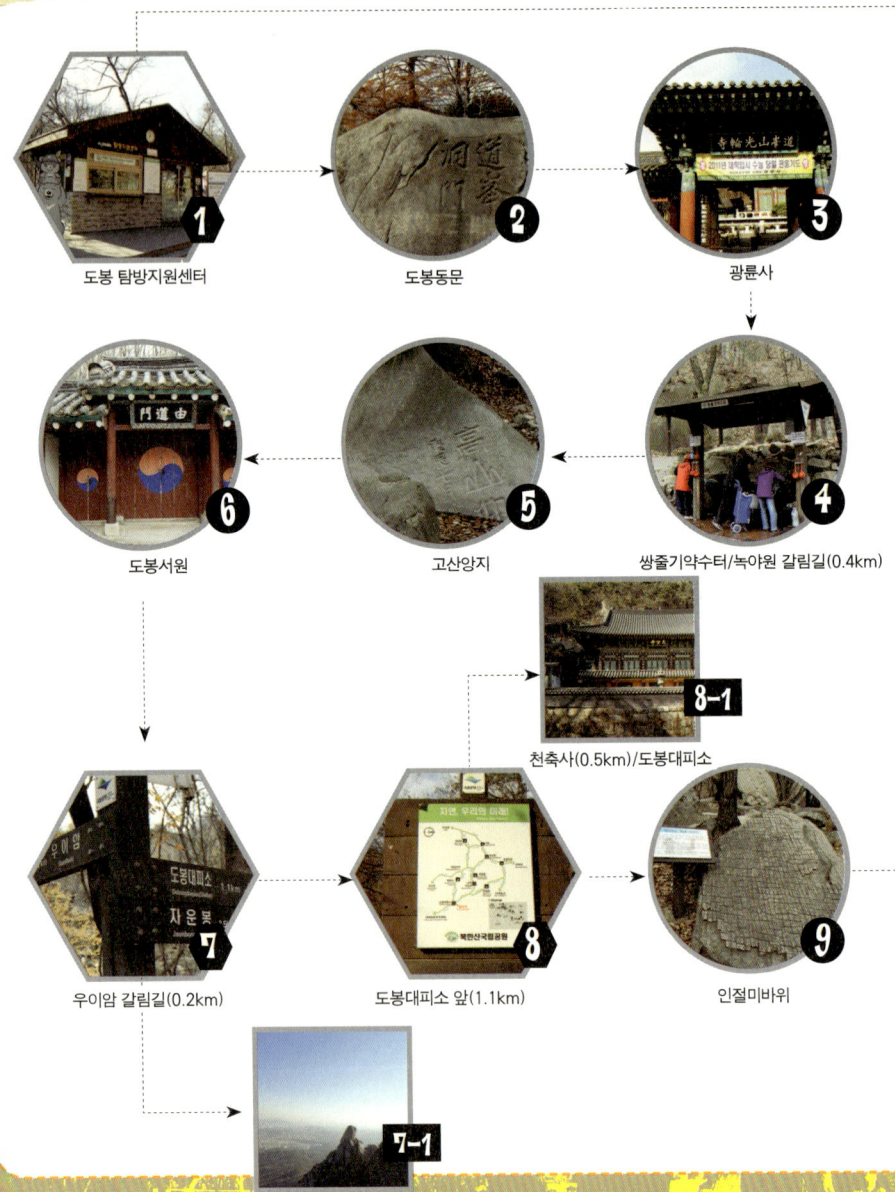

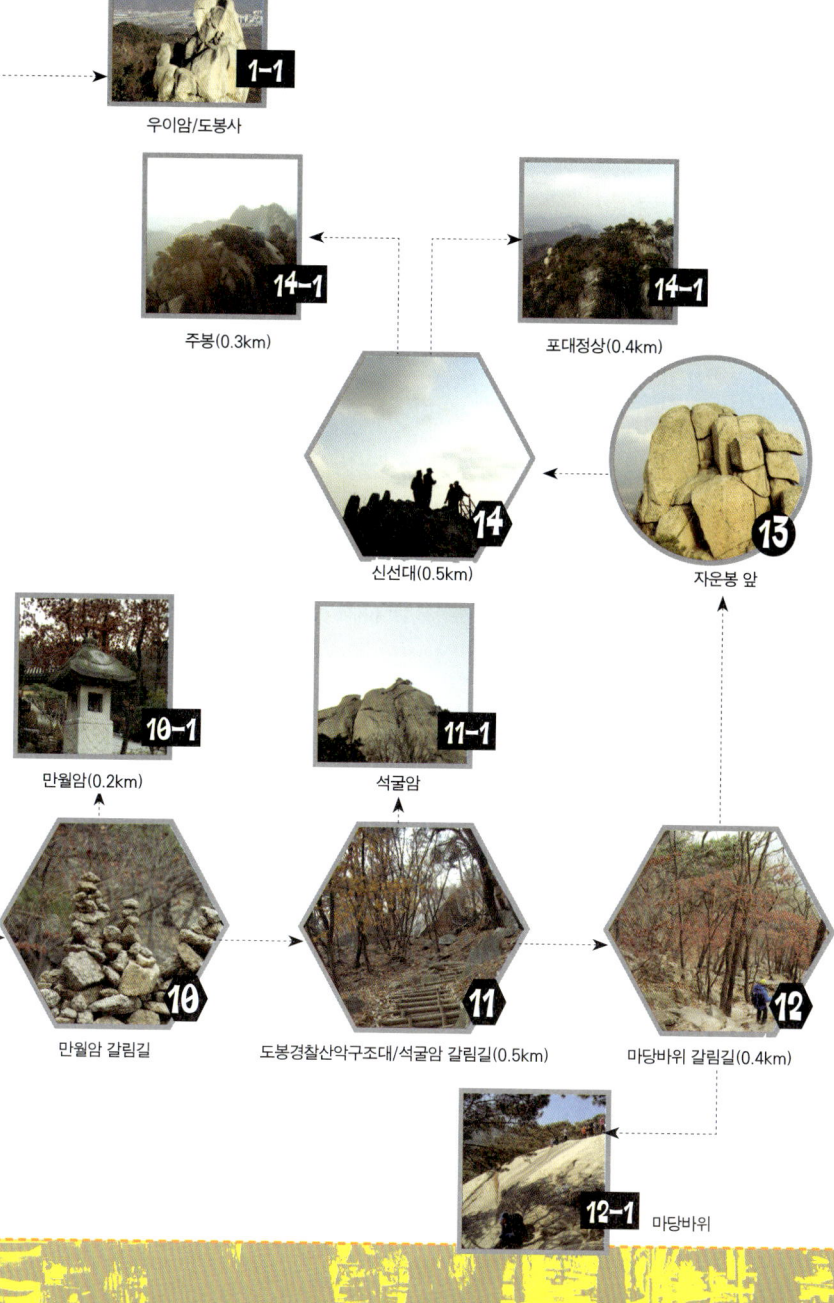

도봉산

북한산의 북쪽, 도봉구와 양주시, 의정부시에 걸쳐 있는 산. 우이령 북쪽에서 사패산 남쪽까지가 도봉산으로 높이는 740m, 면적은 24km^{2}로 북한산의 55km^{2}의 절반쯤 된다. 북한산과 같이 산전체가 화강암 바위산인 것이 특징으로 별칭은 경기도의 금강산. 1983년 북한산과 더불어 북한산국립공원으로 지정되었다.

도봉산(道峰山)이란 이름의 유래는 분명하진 않으나 두 가지 정도 설이 있다. 첫째는 조선을 건국한 태조 이성계가 개성에서 한양도성으로 갈 때 도봉산의 바위봉우리를 오르내리며 조선 창업의 길을 닦았다고 해서 도봉이라 하고, 둘째는 큰 바위길이 산 전체를 이루고 있어 도봉이라 한다고. 조선시대인 1573년에 도봉서원이 도봉이란 사액을 받은 것으로 보아 적어도 조선시대에는 이산을 도봉산으로 불렀던 것으로 짐작할 수 있다.

도봉산의 최고봉은 자운봉이고 그 옆에 신선대, 만장봉, 선인봉, 주봉 등이 있고 자운봉 남서쪽으로 오봉, 남쪽으로 우이암, 북쪽으로 사패산이 보인다. 자운봉 일대는 북한산 인수봉과 같이 암벽등반의 중심지로 알려져 있다. 도봉산의 능선으로는 도봉 탐방지원센터 북쪽 다락능선, 남쪽 보문능선, 우이암 남쪽 우이남능선, 주봉에서 우이암을 잇는 도봉주능선, 주봉에서 오봉을 잇는 오봉능선, 오봉에서 여성봉을 지나는 송추남능선, 자운봉에서 포대까지의 포대능선, 포대에서 사패산까지의 사패능선, 사패능선에서 범골로 이어지는 범골능선, 포대능선에서 회룡사 방향으로 이어지는 회룡능선 등이 있다.

도봉산 3대 계곡으로는 문사동계곡, 망월사계곡(원도봉계곡), 보문사계곡(무수골)을 들 수 있는데 알려지기는 예부터 유원지가 있던 송추계곡이 가장 유명하다. 도봉산의 바위로는 천축사에서 자운봉 방향의 마당바위, 성도원에서 도봉주능선 방향의 거북바위, 도봉대피소에서 석굴암 방향의 인절미바위 등이 독특한 모양을 뽐내고 있다.

도봉산에는 조광조와 송시열의 위패를 봉안한 도봉서원도 있다. 도봉서원은 1573년 선조 6년에 건립된 것으로 당시 '도봉(道峯)'이라는 사액을 받았고 1871년 고종 8년 흥선대원군의 서원철폐령에 따라 문을 닫았다. 1903년 다시 단을 열고 향사를 시작했으나 6.25 전쟁 통에 중단되었고 현 건물은 1972년에 복원된 것이다.

대표적인 도봉산의 봉우리들
자운봉(740m), 신선대(725m), 만장봉(718m), 선인봉(708m), 주봉, 오봉(660m), 여성봉(495m), 사패산(552m), 우이암(542m)

대표적인 도봉산의 능선들
다락능선, 보문능선, 우이남능선, 도봉주능선, 오봉능선, 송추남능선, 포대능선, 사패능선, 범골능선, 회룡능선

표적인 도봉산의 계곡들
문사동계곡, 망월사계곡(원도봉계곡), 보문사계곡(무수골), 도봉동계곡, 송추계곡, 망월사계곡, 오봉계곡, 용어천계곡, 송추계곡

대표적인 도봉산의 사찰들
천축사(인근에서 가장 오래됨), 망월사, 쌍룡사, 회룡사, 광륜사, 능원사, 도봉사, 원통사, 자현암, 오봉산 석굴암, 원효사

우이암 코스

산길과 능선길이 적절히 섞인 코스. 도봉 탐방지원센터에서 오른쪽 광륜사 방향이 아닌 왼쪽 다리를 건넌다. 금색이 찬란한 사찰은 능원사이고 좀 더 올라가니 산비탈에 허름한 도봉사가 보인다. 도봉사 대웅전에는 고려시대 철불이 온화한 미소를 띠고 있다. 산정약수터에서부터 능선으로 향하는 오르막길이나 길은 좌우로 구불거려 오르는 일이 그리 힘들진 않다. 보문능선에 접어들어서는 좌우로 보이는 풍경을 구경하며 가느냐고 힘든 줄 모르고 도봉주능선에 서서는 종착지인 우이암이 멀지 않다. 우이암을 만나기 전에 중간 전망대에서 오봉과 멀리 도봉산의 자운봉, 만장봉, 선인봉, 신선대 같은 연봉들이 보이고 어느덧 땀이 식을 무렵 우이암에 도착한다. 우이암에 서니 동쪽 수락산, 서쪽 북한산이 보좌하고 남쪽으로 한강까지 보인다는데 날이 흐린 것이 아쉽다.

Course
2.5km, 1시간 30분

- 도봉 탐방지원센터
- 능원사
- 도봉사
- 산정약수터/배드민턴장(0.7km)
- 보문능선
- 천진암 갈림길(0.5km)
- 우이암 암릉 우회구간
- 자운봉 갈림길(1km)
- 도봉주능선(0.1km)
- 전망대
- 우이암(0.2km)

※ 하산 코스

1. 도봉사 방향 : 2.5km, 1시간 30분, 378kcal
우이암→전망대→도봉주능선(0.2km)→자운봉 갈림길(0.1km)→우이암 암릉 우회구간→천진암 갈림길(1km)→보문능선→산정약수터/배드민턴장(0.5km)→도봉사→능원사→도봉 탐방지원센터(0.7km)

2. 원통사, 무수골 방향 : 2.1km, 1시간 30분, 378kcal
우이암→원통사(0.4km)→무수골 입구(0.2km)→자현암(1.2km)→무수골공원지킴터(0.3km)

Traffic

1. 도봉 탐방지원센터 지하철 1, 4호선 도봉산 역 ⋯ 길 건너 도봉산 방향 도보 10분. 그 외 106, 107, 108, 140, 150, 160, 710, 39-1, 39-4, 39-5, 72, 72-3, 133번, 경기버스 5, 7, 10, 10-1, 10-3, 36, 36-5, 37, 39번 이용 도봉산역 하차.

Walking & Trekking Spot

도봉사(道峰寺)

도봉 탐방지원센터에서 오른쪽 광륜사 방향이 아닌 왼쪽 다리를 건너 걸어간다. 길가에는 새로 지은 듯 번쩍이는 능원사가 보이고 좀 더 올라가니 조금은 허름한 도봉사가 보인다. 고려시대 혜거 스님에 의해 창건되었는데 혜거 스님은 968년 광종에 의해 국사로 임명되었다. 이후 현종 때 거란의 침입으로 개성이 함락되자 임금이 도봉사로 피신해 국사를 살피기도 했다. 대웅전에 있는 석가여래철불좌상은 고려시대 불상으로 추정되고 현재 서울시 유형문화재 제151호로 지정되어 있다.

보문능선

우이암에서 천진사 갈림길을 지나 산정약수터까지 뻗치고 있는 능선. 보문능선의 북쪽으로 우이동과 북한산 연봉들, 남쪽으로 다락능선과 도봉산의 연봉들이 눈에 들어온다. 보문능선 중간 암반이 들어난 곳에서는 도봉산의 자운봉과 만장봉, 선인봉, 신선대 등이 손에 잡힐 듯하다. 산 아래에서 산등성이로 올라가는 능선은 꽃이 피고 단풍이 물드는 봄과 가을이 가장 탐방하기 좋은 때이다.

도봉주능선

우이암에서 주봉 사이의 봉우리와 봉우리를 잇는 능선. 가히 도봉산의 척추뼈대를 이루는 능선이라 할 수 있고 서쪽으로 오봉과 여성봉, 동쪽으로 보문능선과 다락능선 등과 연결된다. 도봉주능선에서 펼쳐지는 도봉산의 주요 봉우리들을 감상하는 것도 도봉주능선을 걷는 재미중의 하나다.

전망대

보문능선을 올라 도봉주능선과 만나면 우이암으로 오르는 나무계단이 보인다. 나무계단을 올라 중간에 이르니 도봉산 서쪽을 조망할 수 있는 전망대가 나온다. 전망대에 서서 제일 먼저 눈에 들어오는 것은 다섯 바위봉우리가 햇볕에 빛나는 오봉이다. 오봉에서 눈을 북쪽으로 돌리면 도봉산의 연봉들이 보이고 그중에 자운봉과 신선대, 만장봉, 선인봉 등은 멀리서도 알아볼 수 있을 만큼 도봉주능선에서 돌출되어 있다. 오봉 남쪽으로는 교령 쪽 우이령에서 우이동 우이령까지 이어진 우이령길이 손바닥 지문처럼 또렷이 보이기도 한다.

우이암(牛耳岩)

도봉주능선의 남쪽 끝에 있는 바위로 소귀를 닮아 붙여진 이름이다. 예전에는 관음봉, 사모봉으로도 불렸다. 소의 귀가 누워있지 않고 곧추 서 있는 것을 보면 우이령의 소는 화가 난 모양이다. 우이암에서 남쪽으로 우이동, 북쪽으로 도봉주능선, 서쪽으로 우이령길, 동쪽으로 무수골로 이어진다. 우이암 아래 원통사는 신라시대인 864년 경덕왕 3년에 도선 국사가 창건한 사찰로 경내에는 태조 이성계가 기도했다는 석굴이 있다. 예부터 우이암은 서쪽으로 북한산(삼각산), 동쪽으로 수락산, 남쪽으로 한강을 바라보는 도봉산 최고의 길지로 여겨지고 있다.

W&T Plus

도봉 싱싱사우나

도봉산 하 식당가 중간에 있는 사우나. 산행 후 아름다움 산의 여운을 더 느끼고 싶은데 땀으로 젖은 몸 때문에 빨리 집으로 돌아가 샤워를 하고 싶어진다. 몸만 개운하다면 도봉산 식당가의 카페에 들러 커피 한잔 마시면 산과 인생에 대해 더 이야기할 수 있을지 모른다. 싱싱사우나는 지하 200m 천연암반수를 이용해 산행으로 젖은 몸을 씻어주고 피곤한 몸을 잠시나마 쉴 수 있게 해준다.

시간 오전 5시30분~오후 8시(매주 수요일 휴관) **위치** 도봉산 하 식당가 중간 **요금** 4천원 **전화** 02-3491-8883

느린 마을 양조장

도봉산 하 식당가 중간 도봉 싱싱사우나 1층에 위치한 도시형 미니 양조장. 배상면주가라는 전통주 업체에서 운영하는 막걸리 양조장으로 이곳만의 독특한 막걸리를 시음할 수 있다. 가게 한켠에 막걸리를 발효시키는 대형 통들이 보여 실제 막걸리를 제조하는 실감이 난다. 막걸리 제조장 구경과 더불어 가게 안에서 여러 전통주를 전시 판매하고 있고 산행 후 들러 볼 만하다.

위치 도봉구 도봉1동 282-23, 도봉 싱싱사우나 1층 **전화** 02-3492-8998

Course Map

Information

북한산국립공원 도봉분소	02-954-2566
도봉 탐방지원센터	02-954-2565
총거리	2.5km
총소요시간	1시간 30분
총소요칼로리	378kcal
난이도	초급

Restaurant & Cafe

Cafe & 아르브르

도봉 탐방지원센터 아래 만남의 광장 부근에 있는 커피전문점. 도봉산 상 식당가에 거대 체임점인 던킨 도넛이 있긴 하지만 왠지 소박한 Cafe & 아르브르에 마음이 간다. 이것저것 골라 주문을 해도 가격은 3천원 내외로 가격 또한 착하다. 근처 식당가에서 식사를 한 뒤 이곳에서 커피 한잔을 해도 좋을 듯. 전통차도 있다.

메뉴 아메리카노 커피, 카페라떼, 카푸치노 각 2천원~3천원 내외
위치 도봉구 도봉동, 도봉산 하 식당가

홍두깨 손칼국수

도봉산 만남의 광장에서 도봉산역까지의 도봉산 하식당가에 있는 수타 칼국수집. 우선 저렴한 가격에 눈길이 가고 모든 면이 수타라니 더욱 관심이 간다. 칼국수는 진한 멸치국물에 쫄깃쫄깃한 면발이 인상적이고 양이 부족한 사람을 위해 보리밥 반 공기까지 주는 센스까지. 식사를 하고 왔다면 고추부추전이나 해물파전을 놓고 막걸리 한잔을 하기에도 좋다.

메뉴 칼국수 3천원, 콩국수 4천원, 고추부추전 4천원, 해물파전 7천원
위치 도봉구 도봉동, 도봉산 하 식당가   전화 02-3494-0282

옛날 손짜장

도봉산 하 식당가 중간에 있는 수타 자장면 전문점. 가정집 한편에 천막으로 가건물을 지어놓고 영업을 하고 있다. 지나다보면 주방장이 긴 밀가루 반죽을 큰 도마에 내리쳐 면을 뽑는 것을 볼 수 있다. 아무리 수타라해도 자장면 한 그릇 가격이 좀 비싼 듯한데 맛은 면의 쫄깃함 말고는 동네 자장면과 그리 다르지 않다. 그래도 입맛이 없을 때 제일 먼저 생각나는 것이 자장면이기에 산행 가서 자장면 한 그릇 하는 것도 나쁘지 않다.

메뉴 손면짜장 5천원, 손면우동, 짬뽕 각 6천원, 탕수육 소 1만3천원
위치 도봉구 도봉동, 도봉산 하 식당가 중간   **전화** 02-3494-2007

도봉산 가마솥 설렁탕

도봉산 하 식당가 중간에서 북쪽 골목에 있는 설렁탕 전문점. 도봉산 식당가의 여러 식당을 둘러보아도 마땅히 먹을 만한 게 없을 때 설렁탕이라면 어떨까. 진한 육수에 따끈한 밥 한 그릇 말아 먹으면 잃었던 입맛이 다시 돌아오는 듯하다. 수육이나 보쌈을 주문해 술 한잔 하기도 좋다.

메뉴 해장국, 설렁탕, 수육, 보쌈
위치 도봉구 도봉동, 도봉산 하 식당가 중간   **전화** 02-954-7295

Visual Course

1. 도봉 탐방지원센터
2. 능원사
3. 도봉사
4. 산정약수터/배드민턴장(0.7km)
5. 보문능선
6. 천진암 갈림길(0.5km)
7. 우이암 암릉 우회구간
8. 자운봉 갈림길(1km)
9. 도봉주능선(0.1km)

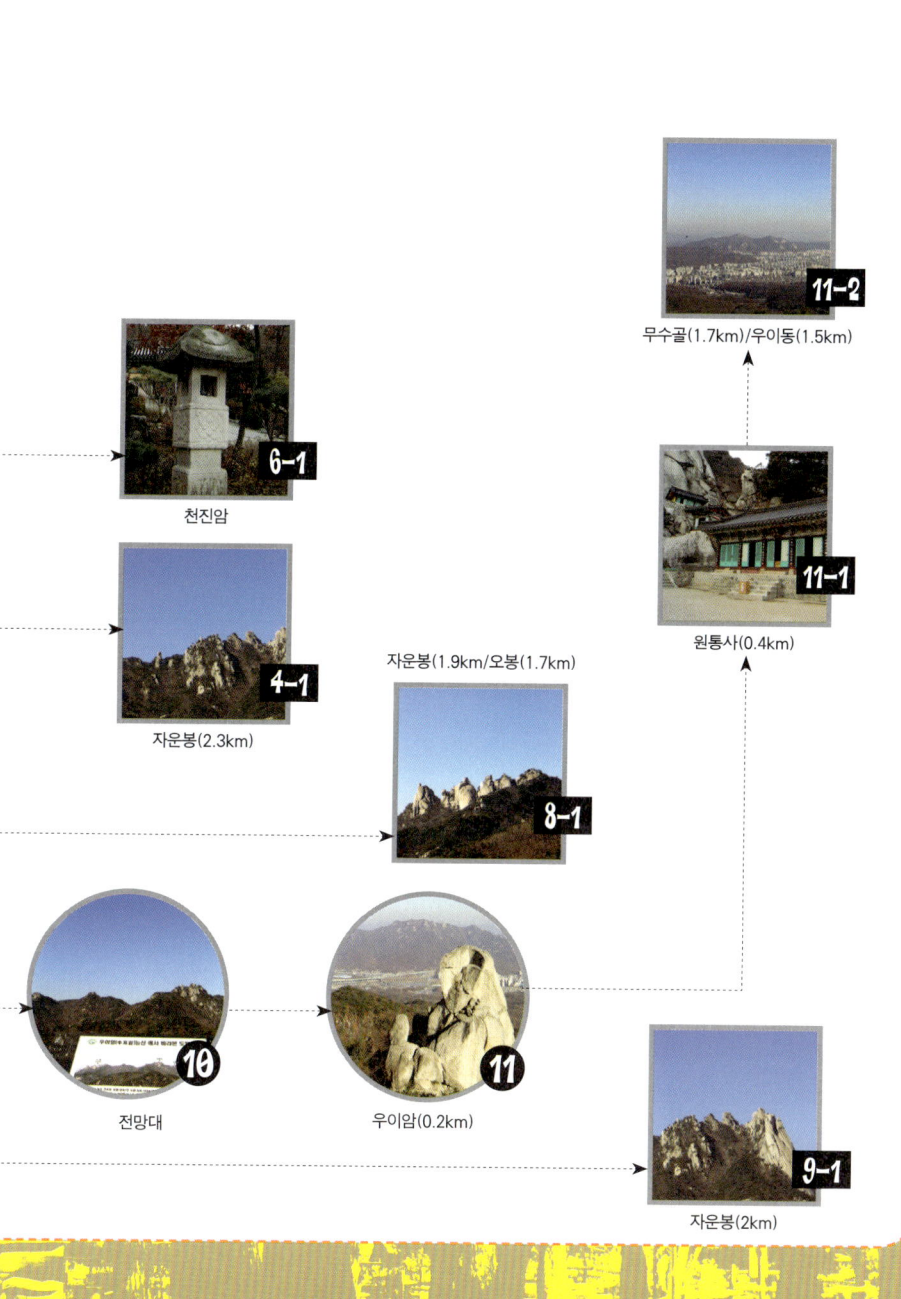

오봉 코스

Traffic

송추분소 지하철 3호선 구파발역 1번 출구 ⇢ 34, 360(장흥 경유)번 버스 송추 검문소 지나 송추유원지 입구 하차. 송추유원지 방향 송추분소까지 도보 20분. 그 외 23, 340번 버스 이용.

계곡길과 산길이 절반씩 섞여있는 코스로 송추유원지 입구에서 도로를 걷는 것을 생각하면 도로, 계곡길, 산길이 섞여있는 길이라고 할 수 있다. 송추유원지에서 송추분소까지는 송추계곡을 따라가는 평탄한 도로여서 산행 전 워밍업 삼아 걷기에 좋고 송추분소부터는 계곡길이 이어진다. 송추계곡의 맑은 개울을 보고 걷노라면 어느새 사패산 갈림길에 서게 되고 여기서 오른쪽으로 방향을 돌리니 머지않아 송추폭포가 눈에 들어온다. 송추폭포를 지나서는 약간의 오르막이지만 쉬면서 오를 만하고 능선에서는 다섯 봉우리가 있는 오봉까지 무난히 갈 수 있다. 오봉에서 동쪽으로 도봉산 자운봉과 사패산, 남쪽으로 우이령과 성장능선, 북한산연봉들을 둘러보면 이내 여성봉으로 내려가야 할 시간이다. 여성봉은 독특한 생김새 때문에 붙여진 이름으로 이곳에서는 송추계곡을 내려다볼 수 있다. 여성봉에서 송추유원지의 오봉탐방지원센터까지는 쉼 없이 내려갈 수 있다.

Course

3.2km, 2시간

- 송추 입구
- 오봉 탐방지원센터 갈림길(0.8km)
- 송추분소(1.5km)
- 송추계곡자연탐방로
- 송추샘/사패산 갈림길(0.5km)
- 송추폭포(0.4km)
- 오봉 삼거리(1.1km)
- 자운봉 갈림길(0.5km)
- 우이동 갈림길(0.5km)
- 헬기장
- 오봉(0.2km)

※ 하산 코스

3km, 1시간 30분, 378kcal

오봉 →여성봉(1.2km)→군초소 앞(1.4km)→오봉 탐방지원센터(0.4km) [→송추 입구(1km)]

Walking & Trekking Spot

송추계곡

북한산에 우이계곡과 정릉계곡이 있다면 도봉산 서쪽에는 송추계곡이 있다. 송추(松楸)라는 이름은 예전 이곳 계곡에 소나무와 가래나무가 많아서 붙여진 것이다. 사패능선과 오봉 능선에서 발원한 개울이 모여 사패산 갈림길에서 만나 송추로 흐른다. 한여름 맑고 시원한 개울가에는 더위를 피하러 온 사람들이 넘쳐난다. 송추계곡은 대학생 MT나 회사 야유회 장소로도 매우 인기 높은 곳이기도 하다. 송추계곡을 끼고 많은 산아래 식당들이 있어 먹거리를 찾기도 쉬운 편이다.

송추계곡자연탐방로

송추분소 지나 제1철교부터 사패산 갈림길이 있는 제2철교를 거쳐 제5목교까지와 제2철교에서 송추폭포 가기 전까지 송추계곡을 따라 'ㅏ'자 형태로 조성된 자연탐방로이다. 자연탐방로에서는 계곡길을 따라 산책을 하며 송추계곡의 아름다움을 감상할 수 있고 곳곳에 세워진 숲과 식물, 동물에 관한 안내판을 보고 자연 상식을 쌓을 수 있어 유익하다. 자연탐방로는 사패능선과 오봉으로 가는 능선에 오르기 전까지의 비교적 평탄한 길을 걷는 것이어서 남녀노소 누구나 쉽게 자연을 즐기며 걸을 수 있다.

송추폭포

북한산의 구천, 개연, 동령 폭포가 있다면 도봉산에는 송추폭포가 있다. 수량이 적고 높낮이가 적은 북한산의 폭포가 그러하듯 도봉산 송추폭포 역시 생김새가 비슷하여 시원하게 물줄기를 내뿜는 폭포는 아니다. 아이보리색 화강암 암반을 타고 적은 물줄기가 졸졸 흐를 뿐인데 그것만으로 장마철이 제외하고 물을 보기 힘든 도봉산에서는 눈의 갈증을 해소하기에 충분하다. 지나는 사람이 없다면 폭포 밑에 들어가 흐르는 물에 발이라도 담그면 좋겠다는 생각이 드는 폭포다.

오봉(伍峰)

도봉산 서쪽에 있는 5개의 봉우리를 보통 오봉산이라고 한다. 높이는 660m. 자운봉, 포대, 우이암과 함께 도봉산의 대표적인 랜드마크. 오봉에 얽힌 전설을 알아보면, 옛날 마을 원님이 부임을 했는데 그에게는 아리따운 딸이 있었다. 원님이 오봉의 가장 높게 곳에, 가장 아름다운 바위를 올려놓는 사람에게 딸을 주기로 하자, 부잣집 오형제가 앞 다퉈 바위를 던져보는데……. 이들이 던진 바위로 오봉이 완성되었으나 끝내 누가 딸을 데려갔는지는 전하지 않고 있다. 오봉 정상에서 북동쪽으로 사패산, 동쪽으로 자운봉, 남쪽으로 우이령길, 북한산, 서쪽으로 송추계곡이 한눈에 들어온다.

여성봉(女性峯)

오봉능선에서 북서쪽으로 이어진 능선에 있는 화강암 봉우리. 생긴 모양이 여성의 생식기를 닮았다고 하여 여성봉이라 불린다. 높이는 495m. 근년에 여성봉 옆으로 돌아 올라가는 나무데크가 설치되어 여성봉 가운데를 지나지 않게 되었다. 여성봉에 얽힌 전설을 알아보면, 이곳을 차지하고 있던 백제가 고구려와 전쟁을 하던 중 패해 개로왕과 많은 병사들이 죽었다. 그 후 백제는 웅진으로 도읍을 옮겼고 한 병사의 처자는 차마 한강 유역의 고향을 버리고 웅진으로 갈 수 없어 부모와 함께 도봉산 기슭에 숨어든다. 한창 나이에 과부가 된 처자는 먼저 간 님을 그리워하다가 죽게 되고 이를 딱히 여긴 옥황상제가 처자를 여성봉으로 환생시켜 남정네의 사랑을 많이 받으라고 했다고 한다. 여성봉 정상에서 바라보는 오봉능선이 아름답고 남쪽 우이령길, 성장능선, 북한산연봉들이 아스라이 손에 잡힐 듯하다.

Course Map

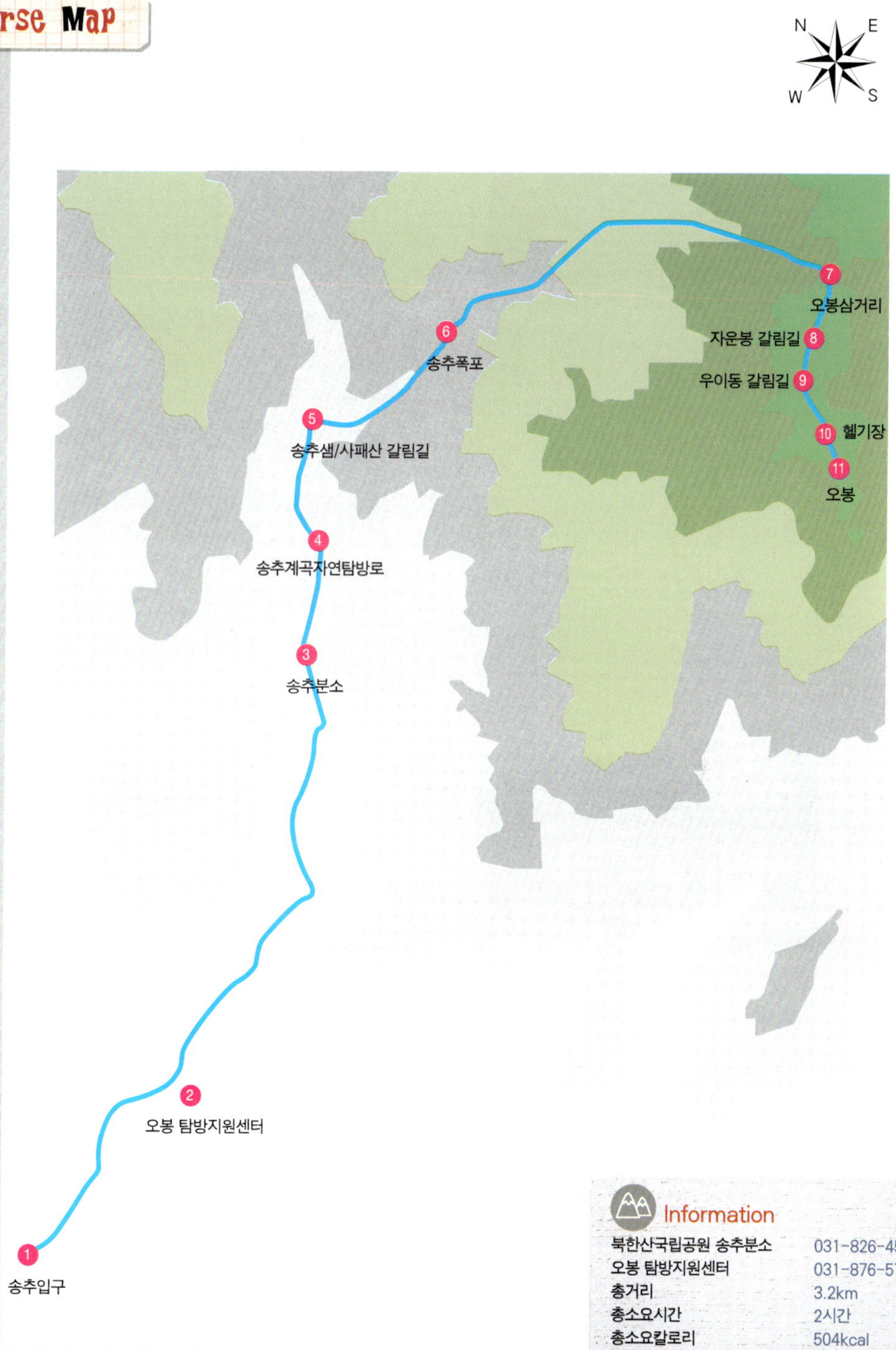

- 7 오봉삼거리
- 8 자운봉 갈림길
- 9 우이동 갈림길
- 10 헬기장
- 11 오봉
- 6 송추폭포
- 5 송추샘/사패산 갈림길
- 4 송추계곡자연탐방로
- 3 송추분소
- 2 오봉 탐방지원센터
- 1 송추입구

Information

북한산국립공원 송추분소	031-826-4559
오봉 탐방지원센터	031-876-5721
총거리	3.2km
총소요시간	2시간
총소요칼로리	504kcal
난이도	초급

Restaurant & Cafe

향원

송추유원지 안 오봉 탐방지원센터 갈림길(다리) 못미처에 있는 식당 겸 전통 찻집. 족구장, 주차장 완비의 대형 산아래 식당과 달리 가정집을 개조한 작은 식당. 길가에 있어서 찾기도 좋다. 간단한 닭칼국수 같은 식사 메뉴에서 닭백숙 같은 몸보신 메뉴까지 다양하고 여기에 쌍화차, 생강차 같은 전통차까지 마실 수 있다.

메뉴 쌍화차, 생강차 각 5천원, 닭칼국수, 팥칼국수 각 6천원, 닭백숙, 닭볶음탕 각 4만원
위치 양주시 장흥면 울대리, 송추유원지 안   **전화** 031-829-1330

춘하추동

오봉 탐방지원센터 갈림길에서 송추유원지 입구 방향에 있는 산아래 식당. 길가에 있어 여느 식당과 비슷해 보이지만 메뉴를 보면 육해공이 모두 있는 전형적인 산아래 식당이다. 주말이면 식당 앞에서 드럼통에 참나무 장작불을 피워놓고 삼겹살을 구워 삼겹살냄새가 사방으로 퍼져 지나다니기가 힘들 정도. 육고기가 싫다면 오랜만에 민물매운탕을 맛보는 것도 좋은데 매운탕에는 소주가 생각나는 것이 문제다.

메뉴 버섯된장찌개, 김치찌개, 참나무장작 삼겹살, 목살, 민물매운탕, 토종닭백숙
위치 양주시 장흥면 울대리, 송추유원지 안   **전화** 031-826-4121

용인반점

두 번째 송추유원지 입구 골목 안에 있는 중국요리점. 산행 후 흔히 맛보던 파전에 막걸리나 닭백숙, 닭볶음탕 등이 꺼려진다면 평소에 즐겨먹던 중국요리는 어떨까. 같은 자장면, 짬뽕, 탕수육일지라도 산행 후에 먹는 맛은 색다르게 느껴진다. 여기에 시원한 맥주 한잔을 곁들이면 파전에 막걸리 마시던 느낌과 다른 분위기를 느낄 수 있다.

메뉴 자장면, 삼선짬뽕, 사천탕수육, 잡탕밥, 깐풍새우
위치 양주시 장흥면 울대리, 송추유원지 입구 골목   **전화** 031-826-4038

다정 꽃등심생고기

송추유원지 입구에 있는 고기구이전문점. 송추유원지 입구는 두 군데로 첫 번째는 송추검문소 지나 송추유원지 입구로 계곡을 따라가는 포장도로길이고, 두 번째 한 정거장 더 간 송추유원지 입구는 골목길이다. 다정꽃등심생고기는 두 번째는 송추유원지 버스정류장 앞에 있다. 직접 정육점을 운영하고 있어 안심하고 질좋은 고기를 맛볼 수 있다. 고기구이가 아니라면 간단히 해장국이나 설렁탕, 양지탕을 맛보아도 좋다.

메뉴 해장국 6천원, 설렁탕, 양지탕 각 7천원, 돼지갈비 9천원, 생등심 2만4천원
위치 양주시 장흥면 울대리, 송추유원지 버스정류장 앞   **전화** 031-829-0166

Visual Course

1. 송추 입구
2. 오봉 탐방지원센터 갈림길(0.8km)
3. 송추분소(1.5km)
4. 송추계곡자연탐방로
5. 송추샘/사패산 갈림길(0.5km)
6. 송추폭포(0.4km)
7. 오봉 삼거리(1.1km)
8. 자운봉 갈림길(0.5km)
9. 우이동 갈림길(0.5km)

사패산 코스

> **Traffic**
>
> 1. **송추분소** 지하철 3호선 구파발역 1번 출구 ⋯ 34, 360(장흥 경유)번 버스 송추 검문소 지나 송추유원지 입구 하차. 송추유원지 방향 송추분소까지 도보 20분. 그 외 23, 340번 버스 이용.
> 2. **사패산 입구** 지하철 3호선 구파발역 1번 출구 ⋯ 34, 360(장흥 경유)번 버스 사패산 입구 하차. 사패산 입구까지는 굴다리 지나 도보 3분. 그 외 23, 340번 버스 이용.

계곡길과 산길, 능선길이 적절히 섞여 있는 코스. 송추분소에서 출발하니 상류 송추계곡의 맑은 물이 반겨주고 계곡길을 계속 오르니 넓은 공터가 나온다. 이곳은 캡소대로 예전 김신조 사건으로 인해 군부대가 주둔하던 곳. 오랫동안 상류 송추계곡과 사패산을 군사보호구역으로 묶어 출입이 제한되었었다. 길을 재촉해 회룡사거리에 당도한다. 이곳부터 사패산까지는 비교적 평탄한 사패능선길. 좌우로 송추계곡과 수락산을 바라보며 걷노라면 절로 휘파람이 불어지고 사패산 못미쳐서는 오른쪽에 갓 모양의 갓바위도 만나게 된다. 갓바위를 보고 사패산 정상으로 오르니 남쪽으로 도봉산의 포대능선과 자운봉, 오봉, 북한산의 성장능선, 백운대, 인수봉이 한눈에 들어온다.

Course
2.8km, 2시간

- 송추 입구
- 오봉 탐방지원센터 갈림길(0.8km)
- 송추분소(1.5km)
- 송추계곡자연탐방로
- 송추샘/사패산 갈림길(0.5km)
- 캡소대터
- 회룡사거리(1.1km)
- 사패능선
- 범골 갈림길(0.6km)
- 원각사 갈림길(0.3km)
- 안골 갈림길(0.2km)
- 사패산(0.1km)

※ 하산 코스

2.8km, 1시간 30분, 378kcal
사패산→안골 갈림길(0.1km)→원각사 갈림길(0.2km)→원각사(0.9km)→사패산 입구(1.6km)

Walking & Trekking Spot

캡소대터

송추분소를 출발해 시원한 계곡물이 흐르는 길을 따라 올라간다. 송추샘과 사패산 갈림길에서 오른쪽 송추폭포와 오봉 방향이 아닌 왼쪽 사패능선 방향으로 올라가다 보니 넓은 공터가 보였다. 이곳은 1968년 김신조 사건 이후 서울 북부를 방어하기 위해 군부대가 주둔하던 자리이다. 군부대가 이곳에 주둔하며 사패산이 오랫동안 군사보호구역으로 묶여있었다. 지금은 석축을 쌓았던 흔적이 엿보일 뿐 당시의 상황은 잡목과 들풀 속에 가려져있다.

사패능선

도봉산 북쪽 회룡사거리에서 사패산에 이르는 능선. 사패능선 남쪽으로는 포대능선이 있고 포대능선 지나서는 도봉산의 최고봉인 자운봉이 있다. 자운봉에서는 도봉주능선으로 연결되고 도봉주능선은 우이남능선과 오봉능선, 송추남능선 등으로 이어진다. 사패능선 동쪽으로 수락산, 서쪽으로 송추를 바라보며 지날 수 있다.

범골

회룡사거리에서 사패산 방향으로 작은 봉우리를 넘어 동쪽으로 이어진 능선이 범골능선이고 범골능선의 끝이 범골이다. 범골이라는 이름에서 예전 이곳이 호랑이가 출몰할 정도로 깊은 숲이었음을 짐작할 수 있다. 범골 입구인 범골공원지킴터는 의정부 시청 남쪽에서 가깝다.

안골

범골 갈림길을 지나 사패산 가기 전 동쪽 골짜기를 안골계곡이라고 하고 계곡의 끝에 안골이 있다. 안골은 범골능선과 사패산 사이의 깊은 골짜기를 말한다. 안골 입구인 안골공원지킴터는 의정부시청 서쪽과 가깝다.

갓바위

안골 갈림길을 지나 사패산을 보며 사패능선길을 걷노라면 동쪽으로 보이는 갓모양의 바위를 말한다. 커다란 암반봉우리에 갓의 챙을 닮은 둥글넓적한 바위가 비스듬이 있고 그 위에 갓의 꼭지를 닮은 작은 바위가 올려저있다. 독특한 모양으로 인해 사패산으로 향하며 쉽게 찾을 수 있다.

사패산(賜牌山)

도봉산 북쪽 봉우리로 높이는 552m. 사패산이란 이름은 조선시대 선조의 여섯째 딸인 정휘옹주가 유정량에게 시집갈 때 선조로부터 하사받은 산이라 하여 사패산이라고 했다는 설과 사패산 아래에 마패를 제작하던 곳이 있었다고 하여 사패산이라고 한다는 설이 있다. 사패산의 정상에 서면 도봉산의 사패능선과 포대능선, 자운봉, 만장봉, 선인봉, 신선대, 주봉, 주봉능선, 우이암, 오봉능선, 북한산 성장능선, 백운대, 인수봉까지 한눈에 바라볼 수 있어 좋다.

원각폭포

사패능선과 원각사 사이에 있는 폭포. 아쉽게도 장마철이 아니면 원각폭포에서 물줄기가 쏟아지는 것을 볼 수 없다. 평소에는 폭포 위에 졸졸- 작은 물줄기만이 바위를 타고 흘러내릴 뿐이다. 그럼에도 한여름에는 폭포 밑 개울에서 신발을 벗고 발을 담그고 싶을 만큼 시원함이 있다.

원각사

원각폭포를 지나 산길을 내려가다 보면 만나게 되는 작은 사찰. 산길 옆에는 석가모니 좌불이 서쪽을 바라보고 있고 대웅전의 풍경은 바람에 흔들린다. 조용한 산사에는 지나는 이가 와서 구경을 하는 데에도 아무런 기척이 없다. 쉬고 싶은 만큼 쉬어 가라는 것일까. 사패산을 오가며 잠시 들러 쉬어가기 좋은 곳이다.

Restaurant & Cafe

조선곰탕

사패산 입구에서 굴다리를 지나면 길 건너에 있는 곰탕전문점. 길가 단일 건물로 된 전형적인 교외 식당으로 분위기가 깔끔하고 음식이 정갈하다. 곰탕은 오랜 전통을 가진 노하우로 잡내를 없애 깊은 맛을 내고 반찬으로 나오는 깍두기와 김치도 맛이 있다.

메뉴 얼큰이탕 6천원, 곰탕 7천원, 도가니탕 1만2천원, 수육 2만원
위치 양주시 장흥면 울대리 338-7, 사패산 입구   **전화** 031-877-0052

송추 보리밥집

사패산 입구에는 이렇다 할 식당이 없어 굴다리를 지나야 조선곰탕집과 송추 보리밥집이 보인다. 송추 보리밥집은 순두부, 콩비지 같은 교외식당에서 잘하는 메뉴와 함께 보리밥, 육개장 같은 메뉴도 선보이고 있다. 초가 모양을 본 딴 건물이 정겹고 보리밥에는 고향 어머니 손길이 느껴진다.

메뉴 순두부, 콩비지, 보리밥, 육개장
위치 양주시 장흥면 울대리, 조선곰탕 옆   **전화** 031-829-9111

Course Map

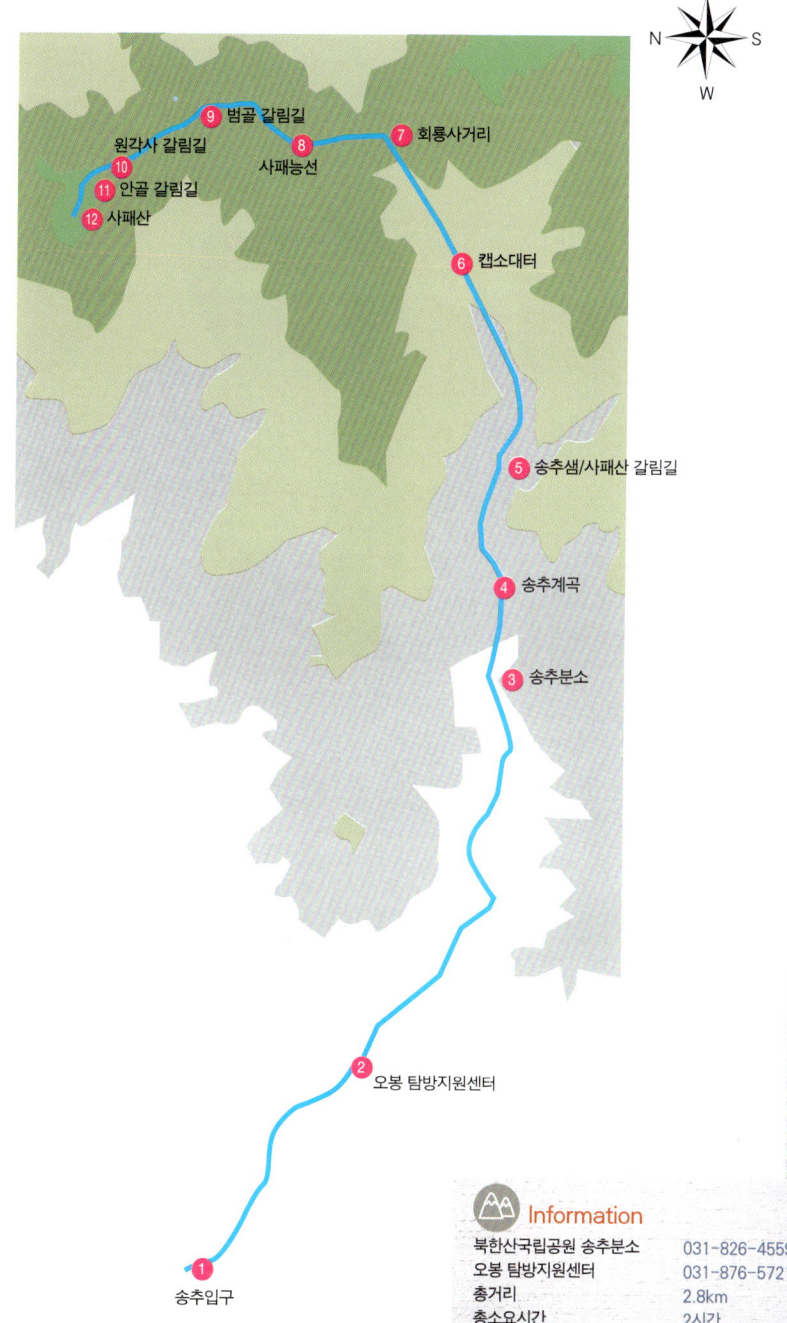

Visual Course

송추 입구

오봉 탐방지원센터 갈림길(0.8km)

송추분소(1.5km)

캡소대터

송추샘/사패산 갈림길(0.5km)

송추계곡자연탐방로

회룡사거리(1.1km)

사패능선

범골 갈림길(0.6km)

오봉 탐방지원센터(0.2km)/
여성봉(2km)/오봉(3.2km)

자운봉(2.7km)

송추폭포(0.4km)/오봉(2.7km)

회룡 탐방지원센터(2.5km)

원각사(0.9km)   안골(2km)   범골(2.6km)

원각사 갈림길(0.3km)   안골 갈림길(0.2km)   사패산(0.1km)

포대능선 코스

Traffic

1. **원도봉 탐방지원센터** 지하철 1호선 망월사역 2번 출구 ⋯ 신흥대학 앞 지나 산 방향 고가도로 밑 왼쪽 길, 도보 15분. 망월 탐방지원센터는 고가도로 밑 오른쪽 길, 도보 15분

2. **회룡 탐방지원센터** 지하철 1호선 회룡역 2번 출구 ⋯ 2번 출구 앞 직진, 사거리에서 좌회전, 조금 걷다가 우회전, 호원초등학교 방향, 호원초등학교와 개나리 아파트 사이 길, 도보 20분

계곡길과 산길, 능선길이 적절히 섞인 코스. 원도봉 탐방지원센터를 출발하면 원도봉계곡을 따라 가는 계곡길이 나온다. 졸졸 흐르는 계곡물을 바라보며 걷는 기분이 상쾌하다. 엄홍길 생가터를 지나 계속 오르니 커다란 바위 밑에서 샘이 솟는 덕재샘에 다다른다. 덕재샘의 물로 갈등을 해소하고 나면 망월사까지는 조금 가파른 산길이다. 망월사 가는 길이 힘든 대신 망월사 경내에서 내려다보는 풍경이 끝내준다. 망월사에서 한숨을 돌린 뒤 포대능선까지는 금방이고 포대능선에 들어서면 회룡사거리까지는 비교적 평탄한 길이다. 포대능선의 좌우, 송추와 수락산, 의정부 풍경을 구경하며 걷다가 회룡사거리에서 회룡계곡을 따라 회룡사 방향으로 내려간다. 회룡계곡을 가로지르는 아치형 다리를 몇 개 건너다보면 어느새 회룡사에 다다르고 회룡사를 지나니 종착지인 회룡 탐방지원센터가 멀지 않다.

Course
2.2km 1시간 30분

- 엄홍길 전시관
- 원도봉 탐방지원센터/망월 탐방지원센터
- 자운봉 갈림길/도봉분소
- 망월 탐방지원센터 갈림길(0.1km)
- 쌍룡사(0.1km)
- 엄홍길 집터
- 원도봉계곡
- 덕재샘(1.3km)
- 자운봉 갈림길
- 망월사(0.2km)
- 포대능선
- 포대 산불감시초소(0.5km)

※ **하산 코스**

3.6km, 2시간, 504kcal
포대 산불감시초소→회룡사거리(1.1km)→회룡계곡→회룡사(1.5km)→회룡 탐방지원센터(1km)

Walking & Trekking Spot

엄홍길 전시관

의정부시 호원동 동사무소 자리에 마련된 산악인 엄홍길의 전시관. 엄홍길은 3살부터 원도봉계곡에서 자라 히말라야 14좌를 세계 8번째이자 한국 최초로 등반하였고 세계 최초로 히말라야 16좌 등반기록도 가지고 있다. 전시장에서는 그의 등반이력과 히말라야에서 사용한 등반장비 등이 전시되어 있다. 그가 태어난 경남 고성에도 같은 이름의 전시관이 있다.

위치 경기 의정부시 호원동 119-22, 지하철 1호선 망월사역에서 신흥대학 방향 전화 031-828-2499

쌍룡사(雙龍寺)

신라 선덕여왕 때 원효대사가 창건한 비룡사 터에 세워진 사찰. 원도봉 탐방지원센터에서 산길을 조금 걸으면 길 왼편으로 산사 건물이 보인다. 산문 오른쪽에 세워진 거대한 불상이 인상적이고 대웅전 건물은 북쪽을 바라보고 있다. 사찰 앞으로 원도봉계곡이 지나고 있고 계곡에 몇몇 산아래 식당들이 있어 주말에는 소란스러움이 사찰 내까지 전해진다.

산악인 엄홍길 집터

산악인 엄홍길이 3살(1963년)부터 40살(2000년)까지 37년간 살았던 집터. 쌍룡사를 지나 산아래 식당가를 거쳐 한적한 산 중에 위치하고 있다. 도봉산 산 중에 집이 있어서인지 엄홍길은 어린 시절 도봉산을 놀이터처럼 돌아다녔다고 한다. 지금은 건물이 철거되고 빈터로 남아있다. 엄홍길이 태어난 곳은 경남 고성으로 그곳에 의정부 호원동에 있는 엄홍길 전시관과 같은 이름의 전시관이 있다.

원도봉계곡

원도봉 탐방지원센터에서 덕재샘까지의 계곡. 원도봉이란 원래 도봉산이라는 뜻으로 예전 원도봉계곡 위 봉우리를 도봉산으로 불렀다. 원도봉계곡은 계곡이 넓진 않으나 계곡으로 흐르는 물이 맑고 시원한 것이 특징이다. 이곳은 사람들로 붐비는 도봉계곡이나 송추계곡과 달리 한산해 계곡을 온전히 즐길 수 있어 좋다.

덕재샘

엄홍길 생가터에서 산길을 재촉해 올라간다. 산길가에 커다란 바위가 보이고 신기하게 바위 밑에서 약한 물줄기가 솟았다. 이곳이 덕재샘. 여기서 오른쪽 망월사로 가거나 왼쪽 포대능선 밑 민초샘을 거쳐 자운봉으로 갈 수 있다.

망월사(望月寺)

신라시대인 639년 선덕여왕 8년 해호화상이 왕실의 안녕을 기원하기 위해 창건한 사찰이다. 고려시대인 1066년 문종 20년 혜거국사가 중창했다. 망월사란 이름은 대웅전 동쪽 토끼 모양의 바위가 남쪽 달 모양의 바위를 바라보는 형상이라 하여 붙여진 것이다. 주요 문화재로는 혜거국사부도(경기유형문화제 제122호), 천봉당태흘탑(경기문화재자료 66), 천봉선사 부도비(경기문화재자료 67) 등이 있다. 망월사는 포대능선 바로 아래에 있어 사찰 내에서 의정부, 수락산 방향을 내려다보는 경치가 매우 아름답다.

포대능선

자운봉에서 회룡사거리까지의 능선. 최고봉은 포대가 있는 포대정상이고 북쪽에 포대산불감시초소가 있는 낮은 봉우리도 있다. 자운봉에서 포대정상까지는 깎아지른 암반으로 되어 있는 능선길이 아슬아슬하고 포대정상에서 회룡사거리까지는 비교적 평탄한 능선길이다. 포대능선 서쪽으로는 송추, 동쪽으로는 수락산과 의정부 일대가 눈에 들어온다. 원도봉 탐방지원센터에서 올라 만나는 포대능선은 포대정상 이후부터 회룡사거리까지다.

회룡계곡

회룡사거리에서 회룡사를 거쳐 회룡 탐방지원센터에 이르는 계곡. 북쪽으로 범골능선과 남쪽으로 회룡능선 사이에 있는데 두 능선이 가까워 계곡이 깊다. 회룡계곡에는 계곡을 가로지르는 몇몇 아치형 다리가 있으나 한여름이 아니면 다리 아래 흐르는 물을 보기 힘들다.

회룡사(回龍寺)

신라시대인 681년 신문왕 1년에 의상대사가 창건. 이후 930년 경순왕 4년 승려 경보, 고려시대인 1070년 문종 24년 혜거국사, 1384년 우왕 10년 승려 자초 등이 중창하였다. 이곳에서 조선 개국 전 승려 자초와 이성계가 3년간 수도하였고, 이성계는 조선 개국 후 돌아와 절의 이름을 회룡사로 했다는 설이 있다. 한편으로는 함흥에서 돌아온 이성계가 자초를 찾아오자 자초가 '회란용가(回鸞龍駕)'라 하였다는 것에서 사찰의 이름이 유래되었다는 설도 있다. 회란용가는 임금이 타는 가마가 환궁했다는 뜻으로 이성계가 함흥에서 한양으로 돌아온 것을 의미한다.

Course Map

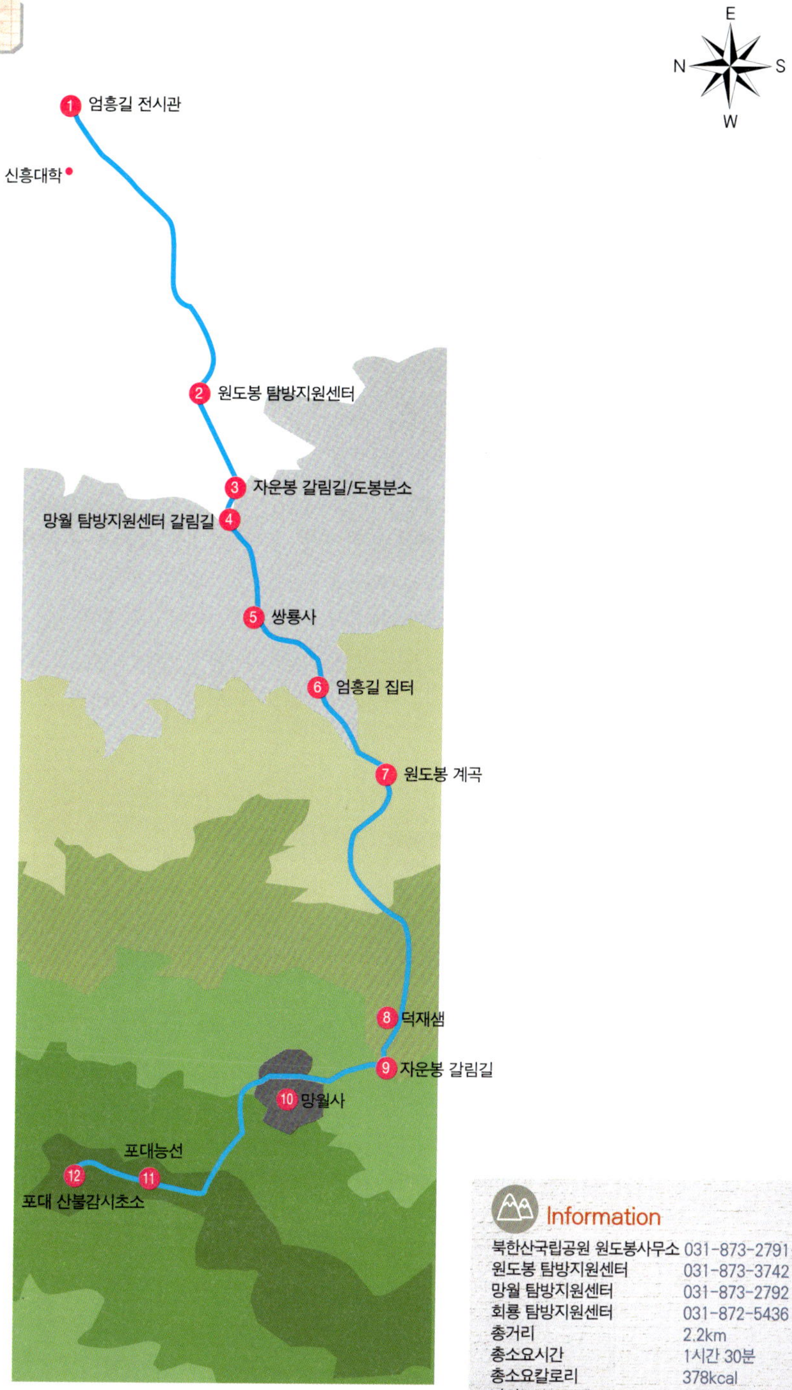

- ① 엄흥길 전시관
- 신흥대학
- ② 원도봉 탐방지원센터
- ③ 자운봉 갈림길/도봉분소
- ④ 망월 탐방지원센터 갈림길
- ⑤ 쌍룡사
- ⑥ 엄흥길 집터
- ⑦ 원도봉 계곡
- ⑧ 덕재샘
- ⑨ 자운봉 갈림길
- ⑩ 망월사
- ⑪ 포대능선
- ⑫ 포대 산불감시초소

Information

북한산국립공원 원도봉사무소	031-873-2791~2
원도봉 탐방지원센터	031-873-3742
망월 탐방지원센터	031-873-2792
회룡 탐방지원센터	031-872-5436
총거리	2.2km
총소요시간	1시간 30분
총소요칼로리	378kcal
난이도	초급

Restaurant & Cafe

엄마손 도시락

엄홍길 전시관 지나 신흥대학 앞에 다다르면 여러 값싸고 맛난 식당들이 많다. 그중에 엄마손 도시락은 산행의 즐거움 중의 하나인 도시락을 파는 식당이다. 여러 도시락 메뉴가 있어 취향대로 도시락을 선택할 수 있고 품질에 비해 가격도 저렴하다. 음료를 인근 편의점에서 준비하면 산행준비 끝!

메뉴 돈가스, 햄버거 도시락 각 치킨, 제육덮밥 도시락 각 2천5백원, 점보 도시락 4천원
위치 의정부시 호원동, 신흥대학 앞   **전화** 031-872-3004

양평해장국

신흥대학에서 산 방향으로 조금 올라가면 나오는 식당. 대학 앞 분식집 스타일에서 벗어나 산아래 식당 느낌이 있는 곳. 해장국에서 전골, 훈제오리까지 메뉴가 다양하고 시원한 생맥주를 마실 수도 있다. 산행 전보다는 산행 후 들러 시간을 보내기 좋은 곳이다.

메뉴 해장국 6천원, 소내장국 7천원, 소내장전골 2만5천원, 훈제오리 3만5천원
위치 의정부시 호원동, 신흥대학에서 산 방향   **전화** 031-873-6775

회룡골 찜마당

회룡 탐방지원센터에서 회룡역 앞까지 나오면 여러 식당들이 있는 식당가가 형성되어 있다. 그중에 2층에 위치한 아귀찜, 동태찜, 해물찜 전문식당. 각종 해물찜 외 왕만두, 칼국수, 메밀국수 같은 분식 메뉴나 주꾸미볶음, 코다리찜 같은 메뉴도 있다. 부담없이 식사나 술 한잔하기 좋은 곳이다.

메뉴 왕만두, 칼국수, 메밀국수 각 6천원, 주꾸미볶음, 코다리찜 각 9천9백원
위치 의정부시 호원동, 지하철 1호선 회룡역 2번 출구 앞   **전화** 031-876-1980

부대찌개

회룡역 앞 식당가 중 의정부의 명물인 부대찌개 전문점이 있다. 부대찌개는 의정부 같이 미군 주둔지와 가까운 곳에서 햄과 소시지, 당면 등을 넣고 끓인 찌개을 말한다. 얼큰한 국물 맛이 절로 밥을 비우게 하고 햄과 소시지, 당면을 골라 먹는 재미도 있다. 단, 부대찌개를 먹다보면 자연스레 소주를 주문하게 되는 단점(?)이 있다.

메뉴 부대찌개, 김치 묵은지 찜 각 6천원, 생삼겹살 8천원, 부대볶음 중 1만5천원
위치 의정부시 호원동, 지하철 1호선 회룡역 2번 출구 앞   **전화** 031-826-5538

W&T TIP

태조와 태종의 상봉지와 의정부시 이름의 유래

조선 초 태종 이방원이 제2차 왕자의 난을 일으키자 태조 이성계가 진노하여 함흥으로 떠난다. 그 후 태종은 태조를 한양으로 모시고 올 차사를 함흥으로 보냈으나 차사는 태조를 모시고 오기는커녕 태조의 손에 목숨을 잃었다. 연이어 함흥 간 차사들이 소식이 없자 함흥차사라는 말이 생겼다. 태조가 무학대사의 설득을 한양으로 돌아오기로 하자, 태종은 한양에서 의정부시 호원동까지 와서 태조와 상봉을 했다. 현 의정부시 호원동 엄골길 전시관 자리. 태종이 태조를 맞을 준비를 하면서 이곳에서 대신들과 정사를 논했다고 해서 이 일대를 의정부(議政府)라 불렀다.

W&T Plus

도봉산 능선

1. 사패능선
회룡사거리에서 사패산에 이르는 능선으로 길이는 약 1.2km. 동쪽으로 회룡계곡, 범골능선, 안골계곡, 서쪽으로 송추계곡, 원각폭포 등이 있다. 회룡사거리에서 사패산까지는 평탄한 길이어서 누구나 쉽게 거닐 수 있다.
Course 약 1.2km, 30분, 126kcal
회룡사거리-회룡바위사거리/범골능선-원각사갈림길-안골 갈림길-사패산

2. 포대능선
자운봉에서 포대정상, 포대산불감시초소를 거쳐 회룡사거리에 이르는 능선으로 길이는 약 2.1km. 실질적으로는 포대정상(716봉)에서 포대산물감시초소까지 깎아지른 바윗길을 말한다. 포대능선 남쪽으로 자운봉, 만장봉, 선인봉, 신선대 풍경이 한눈에 들어온다. 주말에는 포대능선을 지나는 사람이 많아 포대산불감시초소에서 자운봉 방향으로 일방통행을 실시하고 있다. 포대능선의 아슬아슬함을 견디지 못하는 사람을 위해 포대능선 서쪽으로 우회로가 마련되어 있기도 하다. 포대산불감시초소에서 회룡사거리까지는 비교적 평탄한 길이다.
Course 약 2.1km, 1시간, 252kcal
회룡사거리-포대산불감시초소-망월사 갈림길-포대 정상(716봉)

3. 도봉주능선
주봉에서 오봉 갈림길을 거쳐 우이암이 이르는 능선으로 길이는 약 1.8km. 도봉주능선 북쪽으로 주봉, 신선대, 선인봉, 만장봉, 자운봉, 서쪽으로 오봉, 남쪽으로 우이암, 북한산 상장능선, 인수봉, 백운봉, 만경대를 바라볼 수 있다.
Course 약 1.8km, 50분, 210kcal
주봉-오봉 갈림길-헬기장-우이암사거리-우이암

4. 범골능선

사패능선 중간의 회룡바위사거리에서 범골공원지킴터에 이르는 능선으로 길이는 약 2.3km. 회룡계곡과 안골계곡 사이에 있는 능선으로 하산하며 의정부 일대를 조망할 수 있다. 범골능선의 중간에서 안골공원지킴터나 회룡 탐방지원센터, 의정부 예술의 전당 방향으로 갈 수 있는 갈림길이 있다.

Course : 약 2.3km, 1시간 30분, 378kcal

회룡바위사거리-375봉-안골공원지킴터/회룡 탐방지원센터 갈림길-의정부 예술의 전당 갈림길-범골공원지킴터

5. 회룡능선

포대능선 상에서 회룡능선을 거쳐 회룡 탐방지원센터에 이르는 능선으로 길이는 약 2.3km. 포대산불감시초소와 회룡사거리 사이에 있는 능선으로 현재 정식등산로가 없다.

6. 다락능선

포대 정상(716봉)에서 다락능선 오거리, 심원사 갈림길을 거쳐 원도봉 탐방지원센터에 이르는 능선으로 길이는 약 2.6km. 다락능선 서쪽으로 자운봉, 만장봉, 선인봉, 포대능선을 가까이에서 볼 수 있다. 다락능선 남쪽 방향으로 도봉 탐방지원센터, 다락원공원지킴터 등 다양한 갈림길이 있다.

Course 약 2.6km, 1시간 30분, 378kcal

포대정상(716봉)-다락능선 오거리-심원사 갈림길-원도봉 탐방지원센터

7. 보문능선

우이암 또는 도봉주능선의 우이암 사거리에서 보문능선, 도봉사를 거쳐 도봉 탐방지원센터에 이르는 능선으로 길이는 약 2.8km. 무수골과 도봉계곡 사이에 있는 능선으로 남쪽으로 우이암, 북쪽으로 자운봉, 만장봉, 선인봉, 신선대를 조망할 수 있다. 깎아지른 바위길 없이 비교적 무난히 오르내릴 수 있는 길이다.

Course 약 2.8km, 1시간 40분, 420kcal

우이암 또는 우이암 사거리-보문능선-도봉사-도봉 탐방지원센터

8. 우이남능선

우이암에서 원통사, 원통사 갈림길을 거쳐 우이암공원지킴터에 이르는 능선으로 길이는 약 2.2km. 우이남능선 남쪽으로 영봉, 백운봉, 인수봉, 만장봉을 바라보며 내려올 수 있는 길이고 도봉산에서 북한산 자락 우이동으로 하산할 수 있는 길이기도 하다.

Course 약 2.2km, 1시간 20분, 336kcal

9. 송추남능선

오봉에서 여성봉을 거쳐 오봉 탐방지원센터에 이르는 능선으로 길이는 약 3.2km. 송추남능선 남쪽으로 북한산 상장능선, 우이령길, 동쪽으로 자운봉, 만장봉, 선인봉, 신선대, 북쪽으로 사패산이 보이는 길이다. 중간에 쇠줄을 잡아야할 부분이 있으나 포대능선에 비하면 초보수준으로 누구나 쉽게 오르내릴 수 있다.

Course 약 3.2km, 1시간 50분, 462kcal

오봉-여성봉-군초소 앞-오봉 탐방지원센터

Visual Course

엄홍길 전시관 ①

원도봉 탐방지원센터/망월 탐방지원센터 ②

자운봉 갈림길/도봉분소 ③

엄홍길 집터 ⑥

쌍룡사(0.1km) ⑤

망월 탐방지원센터 갈림길(0.1km) ④

원도봉계곡 ⑦

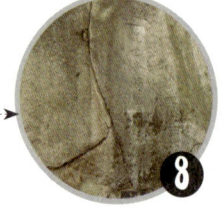
덕재샘(1.3km) ⑧

자운봉 갈림길 ⑨

자운봉(3km)

자운봉(1.7km)

망월사(0.2km)

포대능선

포대 산불감시초소(0.5km)